NOVOS ESPAÇOS DEMOCRÁTICOS:
Perspectivas Internacionais

Andrea Cornwall
Vera Schattan P. Coelho
Organizadores

NOVOS ESPAÇOS DEMOCRÁTICOS:
Perspectivas Internacionais

Citizenship DRC

Centro Brasileiro de Análise e Planejamento
CEBRAP

esfera pública

Editora Singular

Dados Internacionais de Catalogação na Publicação

C82n Cornwall, Andrea

Novos espaços democráticos: perspectivas internacionais. / Andrea Cornwall e Vera Schattan P. Coelho (Orgs.). São Paulo: Singular; Esfera Pública, 2009.

304 p.

ISBN: 978-85-60850-06-8

Textos de: Adrián Gurza Lavalle, Alex Shankland, Andrea Cornwall, Bettina von Lieres, David Kahane, Dennis Rodgers, Graziela Castello, John J. Williams, Marian Barnes, Peter P. Houtzager, Ranjita Mohanty, Sandra Roque, Simeen Mahmud e Vera Schattan P. Coelho.

Colaboração Development Research Centre on Citizenship, Participation and Accountability (DRC) e financiado pelo Departamento para o Desenvolvimento Internacional (DFDI).

1. Administração pública, democratização. 2. Participação comunitária. 3. Democracia. I. Coelho, Vera Schattan P. II. Cornwaal, Andrea. III. Lavalle, Adrián Gurza. IV. Shankland, Alex. V. von Lieres, Bettina. VI. Kahane, David. VII. Rodgers, Dennis. VIII. Castello, Graziela. IX. Williams, John J. X. Barnes, Marian. XI. Houtzager, Peter P. XII. Mohanty, Ranjita. XIII. Roque, Sandra. XIV. Mahmud, Simeen. XV. Development Research Centre on Citizenship, Participation and Accountability (DRC). XVI. Departamento para o Desenvolvimento Internacional (DFDI). XVII. Título.

CDU: 35 CDD: 341.3

Coordenação Editorial:
Paulo Todescan Lessa Mattos

Editores:
Denilson Luis Werle
Luiz Repa
Maurício Cardoso Keinert
Rúrion Soares Melo

Preparação e revisão: Jane Pessoa
Revisão técnica: Vera Schattan Pereira Coelho
Editoração eletrônica: Microart Editoração Eletrônica
Capa: Tatiana Gentil Machado

esfera pública
www.esferapublicaeditorial.com.br

Editora Singular
Rua José Nobrega Barbosa nº 100
CEP 02336-090 – São Paulo – SP
Tel/Fax: (11) 3862-1242
www.editorasingular.com.br
singular@editorasingular.com.br

SUMÁRIO

AGRADECIMENTOS

Este livro é resultado de um processo de colaboração desenvolvido ao longo de cinco anos sob os auspícios do Development Research Centre on Citizenship, Participation and Accountability (DRC) [Centro de Pesquisas para o Desenvolvimento da Cidadania, Participação e Responsabilização], financiado pelo Departamento para o Desenvolvimento Internacional (DFID). Devemos muito a John Gaventa, diretor do DRC, por ter sido uma fonte de inspiração e por seu apoio moral e intelectual. Somos gratos aos colegas membros do grupo de trabalho "Novos Espaços democráticos" do DRC: Carlos Cortez, Peter P. Houtzager, Adrián Gurza Lavalle, Bettina von Lieres, Simeen Mahmud, Ranjita Mohanty, Alex Shankland e John J. Williams por todas as discussões estimulantes e trocas que deram forma à nossa reflexão coletiva, e a Marian Barnes e David Kahane, que se uniram ao grupo como debatedores e permaneceram conosco como colaboradores deste livro. Somos especialmente gratos a David Kahane, que revisou todo o livro e fez contribuições editoriais importantes em diversos artigos. Kirsty Milward não só nos forneceu sua competência como revisora, como também conseguiu organizar os manuscritos a partir da Índia. Joanna Wheeler e a equipe de coordenação do DRC desempenharam, desde os bastidores, um papel vital de apoio ao grupo. Por último, gostaríamos de agradecer ao nosso financiador, o DFID, por tornar possível a pesquisa que fundamenta este livro, assim como sua publicação.

Andrea Cornwall
Vera Schattan P. Coelho

LISTA DE ABREVIATURAS

ACA Associação de Comitês de Água (Angola)

ARV Antirretroviral

CBO Community Based Organization [Organização de Comunidade de Base]

CC Castas Catalogadas (Índia)

CLS Conselho Locais de Saúde (Brasil)

CM Comissões de Moradores (Angola)

CMS Conselho Municipal de Saúde (Brasil)

Cosatu Congress of South African Trade Unions [Congresso dos Sindicatos do Comércio Sul-Africano]

CPA Communal Property Association [Associação de Propriedade Comunal] (África do Sul)

CPRN Canadian Policy Research Network [Rede de Pesquisa Política Canadense]

CTA Central de Trabajadores Argentinos

DFID Department for International Development [Departamento para o Desenvolvimento Internacional] (Reino Unido)

EPAL Empresa Provincial de Água de Luanda (Angola)

FAS Fundo de Apoio Social (Angola)

FDKK Fórum de Desenvolvimento de Kilamba Kiaxi (Angola)

FNLA Frente Nacional para a Libertação de Angola

GC Grupo Comunitário

HFB Health Facilities Board [Comissões de Instituições de Saúde] (África do Sul)

HLC Healthy Living Centers [Centros para a Vida Saudável] (Reino Unido)

HPSP	Health and Population Sector Programme [Programa do Setor Popular e da Saúde] (Bangladesh)
HWC	Health Watch Committee [Comitê de Supervisão do Sistema de Saúde] (Bangladesh)
IBGE	Instituto Brasileiro de Geografia e Estatística
ICDS	Integrated Child Development Scheme [Programa Integrado de Desenvolvimento Infantil] (Índia)
LPM	Landless People's Movement [Movimento dos Povos Sem Terra] (África do Sul)
LUPP	Luanda Urban Poverty Program [Programa de Luta contra a Pobreza Urbana de Luanda]
MoHFW	Ministry of Health and Family Welfare [Ministério da Saúde e do Bem-Estar da Família] (Bangladesh)
MPLA	Movimento Popular de Libertação de Angola
MPS	Movimento Popular de Saúde (Brasil)
MSF	Médecins Sans Frontières [Médicos Sem Fronteiras]
NAHO	National Aboriginal Health Organization [Organização Nacional para Saúde dos Aborígenes] (Canadá)
NHS	National Health Service [Serviço Nacional de Saúde] (Reino Unido)
NK	Nijera Kori (Bangladesh)
NLC	National Land Committee [Comitê Nacional para a Terra] (África do Sul)
ODA	Organização para o Desenvolvimento das Áreas (Angola)
OP	Orçamento Participativo
OSC	Organização da Sociedade Civil
PCG	Primary Care Group [Grupo de Atenção Primária]
PMTCT	Prevention of Mother-to-Child Transmission [Prevenção de Transmissão da Mãe para o Filho]
PT	Partido dos Trabalhadores (Brasil)
RDI	Rural Development Initiative [Iniciativa de Desenvolvimento Rural] (África do Sul)

RDSN	Rural Development Services Network [Rede de Serviços para Desenvolvimento Rural] (África do Sul)
SACP	South African Communist Party [Partido Comunista Sul-Africano]
SAMWU	South African Municipal Services Workers' Union [Sindicato dos Trabalhadores Municipais da África do Sul]
SCUK	Save the Children UK [Salvem as Crianças – Reino Unido]
SRB	Single Regeneration Budget [Orçamento Único para Regeneração] (Reino Unido)
SUS	Sistema Único de Saúde (Brasil)
TAC	Treatment Action Campaign [Campanha de Ação e Tratamento] (África do Sul)
TC	Tribos Catalogadas (Índia)
TLP	Treatment Literacy Practitioners [Instrutores do Tratamento]
TU	Transformation Unit [Unidade de Transformação] (África do Sul)
UDF	United Democratic Front [União da Frente Democrática] (África do Sul)
Unita	União Nacional para a Independência Total de Angola
UP	Union Parishad (Bangladesh)

PREFÁCIO

Em todo o mundo, as formas e os significados da participação democrática estão sob contestação. No Iraque, a cidade de Faluja é bombardeada a pretexto de se preparar o país para a democracia; na Indonésia, na Ucrânia e nos Estados Unidos, eleitores e observadores participam de protestos e debates sobre a democracia eleitoral; em Cancun e em outros fóruns mundiais, as ruas são tomadas por pessoas que exigem mais democracia nos processos globais; nos pequenos povoados e nos bairros, movimentos de base popular reivindicam seu lugar nos espaços democráticos locais. A democracia é, a um só tempo, a linguagem do poder militar, das forças do mercado neoliberal, dos partidos políticos, dos movimentos sociais, das agências financiadoras e das ONGs. O que está acontecendo?

Em meio a essa situação de contestação e debate, este livro oferece ricos e persuasivos estudos de casos empíricos sobre a dinâmica da participação democrática, especialmente no que concerne às "novas arenas democráticas" de nível local. Ao fazer isso, este livro dá uma significativa contribuição para uma literatura que emerge rapidamente sobre o desafio de "aprofundar a democracia", isto é, o projeto contemporâneo de desenvolver e sustentar uma participação dos cidadãos nos processos políticos de forma mais substantiva e assegurada do que normalmente se constata na democracia representativa liberal. Embora muito já se tenha escrito – tanto normativa quanto conceitualmente – sobre essas formas de democracia mais participativas, inclusivas e deliberativas, este livro é um dos primeiros a examinar o que essas ideias significam na prática, especialmente em estudos de casos tão diversos, que apresentam experiências de cinco continentes. Com base numa extensa literatura sobre participação cidadã e democracia, os casos aqui apresentados proporcionam novas visões acerca de vários pontos concernentes às próximas gerações, indagando não apenas como e se os cidadãos comuns devem se envolver diretamente na administração das questões públicas, mas também quais são a dinâmica e os resultados quando esse envolvimento ocorre.

Em grande parte da vasta literatura sobre a democracia, confrontamonos com um paradoxo. Por um lado, há a visão um tanto triunfalista de que a democracia se expandiu como nunca.[1] No ano 2000, afirmou-se que havia supostamente 120 democracias representativas em vigor (num total de 192 países), das quais 85 eram consideradas democracias "plenas", no sentido de que proporcionavam respeito ao Estado de Direito e aos direitos civis e políticos, o que levou os observadores da Freedom House, entidade sediada nos Estados Unidos, a declarar que o século passado foi o "século da democracia".[2]

Por outro lado, a despeito da reconhecida expansão das instituições e práticas democráticas, outros advertem que a qualidade da democracia está em crise, confrontada com uma série de déficits democráticos que põem em questão a sua vitalidade e o seu próprio significado. Nas democracias mais "maduras" do hemisfério norte, por exemplo, uma ampla literatura discute os padrões de declínio da participação política, o "esvaziamento" da política e o poder crescente de interesses específicos. Há uma preocupação com os perigos da "democracia reduzida" e, inversamente, com a busca de maneiras de revitalizá-la – frequentemente por meio de novas formas de envolvimento dos cidadãos.[3]

Preocupações semelhantes surgem na literatura sobre as "democracias emergentes", muitas vezes em países que se libertaram de anos de governo autocrático e agora lutam para que as instituições democráticas funcionem, proporcionando novas oportunidades para o envolvimento dos cidadãos. Neste caso, as preocupações concentram-se não tanto no declínio da democracia, mas na indagação sobre se as formas de democracia herdadas das democracias mais estabelecidas – e frequentemente impostas por elas – seriam adequadas para condições históricas diferentes, e se a própria democracia será capaz de solucionar os problemas da pobreza extrema, do crescimento da desigualdade e de justiça social. Na América Latina, por exemplo, embora as instituições democráticas tenham se firmado em todos os países, com exceção de Cuba, um relatório de 2004 elaborado pelo Programa das Nações Unidas para o Desenvolvimento (PNUD) constatou uma crescente frustração no modo como essas democracias estavam funcionando. De fato, somente 53% da população relatou apoiar a democracia, e apenas 28% das pessoas estavam satisfeitas com o seu desempe-

[1] Este prefácio baseia-se em meu artigo mais extenso: Triumph, deficit or contestation? Deepening the 'deepening democracy' debate. *IDS Working*, n. 264.

[2] Freedom House, *Democracy's Century: A Survey of Global Political Change in the 20th Century*, Washington DC, Freedom House, 1999.

[3] Ver, por exemplo, Theda Skocpol, *Diminished Democracy: From Membership to Management in American Civic Life*, Norman, University of Oklahoma Press, 2003.

nho.[4] Na África, outros escrevem sobre a criação do que poderia ser chamado de democracias "excludentes", nas quais as instituições e a aparência externa do processo democrático são de fato criadas, porém numa situação em que não conseguem responder de modo significativo às necessidades da maioria, porque as principais decisões são tomadas por agentes externos poderosos.[5]

Para os triunfalistas, a democratização consiste em disseminar por todo o mundo uma receita altamente padronizada de modelos institucionais – uma receita que se concentra em eleições universais, no Estado de direito e na garantia de um nível mínimo de direitos civis e políticos. Para os que se interessam pelos defeitos desse modelo, a democracia não consiste apenas em disseminar, mas também em aprofundar sua qualidade e seus significados de maneira apropriada a cada cenário. De fato, ambas as perspectivas são importantes: embora as formas institucionais e os processos democráticos estejam amplamente disseminados persiste o desafio de como aprofundá-la, especialmente no que concerne ao modo de envolvimento dos cidadãos nos novos espaços democráticos e à forma como essa participação poderá contribuir para satisfazer necessidades sociais básicas e de desenvolvimento.

Em resposta à crise da democracia, vemos diversas abordagens paralelas de reforma, cada uma das quais com visões substancialmente diferentes sobre o papel dos cidadãos no gerenciamento de seus próprios assuntos. Uma abordagem neoliberal defende um progressivo enfraquecimento do Estado por meio da combinação da descentralização com a privatização. Numa formulação como essa, os cidadãos são frequentemente reduzidos a consumidores, que expressam suas preferências por meio de escolhas de mercado e, talvez, de uma co-prestação de serviços em nível local, porém, exercem pouco poder democrático efetivo sobre as políticas estatais. Uma segunda visão dominante surge a partir do modelo liberal de democracia representativa, que atribui grande ênfase à ordenação das instituições e dos processos democráticos, especialmente através de processos eleitorais competitivos e multipartidários. Segundo essa visão, o papel dos cidadãos é um tanto passivo. Eles participam por meio de eleições e usufruem de certos direitos, mas estes são, fundamentalmente, direitos do indivíduo quanto

4 PNUD, *Ideas and Contributions: Democracy in Latin America – Towards a Citizens' Democracy*, Relatório, Nova York, United Nations Development Programme, 2004, Apêndice A.

5 Ver, por exemplo, Rita Abrahamsen, *Disciplining Democracy: Development Discourse and Good Governance in Africa*, Londres, Zed Books, 2000.

à não interferência do Estado em questões referentes à propriedade privada e à liberdade de expressão e associação política.

A visão liberal representativa desdobra-se numa terceira, oriunda de longas tradições de democracia participativa, e que é cada vez mais referida como a abordagem do "aprofundamento democrático". Segundo ela, a democracia não é apenas um conjunto de regras, procedimentos e modelos institucionais, e a participação não pode ser reduzida ao envolvimento nos processos eleitorais. Antes, é um processo por meio do qual os cidadãos exercem um controle cada vez mais aprofundado sobre as decisões que afetam suas vidas de inúmeras formas e numa variedade de arenas. Em algumas formulações, especialmente as que surgem na América Latina, esta visão trata também da extensão dos direitos. A cidadania democrática plena é alcançada não apenas por meio do exercício dos direitos políticos e civis, mas também pelos direitos sociais – que, por sua vez, podem ser conquistados por meio dos processos participativos –, e diz respeito também ao "direito de criar direitos" por meio de lutas e demandas provenientes da base da sociedade.[6] Assim, os significados e as formas da democracia estão constantemente em construção.

Portanto, segundo essa visão, o caminho para lidar com a crise da democracia, ou o déficit democrático, consiste no alargamento da própria democracia – isto é, ir além da compreensão tradicional da democracia representativa, por meio da criação e do apoio de mais mecanismos participativos – que promovam o envolvimento dos cidadãos – erigidos e sustentados em visões mais robustas dos direitos e responsabilidades da cidadania. Uma consequência dessa visão é a criação de muitos espaços democráticos novos ou de oportunidades de participação – alguns baseados na extensão dos direitos de participação, outros em convites para a discussão. É a dinâmica dessas novas arenas democráticas – e a condição sob as quais elas podem realizar seu potencial para revitalização e desenvolvimento – que este livro, *Novos Espaços Democráticos*, investiga e examina.

Mesmo entre teóricos e profissionais que apoiam o projeto de aprofundamento da democracia, há visões que divergem sobre até que ponto se alcançarão formas de democracia mais substantivas e participativas, especialmente de maneira a melhorar a vida das pessoas que se encontram em condições de pobreza, de carência de direitos e poderes e de desigualdade.

6 Ver, por exemplo, Evelina Dagnino, We all have rights, but... Contesting concepts of citizenship in Brazil. In: Naila Kabeer (org.), *Inclusive Citizenship*, Londres, Zed Books, 2005.

Uma abordagem – amplamente promovida pelos financiadores no campo do desenvolvimento por meio de seus programas de democratização – foi a argumentação de que a tendência ao elitismo ou à falta de prestação de contas por parte do poder público, identificada nas abordagens com modelos institucionais tradicionais, pode ser compensada pelo investimento numa sociedade civil fortalecida, bem como nas instituições políticas e nas políticas eleitorais. Baseada na ideia perene da importância do "associativismo" na democracia, uma sociedade civil robusta pode funcionar como um elemento para fiscalizar e contrabalançar a conduta do governo, por meio de reivindicações, da defesa de interesses específicos, da atuação como fiscal e, de modo geral, da atuação como um contrapeso em relação ao Estado. Entretanto, os estudos de casos contidos neste livro suscitam desafios fundamentais para esta abordagem, tendo em vista que questionam a frequente suposição sobre o potencial inerentemente democratizante da sociedade civil, indagando ainda se a sociedade civil e a sociedade política podem ser tão claramente separadas uma da outra na prática cotidiana.

Embora a abordagem que privilegia a sociedade civil concentre-se na construção de seu papel como um poder autônomo e que contrabalance o poder do Estado, outras visões têm seu foco no aprofundamento do envolvimento democrático por meio da participação dos cidadãos nos processos de gestão em conjunto com o Estado, mediante o que se passou a chamar de abordagens da "co-governança", da governança participativa ou mesmo de "governança participativa fortalecida".[7] Na prática, as formas participativas de governança buscam suplementar o papel dos cidadãos como eleitores ou sentinelas por meio de formas mais diretas de envolvimento. Isso pode ser constatado em muitos níveis – de novas formas de envolvimento dos cidadãos na formulação das políticas públicas nacionais a novas determinações constitucionais ou jurídicas para a participação cidadã na gestão dos assuntos locais, com frequência em associação com a onda de descentralização democrática ocorrida na década de 1990 em muitos países em desenvolvimento, incluindo Índia, Bangladesh, África do Sul e Brasil, conforme ilustrado neste volume.

[7] Ver, por exemplo, John Ackerman, Co-governance for accountability: beyond "exit" and "voice", *World Development*, v. 32, n. 3, p. 447-463; John Gaventa, Towards participatory governance: assessing the transformative possibilities. In: Samuel Hickey e Giles Mohan (orgs.), *Participation: From Tyranny to Transformation?*, Londres, Zed Books, 2004; Archon Fung e Eric Olin Wright, *Deepening Democracy: Institutional Innovations in Empowered Participatory Governance*, Londres, Verso, 2003.

Enquanto a abordagem da co-governança enfatiza a importância da inclusão por meio da participação no processo democrático, um outro tipo de abordagem associado à participação democrática concentra-se na natureza e na qualidade da deliberação que ocorre quando os cidadãos se reúnem para discussões e debates em espaços públicos. Essa visão tem como base a obra de Habermas, bem como de outros teóricos, como Cohen e Dryzek, defendendo uma "democracia mais deliberativa na qual os cidadãos voltam-se para os problemas públicos por meio de um raciocínio conjunto sobre a melhor maneira de solucioná-los [...]. O ambicioso objetivo da democracia deliberativa, em suma, é passar da barganha, da conjunção de interesses e do poder à razão comum de cidadãos iguais como força dominante na vida democrática".[8] O foco, aqui, muitas vezes está mais na "qualidade do diálogo público" e menos em "quem" participa do processo de envolvimento público.[9] Assim como as abordagens da governança participativa, os conceitos de democracia deliberativa geraram um grande número de inovações práticas interessantes – tais como os fóruns deliberativos, as reuniões deliberativas de grande escala ou os júris de cidadãos –, muitas das quais visando aumentar a participação por meio de alguma forma de amostragem representativa dos cidadãos, que então deliberam conjuntamente para propor novas soluções – presumivelmente mais ponderadas – para as questões públicas. Novamente, vemos exemplos nesta coletânea, como o estudo de caso de uma ampla deliberação sobre políticas de saúde no Canadá, ou em outros espaços mais específicos, como os conselhos de saúde no Brasil ou as práticas de orçamento participativo na Argentina.

Este livro vai além dos trabalhos anteriores em vários aspectos importantes. Em primeiro lugar, o estudo sobre a inovação democrática estende-se desde os exemplos razoavelmente conhecidos da cidade de Porto Alegre, no Brasil, ou de Kerala, na Índia, até inúmeros exemplos de lugares menos conhecidos, e talvez mais comuns, extraídos de uma ampla variedade de contextos políticos, sociais e culturais. Em segundo lugar, o livro acrescenta à perspectiva institucional uma abordagem que parte dos níveis mais básicos, utilizando lentes multidisciplinares voltadas para o modo como as instituições entrecruzam-se com as práticas cotidianas e as culturas de participação.

[8] Joshua Cohen e Archon Fung, Radical democracy, *Swiss Political Science Review*, v. 10, n. 4, p. 24, 2004.

[9] Martha McCoy e Patrick Scully, Deliberative dialogue to expand civic engagement: what kind of talk does democracy need?, *National Civic Review*, v. 91, n. 2, p. 117-135, 2002.

A partir dos estudos de casos de Angola, da Argentina, de Bangladesh, do Brasil, da Índia, da África do Sul, da Inglaterra e do Canadá, este livro defende a ideia de que os impulsos e as inovações em busca de abordagens mais "participativas", "deliberativas" e "capacitadoras" da democracia contribuíram para uma mudança fundamental na relação entre a sociedade civil e o Estado, criando, em muitos contextos, uma "esfera participativa" que está se tornando um desafio para "uma nova política de políticas públicas". Essa esfera participativa tem grande *potencial* para revitalizar a democracia, criando novas formas de cidadania e contribuindo para resultados tangíveis no que concerne ao desenvolvimento.

Este livro nos faz pensar, contudo, que não podemos presumir que o propósito institucional dos "novos espaços democráticos" implicará que eles de fato se tornem automaticamente "espaços de transformação", principalmente no sentido muitas vezes pressuposto pela teoria democrática normativa. Por meio desses estudos de caso, empiricamente ricos, que tratam da maneira como as formas institucionais efetivamente operam, este livro nos faz pensar cada vez mais que as reformas formuladas como potenciais "espaços de transformação" podem interagir com diferentes histórias, culturas e formas de poder de modo a produzir resultados radicalmente diferentes em vários lugares. Ao insistir, no estudo da prática democrática concreta, numa abordagem interdisciplinar e a partir da base, os casos ilustram repetidamente de que modo a micropolítica do envolvimento pode subverter as melhores intenções dos projetos institucionais.

Ao estudar criticamente e envolver-se com o que efetivamente acontece no interior desses novos espaços democráticos, este livro passa também a suscitar numerosas questões ulteriores sobre as políticas de governança participativa e deliberativa: quais formas de representação existem mesmo nos processos participativos? Como as normas de deliberação são traduzidas em diferentes culturas e cenários políticos? Como os processos participativos se sobrepõem às estruturas políticas existentes e como interagem com elas? Quais são os resultados tangíveis do envolvimento – tanto na democratização quanto no que diz respeito ao desenvolvimento – nessa nova esfera participativa, e como eles podem ser constatados na vida cotidiana?

Desse modo, os ensaios contidos neste livro também lançam muitos desafios importantes tanto aos que estudam como aos que praticam a democracia, ilustrando a lição de que – assim como em outras formações democráticas – a rápida disseminação de novas formas democráticas não deve ser confundida com a qualidade e a natureza de seu desempenho. Poucos são os exemplos estudados em que as novas arenas democráticas se traduzem facilmente em aprofundamento democrático ou ganhos de desenvolvimento que os proponentes da participação poderiam esperar.

Ainda assim, as pessoas que contribuíram para esta coletânea não desistiram do *potencial* da esfera participativa. Como devemos nos lembrar, muitas dessas inovações ainda estão apenas no começo, e seu êxito deve ser medido ao longo de décadas, não em poucos anos; haja vista que as precedentes ampliações das práticas democráticas, tanto no hemisfério norte quanto no sul, levaram longos períodos, com frequência envolvendo contestações e lutas, para se consolidar. Ademais, os casos nos oferecem pistas de como o potencial desses espaços pode ser concretizado. De fato, quando espaços institucionais de participação bem desenhados estão em conjunção com paladinos da mudança em seu interior, e com grupos sociais externos bem organizados e mobilizados, podem-se ver mudanças positivas para grupos anteriormente excluídos. Quando tais condições propícias não existem, novas oportunidades de participação podem se tornar "escolas de cidadania", criando formas de ação novas e inesperadas, lançando sementes para mudanças futuras.

Refletindo, talvez, os temas estudados, este livro também resulta de um processo de deliberação e envolvimento. Os pesquisadores, cujos trabalhos aqui se encontram, estiveram associados ao *Development Research Centre* on Citizenship, Participation and Accountability, uma rede internacional de pesquisa sediada no *Institute of Development Studies*, na Universidade de Sussex. Aqueles que contribuíram para este livro estiveram associados a um dos grupos de trabalho dessa rede, que, durante muitos anos, começou a indagar sobre as maneiras como os "novos espaços democráticos" estavam se desenvolvendo em seus próprios países. Reunindo-se regularmente em vários locais, o grupo valeu-se de uma abordagem reiterativa, por meio da qual desenvolveu as primeiras questões; em seguida, iniciou o processo de estudo; reuniu-se então para criticar e debater o trabalho de cada um dos integrantes; refinou e aprimorou as questões e as abordagens; mergulhou novamente no estudo e então se reuniu, ao fim do trabalho, para novas sínteses e discussões. O grupo de trabalho era altamente diversificado – com participantes de oito países, alguns de universidades, outros de ONGs, contando com um espectro de disciplinas, incluindo a antropologia, a sociologia, a demografia, o planejamento urbano, a geografia e a filosofia. O processo participativo e deliberativo, assim como a diversidade de culturas, cenários e disciplinas, levou a ricas discussões e também proporcionou conhecimento sobre casos que não são frequentemente encontrados em projetos comparativos elaborados de modo mais linear e orientados segundo uma única disciplina.

Esta coletânea corresponde ao o quarto volume da série Claiming Citizenship [Reivindicando a cidadania] da editora Zed Books. As coletâneas anteriores concentraram-se no significado dos direitos e da cidadania e na maneira como os cidadãos reivindicam seus direitos e a prestação de contas, especialmente no que diz respeito aos recursos naturais. Com base em estudos de casos concretos – frequentemente de exemplos e casos até então não documentados pelas audiências internacionais –, essas coletâneas contribuem com novas visões, tanto do sul como do norte, para os atuais debates sobre os significados e as práticas da democracia, sobre as lutas por uma cidadania mais inclusiva e substantiva, e sobre a criação de formas de gestão mais receptivas que contribuam para ampliar a igualdade e a justiça social.

Como editor da série, tive o privilégio de acompanhar e participar desse processo. Agradeço às coeditoras Andrea Cornwall e Vera Schattan P. Coelho, que trabalharam juntas, transpondo a distância que separa o Brasil e o Reino Unido, a antropologia e a ciência política, o hemisfério sul e o hemisfério norte, e que insistiram, durante todo o processo, em que outros membros do grupo transpusessem fronteiras similares. Agradeço também aos participantes do grupo de trabalho, que sempre se relacionaram de modo crítico, porém respeitoso, e que, ao fazê-lo, criaram o tipo de espaço inclusivo e deliberativo que frequentemente buscamos, porém, como confirmam os estudos de casos, são raros de se encontrar.

John Gaventa
Diretor do Development Research Centre
on Citizenship, Participation and Accountability
Institute of Development Studies

1
NOVOS ESPAÇOS DEMOCRÁTICOS: Perspectivas Internacionais*

Andrea Cornwall
e Vera Schattan P. Coelho

O desafio de construir governos democráticos em que todos possam exercer seus direitos e reivindicar sua cidadania é um dos maiores de nosso tempo. Reformas no governo geraram uma profusão de novos espaços para a participação dos cidadãos. Em alguns lugares, instituições mais antigas, com legados do regime colonial, foram remodeladas para adequar-se às agendas contemporâneas de governo. Em outros cenários, as reformas constitucionais e governamentais deram origem a estruturas inteiramente novas. Esses "novos espaços democráticos" (Cornwall e Coelho, 2004) são intermediários, uma vez que estão situados na interface entre Estado e sociedade; e são também, em muitos aspectos, canais de negociação, informação e troca. Eles podem ser abertos e sustentados pelo Estado, amparados em alguns contextos por garantias jurídicas ou constitucionais, e visto pelos agentes do Estado como sendo o *seu* espaço, ao qual os cidadãos e seus representantes são convidados. Mas, podem também ser vistos como espaços conquistados pelas demandas por inclusão da sociedade civil.[1] Alguns deles são eventos breves e singulares; outros são institucionalizados e tem uma presença mais durável na cena governamental.

Em contraste com as análises que situam essas instituições no interior da esfera pública, como a vigorosa exposição de Avritzer (2002) sobre as institui-

* Gostaríamos de agradecer ao grupo de trabalho "Espaços de transformação" do Development Research Centre on Citizenship, Participation and Accountability, bem como a John Gaventa, diretor do DRC, por todas as contribuições às ideias apresentadas neste capítulo. Nossa análise beneficiou-se dos comentários de John Gaventa, Peter Houtzager, David Kahane, Ranjita Mohanty e Ian Scoones, a quem somos muito gratas.

1 Agradecemos a Marcus Melo por esta indicação.

ções de governança participativa no Brasil, ou no âmbito do Estado, como na "governança participativa fortalecida" de Fung e Wright (2003), nós sugerimos que essas instituições constituem uma arena distinta, situada na interface entre o Estado e a sociedade: o que denominamos aqui "esfera participativa". As instituições dessa esfera têm uma existência semiautônoma, externa e separada das instituições da política formal, da burocracia e da vida associativa cotidiana, embora estejam frequentemente permeadas de preocupações e posições nelas formadas. Na condição de arenas em que os limites do técnico e do político vêm a ser negociados, tais instituições funcionam como um tipo inteiramente diferente de interface com o processo de formulação de políticas, distinto de outros caminhos por meio dos quais os cidadãos podem articular suas reivindicações – tais como o protesto, o abaixo-assinado, o *lobby* ou a ação direta – ou o organizar-se para satisfazer as próprias necessidades (Cornwall e Gaventa, 2001; Goetz e Gaventa, 2001). Trata-se, pois, de espaços de contestação e de colaboração, para o qual diferentes participantes trazem tanto distintas interpretações sobre a participação e a democracia, quanto agendas divergentes. Esses espaços podem, assim, ser vistos como laboratórios onde se ensaia uma nova política concernente às políticas públicas.

Este livro explora os contornos dessa nova política, reunindo estudos de casos que examinam o potencial democrático de uma diversidade de instituições da esfera participativa: conselhos de estabelecimentos hospitalares na África do Sul; um processo deliberativo de nível nacional no Canadá; conselhos sobre políticas participativas e grupos comunitários no Brasil, na Índia e em Bangladesh; orçamento participativo na Argentina; fóruns participativos criados por ONGs em Angola e Bangladesh; fóruns comunitários no Reino Unido; e novos espaços intermediários criados por movimentos sociais na África do Sul. Os colaboradores tomam as promessas apresentadas pelos defensores da participação – o aumento da eficiência e a efetividade das políticas públicas, a democracia "aprofundada" ou a ampliação do envolvimento dos cidadãos (Mansbridge, 1999; Fung e Wright, 2003; Dryzek, 2000; Gaventa, 2004) –, explorando-as numa diversidade de contextos sociais, culturais e políticos.

Juntos, os colaboradores examinam em que medida a expansão da esfera participativa contribui para fomentar o projeto de democratização, por meio da inclusão de interesses diversos e da ampliação de práticas democráticas no Estado e na esfera pública, e também do desenvolvimento, por meio do aumento da eficácia e da equidade nas políticas públicas. Vários estudos concentram-se especificamente na área da saúde, setor que combina uma história de promessas radicais inspiradas na Declaração de Alma-Ata, de 1978. Esses estudos focam tanto em inovações tais como os conselhos de saúde no Brasil e os experimentos deliberativos nos sistemas de saúde no hemisfério norte, com em desafios sistêmicos que incluem a arraigada desigualdade de conhecimento e poder. Esses estudos são complementados por casos que exploram outros espaços democráticos e de desenvolvimento, incluindo desde espaços voltados para a alocação e o gerenciamento de recursos até fóruns e associações de bairro.

Diferente de boa parte da literatura que analisa histórias bem-sucedidas, em contextos nos quais o governo progressista se combina com uma forte sociedade civil organizada e com a inovação institucional, como o orçamento participativo em Porto Alegre ou o planejamento participativo em Kerala (Heller, 2001; Fung e Wright, 2003), a maioria dos casos por nós considerados são muito mais "ordinários". E as histórias que nossos colaboradores contam – de "espaços vazios" (Mohanty), de vozes e representantes ausentes (Mohanty; Mahmud; Williams; von Lieres e Kahane; von Lieres), do jogo político nessas arenas (Cornwall; Rodgers) e da multiplicidade de reivindicações de legitimidade por parte da sociedade civil (Barnes; Castello, Gurza Lavalle e Houtzager; Roque e Shankland) – atestam para a complexidade de formas de governança que sejam participativas e inclusivas. Exploramos aqui como os debates travados no hemisfério norte sobre democracia deliberativa e governança participativa transportam-se para contextos onde regimes pós-autoritários, com serviços estatais fragmentados, insuficiência crônica de recursos e disseminado clientelismo, deixam em sua esteira relações refratárias e caracterizadas pela desconfiança entre os cidadãos e o Estado, em paralelo com dois casos do hemisfério norte que ilustram alguns dos desafios de inclusão que ainda persistem nas democracias progressistas bem estabelecidas.

A expansão das arenas participativas facilitou, em alguns contextos, a criação de novos atores e subjetividades políticas (Baocchi, 2001; Heller, 2001; Avritzer, 2002). No entanto, apesar de toda a inovação institucional dos últimos anos, permanece uma lacuna entre o aparato jurídico e técnico, que foi criado para institucionalizar a participação, e a realidade da exclusão efetiva dos cidadãos mais pobres e marginalizados. A preocupação primordial deste livro é essa lacuna – e os desafios de inclusão, representação e expressão que surgem ao se buscar transpô-la. O livro está organizado em duas seções que refletem uma preocupação central: por um lado, com a inclusão substantiva e, por outro, com efeitos democratizantes mais amplos referentes à esfera participativa. É evidente que as duas coisas são interdependentes; consequentemente, esta introdução entrelaça temas que perpassam todo o livro.

A seguir, procuramos contextualizar temas que emergem dos estudos de casos apresentados neste livro em relação aos debates mais amplos sobre as políticas de governança participativa. Iniciamos ressaltando algumas das promessas da participação e consideramos algumas das complexidades de sua concretização. Passamos então a alguns estudos de caso apresentados neste livro, investigando o que eles têm a nos dizer sobre as múltiplas interfaces por meio das quais os cidadãos envolvem-se com o Estado e as novas configurações de atores e práticas de participação que movem a esfera participativa, considerando ainda quais as implicações disso para a democratização e o desenvolvimento.

Participação, democracia e desenvolvimento

Mudanças nas concepções que orientam as intervenções para o desenvolvimento suscitaram debates que atraíram gerações de filósofos políticos para o primeiro plano das políticas de desenvolvimento contemporâneas.[2] Das instituições locais de "co-governança" e "coadministração", promovidas por agências supranacionais e institucionalizadas por governos nacionais (Ackerman, 2004; Manor, 2004), à explosão de mecanismos participativos e deliberativos; dos júris populares às avaliações participativas sobre a pobreza (Fischer, 2000; Chambers, 1997); a última década foi um período em que os "clamores" do público, especialmente "dos pobres", passaram progressivamente a ganhar visibilidade.

A confluência das agendas do desenvolvimento e da democratização trouxe o envolvimento dos cidadãos nos processos de governança para o centro do palco. As políticas de descentralização promovidas na década de 1990 buscavam aproximar o governo do "povo" (Blair 2000; PNUD, 2003). A governança e as reformas setoriais, instigadas e promovidas por agências de empréstimos e financiadores bilaterais, criaram uma profusão de campos nos quais os cidadãos vieram a ser recrutados para cobrar do Estado que preste contas e seja responsivo às demandas da população (Crook e Sverisson, 2003; Manor, 2004; Goetz e Jenkins, 2004). Uma década de experimentação com metodologias participativas e de esforços para escalar a participação para o interior das burocracias de desenvolvimento (Thompson, 1995; Chambers, 1997) permitiu que ocorresse, ao final da década

2 A genealogia dos escritos sobre democracia participativa remonta a Aristóteles e tem suas raízes mais recentes nos trabalhos de Pateman (1970) e MacPherson (1973).

de 1990, uma guinada no sentido da governança participativa (Gaventa, 2004). Ao mesmo tempo, a "guinada deliberativa" nos debates sobre a democracia e as políticas públicas reflete um interesse crescente no potencial das instituições e práticas deliberativas para uma renovação democrática no hemisfério norte (Bohman e Rehg, 1996; Dryzek, 2000; Hajer e Wagenaar, 2003; Fung, 2003) e a democratização das relações entre Estado e sociedade no hemisfério sul (Heller, 2001; Avritzer, 2002; Coelho e Nobre, 2004).

Essas várias tendências compartilham a crença de que o envolvimento mais direto dos cidadãos nos processos de governança contribui para que tenhamos melhores cidadãos, melhores decisões e um melhor governo (Mansbridge, 1999; Cohen e Sabel, 1997; Avritzer, 2002; Gaventa, 2004). É comum a todas elas a convicção de que os fóruns participativos, que abrem canais mais efetivos de comunicação e negociação entre o Estado e os cidadãos, favorecem o aprimoramento da democracia, criam novas formas de cidadania e aumentam a eficácia e a equidade da política pública. Acredita-se que a possibilidade de os cidadãos envolverem-se diretamente na solução de problemas locais, apresentando suas reivindicações diretamente aos órgãos estatais, aprimore a compreensão e contribua para melhorar a qualidade da definição e da implementação das políticas e dos programas públicos (Cunill, 1997; Cohen e Sabel, 1997; Abers, 2001; Fung, 2003). Essas políticas e programas são considerados, por sua vez, como elementos que contribuem para garantir o acesso dos mais pobres aos serviços públicos, melhorando assim as perspectivas de inclusão econômica e política e de desenvolvimento (Banco Mundial, 2001; PNUD, 2003).

Há uma série de suposições normativas imbricadas nos textos sobre participação, os quais tendem a fundir elementos descritivos e prescritivos sem definir claramente os limites entre a referência empírica e o discurso político normativo. Subjacente a essas suposições está a crença de que os cidadãos estão dispostos a participar e partilhar suas agendas políticas com os burocratas, desde que lhes sejam oferecidas oportunidades apropriadas – e também a crença de que os burocratas estão dispostos a ouvir e corresponder. Como demonstram os estudos neste livro, a lacuna entre as expectativas normativas e as realidades empíricas apresenta vários desafios para os projetos de democratização e desenvolvimento. Torna-se evidente que a participação dos mais pobres e marginalizados está longe de ser um ponto pacífico, e que existem várias precondições para o ingresso nas instituições participativas. Muito depende de *quem* entra nesses espaços, nos termos *de quem* e com *qual* "autoridade epistêmica" (Chandoke, 2003).

Evelina Dagnino (2005) ressalta uma "confluência perversa" entre duas versões da participação no debate contemporâneo sobre governança. Por um lado, a participação é formulada como um projeto construído em torno da extensão da cidadania e do aprofundamento da democracia. Por outro, a participação passou a ser associada à redução das responsabilidades estatais e à progressiva isenção do Estado do papel de garantidor de direitos, fazendo do mercado aquilo que Dagnino chamou de uma "arena substituta da cidadania" (2005: 159). Segundo esta lógica, os cidadãos, na qualidade de "usuários", tornam-se autoprovedores e consumidores de serviços (Cornwall e Gaventa, 2001). O paradoxo, Dagnino observa, é que *ambas* as versões da participação exigem uma sociedade civil ativa; de fato, proativa.

Um dos temas que percorre este livro é a insistência na necessidade de elucidar a categoria da "sociedade civil", de examinar criticamente quem vem a representar os cidadãos na esfera participativa e o papel que as organizações da sociedade civil poderiam desempenhar para ampliar o acesso e democratizar a tomada de decisões nessa arena. Acredita-se comumente que as organizações da sociedade civil possuam as propriedades democráticas que são associadas à esfera pública (Cohen e Arato, 1992; Acharya et al., 2004; Edwards, 2004). Contudo, a "sociedade civil" é, com efeito, uma categoria residual, em que elementos politizados mais progressistas são combinados com organizações cívicas apolíticas ou positivamente reacionárias, que podem ter práticas e ideais antidemocráticos (Dryzek, 2000). Afinal, como nos lembra Chandoke (2003), a sociedade civil é tão democratizante quanto os seus membros.

As concepções que enfatizam as virtudes da sociedade civil ressaltam o papel que essas organizações podem desempenhar em monitorar o Estado. Contudo, o crescente papel que as organizações da sociedade civil vieram a desempenhar como provedoras e como intermediárias não apenas apaga as fronteiras entre o Estado e a sociedade civil, mas também suscita questões sobre sua autonomia e representatividade (Chandoke, 2003; Tvedt, 1998). Nos lugares em que os atores da sociedade civil são capazes de estimular novas práticas sociais e políticas, que posteriormente transferem para as esferas participativa e pública, eles podem contribuir de maneira significativa para a inclusão e a deliberação (Avritzer, 2002; Cohen e Arato, 1992). Ainda assim, é um salto de fé estender esses efeitos positivos à "sociedade civil" em geral, conforme observado em Acharya et al. (2004). Uma questão central, então, é quais tipos de organizações da sociedade civil possibilitam formas inclusivas de participação, e em que condições elas prosperam e ganham influência.

A reconfiguração das relações entre o Estado e a sociedade civil, que está adquirindo espaço em função dessas inovações democráticas que constituem o foco deste livro, também requer uma visão do Estado que vá além de uma concepção monolítica. Como afirma Iris Marion Young (2004: 62):

> é uma reificação enganosa conceitualizar as instituições governamentais como formando um sistema de governo único, uniforme e coerente, "o Estado". De fato, ao menos na maioria das sociedades no mundo de hoje que possue instituições estatais em funcionamento, estas entrecruzam-se em diferentes níveis, às vezes se sobrepõem em suas jurisdições e às vezes atuam independentemente ou com propósitos que se contrapõem.

De fato, os atores do Estado na esfera participativa podem partilhar crenças, ideais, preconceitos e redes sociais com os atores sociais (Heller, 2001), e alguns deles estão longe de ser burocratas obtusos ou intrometidos (Du Gay, 2000), ainda que outros façam da obstrução tecnocrata uma arte. Afinal, o Estado é frequentemente tanto o objeto de mobilização, quanto o assegurador dos direitos, e os espaços participativos proporcionados pelo Estado, como muitos dos que são aqui analisados, não apenas proporcionam locais para o envolvimento da sociedade civil, mas podem estimular ativamente a criação de novas coletividades políticas (Baocchi, 2001; Young, 2000).

O que esta discussão enfatiza é a necessidade de entender o "Estado" e a "sociedade civil" como terrenos de contestação heterogêneos e mutuamente constitutivos (Houtzager, 2003; Skocpol e Fiorina, 1999; Chandoke, 2003). Isso requer uma visão da participação como "um resultado contingente, produzido quando atores coletivos (sociedade civil, Estado e outros) negociam relações num terreno preexistente que restringe e facilita tipos particulares de ação" (Acharya et al., 2004: 41). Com isso, a democratização vem a se estender para além da introdução de pacotes associados aos programas de reforma liberal-democráticos. Como argumenta John Dryzek (2000: 29):

> A democratização [...] não é a expansão permanente da democracia liberal pelos cantos do mundo, mas sim sua extensão em uma de três dimensões [...] A primeira delas é o direito de voto, a expansão do número de pessoas capazes de participar efetivamente nas decisões coletivas. A segunda é a amplitude, submetendo mais temas e áreas da vida à possibilidade de controle democrático [...] A terceira é a autenticidade do controle [...]: para que seja real em vez de simbólico, envolvendo a participação efetiva de atores autônomos e competentes.

As instituições da esfera participativa contribuem potencialmente em todas essas três dimensões, multiplicando espaços em que um crescente número de pessoas vem a fazer parte da vida política, ensejando novas subjetividades políticas e abrindo cada vez mais áreas de decisões para o envolvimento do público. Mas, como se verá mais adiante neste capítulo, o principal interesse deste livro diz respeito à terceira dimensão apresentada por Dryzek, pois ela nos permite explorar de modo mais aprofundado a questão da autenticidade e da qualidade da participação cidadã, e é aí que nosso trabalho entrecruza-se com vibrantes debates da teoria política sobre temas da representação e da deliberação (Fraser, 1992; Young, 2000; MansBridge, 2000; Dryzek, 2000; Fung, 2003).

Por uma participação substantiva

O que seria necessário para que os atores marginalizados ou excluídos participassem significativamente dos fóruns participativos institucionalizados e para que a sua participação resultasse em mudanças efetivas nas políticas e nas práticas? Os institucionalistas afirmaram que a chave para aperfeiçoar a participação encontra-se em melhores desenhos institucionais: em regras e processos de tomada de decisões que encorajem os atores a participar (Immergut, 1992; Fung, 2003). Teóricos de movimentos sociais afirmaram que a chave reside nas mobilizações sociais que pressionam por uma distribuição mais justa dos recursos disponíveis (Tarrow, 1994; Alvarez, Dagnino e Escobar, 1998). Os estudos neste livro apontam para interações mais complexas entre um bom desenho e estimulo à participação "a partir da base". Para que as instituições da esfera participativa sejam genuinamente inclusivas e tenham poder – isto é, para que sejam mais que exercícios terapêuticos ou protocolares (ver Arnstein, 1971) –, algumas questões importantes devem ser consideradas.

Em primeiro lugar, expandir o envolvimento democrático requer mais que convites à participação (Cornwall, 2004). Para que as pessoas sejam capazes de exercer sua atuação política, elas precisam primeiramente se reconhecer como cidadãos, ao invés de beneficiários ou clientes. Adquirir os meios para participar exige também processos de educação e mobilização populares que possam incrementar as habilidades e a confiança de grupos marginalizados e excluídos, possibilitando que ingressem e se envolvam nas arenas participativas. Os estudos neste livro desenvolvidos por von Lieres, Williams, von Lieres e Kahane, Mahmud e Mohanty apontam para a importância dos espaços societais, além da arena participativa, na construção da capacidade de participação dos grupos marginalizados (ver Fraser, 1992; Kohn, 2000). Entretanto, as instituições da esfera participativa são também espaços para *criar* a cidadania, espaços nos quais, aprendendo a participar, os cidadãos aguçam sua capacidade política e adquirem habilidades que podem ser transferidas para outras esferas – seja a da política formal ou da ação no âmbito local –, como sugerem os capítulos de Roque e Shankland, Barnes e Cornwall.

Em segundo lugar, questões de inclusão implicam questões de representação. Se essas instituições devem representar "a comunidade", "os usuários", "a sociedade civil" ou, de fato, "os cidadãos", então, sobre quê base as pessoas se tornam representantes ? E quais são as suas alegações de legitimidade para falar em nome de outros? Quais mecanismos existem, se é que existem, para facilitar a representação de grupos marginalizados, e o que isso significa na prática? E o que mais pode ser necessário para sustentar uma representação mais ampla? Em nossos casos, há um contraste significativo entre os cenários em que movimentos sociais altamente organizados e articulados participam como atores coletivos, como no caso do Brasil e da Argentina (Castello et al.; Coelho; Cornwall; Rodgers), e aqueles como Bangladesh, Índia e África do Sul, em que os indivíduos assumem posições como uma extensão de suas responsabilidades familiares ou em virtude de seu sexo ou de sua raça e não enquanto representantes de um coletivo (Mahmud; Mohanty; Williams). Essas questões mostram a diversidade das formas de política e de perspectivas para a democracia que emergem em diferentes contextos culturais e políticos.

Em terceiro lugar, o simples fato de pôr no lugar essas estruturas de participação não é suficiente para criar instituições políticas viáveis. Muitas delas dependem das motivações daqueles que nelas ingressam e do que "participação" significa para eles. A participação é promovida para que os burocratas possam ouvir as experiências das pessoas e entender suas preocupações a fim de elaborar melhores políticas? Ou de modo a que os cidadãos venham a desempenhar um papel ativo na elaboração e no monitoramento das políticas? Ou, de fato, de modo que esses públicos possam pressionar os burocratas a prestar contas? Nossos estudos demonstram não apenas a polivalência do conceito de participação (Mahmud; Von Lieres; Mohanty), mas também a coexistência, no interior de qualquer cenário, de diversas – e divergentes – compreensões daquilo que pode ser conquistado, compreensões estas que estão em constante negociação (Cornwall; Rodgers; Roque e Shankland).

Em quarto lugar, ninguém quer apenas falar, sem que nada mude. O que então faz que a participação seja *efetiva* e inclusiva (Warren, 2000)? Coelho

(2004 e aqui) sugere que a conjunção de três fatores é decisiva: o envolvimento de um amplo espectro de movimentos populares e associações civis, burocratas comprometidos e desenhos institucionais que façam frente a práticas excludentes e enviesadas. Em contextos com distribuição altamente assimétrica dos recursos entre os participantes, há um perigo real de controle por parte das elites (Mahmud; Mohanty). Da mesma forma, o fato de que as escolhas políticas presentes sejam fortemente condicionadas pela trajetória passada das políticas contribui para restringir a deliberação a questões de implementação, dando pouca margem para que as políticas sejam realmente repensadas.[3] Determinados desenhos institucionais tendem, como argumenta Fung (2003), a promover em diferentes graus a legitimidade, a justiça ou a eficácia das decisões tomadas nesses espaços. Isso acontece porque como Fung indica: essas dimensões não convergem sendo difícil privilegiar uma sem sacrificar as outras. Onde as instituições são implantadas sem se dar atenção aos aspectos do desenho institucional que ajudam a mediar o conflito, a assegurar configurações particulares de papéis e formas de representação e a manejar as tensões e as escolhas entre inclusão e eficácia, é fácil que as "velhas formas" de exclusão e dominação persistam nos novos espaços (Cornwall, 2002).

Por último, de uma maneira mais geral, que efeitos têm as esferas participativas sobre a cidadania e o envolvimento político? Embora alguns escritores sejam otimistas em relação ao seu potencial para estimular uma maior participação e a democratização a partir da base (Baocchi, 2001; Avritzer, 2002), outros apontam para os efeitos ambivalentes da participação institucionalizada sobre a energia social e política e, assim, sobre sua capacidade de promover a democratização (Piven e Cloward, 1971; Dryzek, 1996; Taylor, 1998). Os efeitos negativos, como a desilusão e o enfraquecimento gradual da energia e do envolvimento, apresentam-se mais claramente no capítulo escrito por Barnes. Outros capítulos, no entanto, apontam outros efeitos democratizantes imprevistos, quando instituições que começaram com alçadas relativamente restritas deram origem a formas de envolvimento que ultrapassavam sua circunscrição, ou onde os atores sociais aproveitaram as oportunidades para repolitizar esses espaços (Rodgers; Roque e Shankland). Esses casos corroboram o argumento de que a participação é um processo gradual, movido por atores que têm seus próprios projetos sociais e políticos. Eles enfatizam, sobretudo, a importância

[3] De fato, como indica Dryzek, as políticas públicas não são indeterminadas, e há "determinados imperativos que todos os Estados simplesmente têm de cumprir" (2000: 93).

de contextualizar as instituições da esfera participativa em relação a outras instituições políticas, situando-as no panorama social, cultural e histórico de que fazem parte (Heller, 2001; Cornwall, 2004).

Nas seções que se seguem, exploramos em maior profundidade questões associadas a esses temas. Primeiramente, consideramos o que os estudos contidos nesta coletânea têm a nos dizer sobre a micropolítica da participação nas arenas participativas institucionalizadas. Em seguida, passamos a tratar a questão da diferença e os problemas de representação e de inclusão que surgem nesses espaços. Por fim, examinamos as dimensões e os efeitos democratizantes e da esfera participativa, concentrando-nos no envolvimento com o Estado e nas perspectivas substantivas de democratizar a democracia.

Espaços de poder: a micropolítica da participação

Do molde discursivo, que define o que pode ser deliberado, ao emprego da linguagem técnica e das reivindicações de autoridade que reinstitucionalizam as clivagens existentes na sociedade, ao modo como expressões tais como "usuários" ou "membros da comunidade" circunscrevem a atuação política dos participantes, o poder perpassa cada uma das dimensões da esfera participativa. Na condição de "espaços franqueados",[4] as instituições da esfera participativa são moldadas por aqueles que as criam e estão imbuídas de relações de poder e formas de interação trazidas de outros espaços (Cornwall, 2002). São espaços de poder em que formas de dominação explícitas ou tácitas silenciam alguns atores ou impedem completamente a sua entrada (Gaventa, 2005). Contudo, estes são também espaços de possibilidade, nos quais o poder assume uma forma mais produtiva e positiva, seja ao permitir que os cidadãos transgridam as posições de receptores passivos, afirmando seus direitos, seja contestando a "governamentalidade" (Foucault, 1991).

Pensar a participação como um processo contingente, que envolve disputas, ajuda a destacar a micropolítica presente nas arenas participativas. Os estudos apresentados neste livro situam esta micropolítica em campos com histórias muito diferentes de interação entre o Estado e os cidadãos, de configurações de instituições políticas e de culturas políticas. Da Angola pós-guerra à Inglaterra

[4] A expressão "espaços franqueados" [*invited spaces*] tem sua origem no trabalho conjunto com Karen Brock e John Gaventa (Brock, Cornwall e Gaventa, 2001; Cornwall, 2002; Gaventa, 2004).

do "New Labour", da Bangladesh rural ao Brasil urbano, os estudos contidos neste livro abrangem contextos com histórias e culturas nitidamente diferentes. Embora haja, em todas elas, persistentes desigualdades e formas intrínsecas de exclusão, suas dimensões e dinâmicas diferem, assim como as noções de cidadania, o grau e os tipos de mobilização social e dos esforços do Estado para enfrentar as discriminações sistêmicas, sejam elas – de gênero, raça, casta ou classe (Kabeer, 2005).

Chaudhuri e Heller (2002) afirmam que uma deficiência crucial do debate sobre o aprofundamento da democracia foi a suposição de que os indivíduos são igualmente capazes de fazer associações e de se envolver em atividades políticas. Isso, argumentam eles, ignora diferenças fundamentais de poder entre os grupos sociais:

> Se isso é problemático em qualquer democracia que não seja perfeita (e não há democracias perfeitas), é especialmente problemático nas democracias em desenvolvimento em que os direitos básicos de associação são circunscritos e distorcidos por persistentes dependências verticais (relações clientelistas), por formas rotineiras de exclusão social (por exemplo, o sistema de castas, o *purdah*), pela desigualdade e, por vezes, pela completa carência de legalidade pública e pela persistência de formas pré-democráticas de autoridade. (2002: 2)

O relato de Williams sobre as Health Facilities Boards na África do Sul revela a forte influência das antigas práticas do paternalismo nesses novos espaços, reproduzindo modelos de interação herdados do passado racista. Williams afirma que a própria cultura e a conformação das Health Facilities Boards sul-africanas servem para perpetuar a dominação dos brancos e sustentar as hierarquias existentes de poder e privilégio. A internalização de normas que valorizam determinados conhecimentos e formas de discurso pode fazer que as pessoas silenciem. Williams cita uma jovem mulher de negócios negra: "os negros não participam porque se sentem inferiores aos brancos. A participação requer um conhecimento especial, e os negros não têm o conhecimento necessário para se envolver com os brancos em questões como a saúde".

A mera criação de espaços contribui pouco para eximi-los das propensões que os participantes podem trazer consigo (ver Bourdieu, 1977). Profissionais valorizados por sua expertise num dado contexto podem não se dispor a aceitar a validade ou o valor de práticas e conhecimentos alternativos em outro; e os cidadãos passivamente submetidos ao paternalismo ou ao preconceito nos confrontos cotidianos com as instituições estatais podem transferir essas expectativas para a esfera participativa. O estudo de Mahmud sobre os Grupos Comunitários de Bangladesh (GCs), que foram criados como parte das reformas do setor de saúde, servindo de meios para promover a "participação da comunidade" na gestão dos serviços de saúde, revela parte dessa dinâmica. Ela mostra como as clivagens sociais existentes estão plasmadas nas instituições participativas, reduzindo os homens e as mulheres mais pobres ao silêncio. Mahmud cita uma mulher sem-terra, membro do GC, que comentou: "eu sou pobre e ignorante, o que é que eu vou dizer? Os mais instruídos falam mais". Contudo, ela revela também o inverso dessa dinâmica de poder quando se trata de outras formas de envolvimento, em que aqueles que se encontravam em silêncio nos espaços participativos readquirem a capacidade de ação e a voz. Ela cita uma mulher que é membro de um Grupo Comunitário oriundo das camadas mais baixas da população: "os membros instruídos e abastados podem debater ou discutir uma questão de maneira organizada, mas, quando se trata de protestar, eles normalmente ficam em silêncio e tentam se manter fora da ação".

O capítulo escrito por Mohanty destaca precisamente esse tipo de contraste no contexto rural da Índia: entre os "espaços vazios" da administração local e do manejo das bacias hidrográficas, nos quais a participação das mulheres é reduzida ou inexistente, e os grupos de assistência à saúde, constituídos exclusivamente por mulheres, onde elas são ativas. Mohanty mostra como as oportunidades de participação são circunscritas por estereótipos sobre as preocupações e capacidades das mulheres, dando pouco espaço para que as mulheres participem como *cidadãs*, ao invés de como tuteladas ou mães. Num contexto em que as mulheres têm poucas oportunidades de aprender as habilidades necessárias para o envolvimento efetivo na esfera participativa, e em que as sanções sociais funcionam de modo a excluir aquelas que se afirmam, existem barreiras poderosas à inclusão. Algumas mulheres conseguem romper com as expectativas normativas e começam a reivindicar seus direitos de expressão. Mas isso pode suscitar outras formas de exclusão. Mohanty cita Nirmala, uma trabalhadora da área da saúde da mulher:

> Poucas mulheres daqui conhecem os seus direitos. Algumas de nós, que têm instrução e estão a par de seus direitos, são consideradas um "incômodo" e uma ameaça constante na vila. Assim, enquanto as mulheres que se mantêm caladas e dóceis serão convidadas a comparecer às reuniões, nós seremos deliberadamente deixadas de fora.

Para as pessoas que vivem na pobreza, sujeitas à discriminação e à exclusão da sociedade, a experiência de entrar em espaços participativos pode ser extremamente intimidante. A maneira como falam e o conteúdo do que falam pode ser entendido pelos profissionais como pouco coerente ou relevante; a sua participação pode ser vista pelos poderosos como caótica, conturbada e improdutiva. Iris Marion Young afirma que "as normas de deliberação são culturalmente específicas e frequentemente operam como formas de poder que silenciam ou desvalorizam a fala de algumas pessoas" (1996: 123). Um poderoso desafio para a inclusão substantiva é a superação das entranhadas desigualdades de *status*, de conhecimento técnico e de poder que, de maneira persistente, solapam aquilo que Chandoke denomina "autoridade linguística e epistêmica" (2003: 186) dos atores subalternos.

A diminuição dessas desigualdades através da mediação, do treinamento ou da orientação oferece a promessa de ampliar as possibilidades de deliberação. Mas também há riscos. Conforme sugerimos, as estratégias para amplificar a voz dos grupos marginalizados podem comprometer os esforços de promover a deliberação. Barnes descreve, por exemplo, como os jovens no Reino Unido eram orientados por funcionários dos serviços de assistência à juventude a apresentar versões "aceitáveis" de seus interesses, que poderiam ter sido desvalorizados caso fossem expressos na linguagem própria dos jovens. As interpretações estratégicas por parte de intermediários bem-intencionados podem, como argumenta Chandoke (2003), obscurecer a comunicação autêntica deixando os subalternos tão silenciados quanto antes. A mobilização pode trazer os atores marginalizados para os espaços participativos, mas não necessariamente os habilita a se comunicar de modo eficaz com os outros atores que encontrem ali. Os ativistas com experiência em movimentos sociais, partidos políticos e sindicatos podem trazer consigo estilos políticos mais confrontadores e diretamente combativos, que os afastam da busca de consenso e dos modos "racionais" de argumentação da democracia deliberativa, como mostra o estudo de caso brasileiro desenvolvido por Cornwall.

Entretanto, essas mesmas dinâmicas de poder também podem imbuir com seu dinamismo os espaços participativos. Os espaços para participação podem ser criados tendo-se em mente um determinado propósito, mas podem vir a ser usados por atores sociais para renegociar seus limites. Afinal, os discursos de participação não são um conjunto singular e coerente de ideias ou prescrições, mas configurações de estratégias e práticas que são desenvolvidas sobre uma base em constante mudança (Foucault, 1991). Na exposição de Mahmud sobre o trabalho da ONG ativista Nijera Kori com os comitês de monitoramento dos serviços de saúde em Bangladesh, a transformação dos espaços administrativos em espaços *políticos* redefiniu suas possibilidades. A exposição de Roque e Shankland sobre a "mutação" das instituições instauradas por órgãos financiadores em Angola revela como os outros projetos dos participantes remodelaram e reconfiguraram a sua abrangência, gerando novas lideranças e efeitos democratizantes. O capítulo escrito por Rodgers oferece uma exposição particularmente rica dessas dinâmicas. Ele mostra como o processo de orçamento participativo em Buenos Aires sobrepôs-se às práticas e às relações sociopolíticas existentes, proporcionando "espaços de autonomia" no interior do processo, o que permitiu "subverter a subversão" da politização. Tais estudos revelam a vitalidade da esfera participativa e o seu potencial transformador; eles também destacam a questão de que muito depende de *quem* vem a participar dessas instituições, assunto do qual trataremos agora.

Questões de representação

Peculiares à esfera participativa são as formas novas e plurais de representação e prestação de contas, claramente diferentes das formas convencionalmente associadas às instituições da democracia liberal (Houtzager et al., 2004). Essas formas implicam diferentes lógicas e normas de democracia, construindo diferentes concepções sobre quem *deve* participar. A "sociedade civil" passa a ser representada de diversas maneiras: por indivíduos que falam sobre si mesmos e a si mesmos; por representantes nomeados por organizações não-governamentais; por representantes eleitos por associações de bairros; por membros de atores coletivos, como sindicatos ou movimentos e outras variantes. Há evidências de tensões que resultam das diferentes fontes de legitimidade que sustentam as reivindicações de autoridade para falar e atuar como representantes; e essas aspirações e objetivos podem entrar em conflito com outras reivindicações que ganharam legitimidade graças a ação comprometida de grupos marginalizados (capítulos de Barnes e Castello et al.).

A vasta literatura sobre representação oferece uma série de perspectivas referentes ao melhor modo de garantir a inclusão de grupos menos organizados e com menor expressão. Há uma corrente que argumenta a favor de uma abordagem democrática mais direta: as instituições da esfera participativa devem ser abertas a todos que queiram participar. Outros apontam para os riscos que essa autoseleção representa por favorecer aqueles que têm mais recursos, e propõem métodos de seleção aleatória que buscam refletir a composição da população (Fishkin e Luskin, 1999). Outros concentram-se menos nos métodos de seleção e mais nos incentivos, direcionando os fóruns para questões de interesse particular dos cidadãos mais pobres (Fung, 2003). A essa corrente se contrapõe os argumentos de que a criação de uma base para a representação de grupos sociais marginalizados só é possível se houver um processo paralelo de mobilização e definição de identidades e agendas coletivas.

Entre nossos casos, há uma diversidade de formas de representação que reflete essas várias perspectivas. Mahmud descreve como, nos grupos comunitários que administram serviços de saúde nas vilas em Bangladesh, os indivíduos que falam como "representantes comunitários" pertencem geralmente às elites – profissionais, professores, fazendeiros ricos e suas esposas – indicados pelo responsável pelo GC. Na exposição de Williams sobre as Health Facilities Boards na África do Sul, aqueles que falam em nome dos interesses dos pacientes são provavelmente os que estão trabalhando para a saúde comunitária, e não aqueles que representam grupos sociais particulares. O capítulo redigido por Castello et al. oferece uma perspectiva diferente, a partir de um contexto que é marcadamente distinto: a maior cidade do Brasil, São Paulo, onde a "participação cidadã" refere-se geralmente ao envolvimento de organizações registradas da sociedade civil, das quais há centenas. As descobertas desses trabalhos lançam uma luz sobre questões de representação na esfera participativa. Menos de 5% das instituições examinadas consideravam-se como representativas, e um número igualmente reduzido concebia-se em termos eleitorais clássicos. Para quase a metade, a vasta maioria, a representação diz respeito à *mediação*. Essas organizações viam-se como defensoras dos direitos dos outros, criando uma ponte entre os segmentos da população mais pobres ou sub-representados e o Estado.

As experiências reunidas neste livro apontam as reivindicações e as concessões que precisam ser levadas em conta quando se examina a capacidade da esfera participativa de promover a inclusão de setores da sociedade tradicionalmente marginalizados. Até que ponto, por exemplo, uma preferência por fóruns em que o público vem a ser representado por métodos de seleção aleatória abriria as portas dessas instituições para aqueles que, de outro modo, encontrariam dificuldades para entrar? (ver Fishkin e Luskin, 1999) E até que ponto isso reproduziria a distribuição altamente assimétrica dos recursos sociais, simbólicos, políticos e econômicos que existem na sociedade em geral? Distribuição essa não mediada por práticas de organização que podem conceder aos atores mais marginalizados as habilidades para participarem efetivamente? Uma coisa é os cidadãos entrarem nos fóruns participativos para se informar e gerar opiniões com base em discussões fundamentadas, já outra coisa é essas discussões consistirem em debates entre atores coletivos politizados com posições fortemente polarizadas. O desafio associado à primeira situação é como fomentar processos em que os cidadãos mais pobres e marginalizados possam encontrar espaço para se manifestar; o desafio da segunda situação é o risco de contribuir para a radicalização e a amplificação do poder de veto de grupos que se sentem politicamente à margem, o que pode restringir de modo significativo o potencial democrático dessas arenas.

Os adeptos da democracia deliberativa argumentariam que, propiciando aos participantes informações suficientes e acesso a conhecimentos mais aprofundados, buscando encorajá-los a elaborar posições durante as discussões, em vez de trazer posições e agendas previamente preparadas, pode-se instilar novas normas de conduta (Fung, 2003). Uma boa facilitação desse processo pode desempenhar um papel extremamente importante. Técnicas que são explicitamente orientadas para ampliar as vozes dos menos vocais aumentam as possibilidades de deliberação, permitindo que as posições sejam debatidas abertamente, em vez de defensivamente asseveradas. A introdução de práticas inovadoras de facilitação pode começar a mudar a cultura de interação na esfera participativa, combatendo a reprodução de velhas hierarquias e exclusões e possibilitando que uma maior diversidade de vozes sejam ouvidas.

Ao mesmo tempo, porém, é evidente que *alguns* atores inevitavelmente apresentam ideias, impressões e conhecimentos que nenhuma facilitação ou deliberação podem demover; mas esperar menos que isso é despolitizar profundamente o processo de deliberação, excluindo as preferências, crenças e alianças que são políticas por sua própria natureza. Aqueles que têm alguns recursos – por exemplo, vínculos com o sistema político-partidário ou com patrões poderosos – ficam mais bem situados para expandir suas chances de acesso a esses fóruns e promover suas próprias agendas. A filiação a outras formas de organização dos interesses coletivos, sejam os movimentos de base popular ou os partidos políticos formais, nunca é deixada de lado quando as pessoas se põem a deliberar, como mostram os estudos de Cornwall, Rodgers e Barnes. Entender a política desses espaços requer que se dê maior atenção às redes políticas que permeiam o Estado, às esferas participativa e pública, e às implicações das articulações que elas tornam possíveis.

O estudo de von Lieres e Kahane sobre o processo deliberativo em escala nacional no Canadá suscita mais uma questão: até que ponto as regras do jogo adotadas para facilitar a deliberação são artefatos culturais– e como elas implicitamente excluem outras formas, culturalmente determinadas, de pensar a deliberação? Os autores afirmam que no levantamento sobre o sistemas de saúde canadense, realizado pela Comissão Romanow, não se levou suficientemente a sério o modo como a marginalização pode ser perpetuada nos espaços deliberativos. Por arregimentar os cidadãos como indivíduos, o diálogo não conseguiu dar ao povo aborígene oportunidade suficiente para expressar-se, precisamente porque as premissas individualistas do método empregado entravam em conflito com as formas indígenas de representação baseada na filiação ao grupo. Sua análise destaca a importância da receptividade às formas de organização, representação e deliberação culturalmente situadas, bem como a importância da criação de espaços para aquilo que chamam de cidadãos marginalizados "filiados".

Jane Mansbridge sugere que nos "contextos comunicativos em que prevalece a desconfiança, com interesses não-cristalizados e *status* historicamente denegrido" (2000: 99), a representação descritiva – a representação de um grupo social por aqueles que provêm desse grupo e falam *na condição de* membros do grupo, bem como *em nome* dele – é necessária para que se dê atenção substantiva às questões que afetam esse grupo. É precisamente para esse tipo de contexto que o exame de William se volta, destacando uma série de fatores que conspiram para impedir que os participantes negros sejam capazes de se envolver numa "política de presença": a falta de associações que possam promover os interesses dos negros, uma incompatibilidade entre os mecanismos de arregimentação e as formas de comunicação que chegariam aos cidadãos negros, a dominação histórica de instituições semelhantes por parte da classe média branca – frequentemente do tipo bem-intencionado, cuja preocupação com os "negros pobres" eclipsa a capacidade dos cidadãos negros de representarem seus próprios interesses e necessidades – e o desprestígio internalizado, com repercussões na autoconfiança e na capacidade de se associar e de expressar as reivindicações. Como afirma Phillips (1995), "uma política de presença" oferece tanto o valor simbólico da visibilidade quanto a possibilidade de uma defesa mais vigorosa dos interesses de grupos excluídos. Nesse contexto, afirma Williams, é precisamente disso que se necessita.

Numa crítica à noção de Habermas (1984) acerca da esfera pública, Fraser argumenta que os grupos marginalizados podem encontrar grandes oportunidades de se expressar por meio da criação de espaços *próprios*, que ela chama de "contrapúblicos subalternos". Fraser sugere que esses espaços têm "um caráter duplo. Por um lado, funcionam como espaços de afastamento e reagrupamento; por outro, também funcionam como bases e grupos de treinamento para atividades de mobilização dirigidas a públicos mais amplos" (1992: 124). Mansbridge (2000) destaca outras dimensões desses espaços: como "laboratórios de auto-interesse", eles podem permitir a grupos historicamente marginalizados erigir posições, construir uma política de envolvimento e conquistar uma maior legitimidade para exprimir reivindicações no interior das instituições de esfera participativa. Tais espaços podem vir a favorecer uma política de transformação, oferecendo a grupos anteriormente excluídos a ocasião e a oportunidade para construir suas preferências políticas e , expressara seus interesses. Eles podem também se constituir em arenas que tornam as reivindicações e interesses desses grupos visíveis para o Estado.

A mobilização cria não apenas uma linguagem partilhada, mas também oportunidades para uma aprendizagem política e condições nas quais novos líderes podem surgir. Em muitos de nossos casos, a liderança na criação desses espaços foi assumida por ONGs ativistas. Mas, como enfatizam Mohanty, Barnes e Cornwall, o Estado tem um papel crucial a desempenhar, eliminando a discriminação social e apoiando ativamente a inclusão dos grupos marginalizados em arenas políticas de todos os tipos (Young, 2000). Como argumenta Heller (2001), é preciso dedicar maior atenção às sinergias entre os movimentos sociais e os projetos políticos sustentados pelo Estado na promoção da participação substantiva dos atores subalternos.

Envolvendo o Estado

Maior atenção tem sido dada aos atores sociais que atuam nas instituições da esfera participativa, do que aos atores do Estado, cujo envolvimento é decisivo para o seu sucesso (Abers, 2001; Fox, 1996; Heller, 2001). O estudo de caso desenvolvido por Mahmud mostra as limitações críticas que aparecem para que se alcancem mudanças na assistência à saúde quando a mobilização dos cidadãos não é acompanhada pelo envolvimento dos atores estatais, responsáveis pelo planejamento e pela prestação de serviços, nas discussões; além disso, o estudo mostra também a importância do reconhecimento e do apoio institucional por parte do Estado para a viabilidade das instituições participativas. Coelho ressalta a importância do envolvimento das autoridades públicas como um cofator para se produzir um fórum participativo bem-sucedido e inclusivo. Barnes especifica que tais atores contribuem para tornar a participação significativa. Mas, surpreendentemente, pouco se sabe sobre o que leva esses atores a defender a participação social como projeto político. O que é que motiva as autoridades do Estado a participar e seguir as decisões tomadas nesses espaços? O que faz que o burocrata concorde com aquilo que pode acabar sendo um processo deliberativo longo e intricado, em vez de recorrer a um processo mais rápido e autoritário de tomada de decisão? Quais incentivos os motivam a investir na criação de um ambiente mais receptivo e agir no interesse dos cidadãos mais pobres e marginalizados? E o que *eles* ganham com sua participação na esfera participativa?

O comprometimento de políticos e burocratas com a governança participativa precisa ser analisado tendo como pano de fundo uma complexa conjunção de variáveis. Isso inclui os valores e filiações político-partidárias desses atores, as tentativas de influenciar e obter informações a respeito da opinião pública e a estrutura de oportunidades definida pelo sistema político (Skocpol e Fiorina, 1999). Onde as preferências são instáveis, pode ser conveniente para os políticos a busca de meios para assegurar oportunidades de exercer influência, bem como responder aos interesses do eleitorado. As instituições da esfera participativa podem oferecer uma oportunidade dessa, caso estejam bem fundamentadas em relações com comunidades e eleitorados mais amplos; pode ser do interesse dos políticos viabilizá-las (Heller, 2001; Mansbridge, 2003). Como tais, as instituições da esfera participativa constituem uma maneira de descobrir as preferências dos eleitores – juntamente com instrumentos como pesquisas de opinião por amostragem ou grupos focais.

No entanto, um compromisso ostensivo com a governança participativa em si pode render dividendos políticos. Políticos e burocratas experientes podem vestir o manto da participação para assumir a identidade de defensores da causa de um governo aberto e que presta contas. No Brasil, por exemplo, promoveu-se a participação popular nos governos municipais como uma marca distintiva do Partido dos Trabalhadores, o que lhe garantiu distinção e certamente contribuiu para seu sucesso eleitoral no passado. Os políticos podem procurar novos aliados nas arenas participativas, seja contra outros políticos, seja para controlar a burocracia; os burocratas adeptos da participação, por sua vez, podem procurar tipos semelhantes de aliança, seja contra políticos e burocratas elitistas, seja para obter apoio e legitimidade. A participação como projeto político pode ser vista como uma estratégia que busca cultivar aliados, fortalecer redes e obter votos.

Os "defensores da mudança" no interior das burocracias desempenham um papel crucial na criação de espaços de inovação democrática e no provimento de recursos, e, como tais, tornam-se aliados dos movimentos sociais e da sociedade civil (Fox, 1996). De fato , como destaca Mahmud, o apoio e reconhecimento estatais são necessários para que esses espaços funcionem. O apoio infraestrutural, o financiamento de eventos públicos, de treinamento e transporte para a realização de reuniões ou para inspecionar instalações são medidas tangíveis de comprometimento; são também essenciais para a própria viabilidade dessas instituições. Mas há outras dimensões para um envolvimento construtivo do Estado. Como sugere Barnes, isso pode estar relacionado tanto com a revisão de tendências disciplinadoras, a valorização de diferentes formas de diálogo e expressão, a modificação das normas e regras oficiais que frequentemente passam a dominar as instituições da esfera participativa, quanto com a oferta de oportunidades para que os cidadãos participem. O compromisso pessoal e político das autoridades do Estado com o projeto participativo não apenas torna possível esse apoio e esse envolvimento, mas também contribui para que estejam dispostos a prestar contas e para que tenham capacidade de fazê-lo. Cornwall mostra como uma complicada trama de ideologia, filiações político-partidárias e predisposições pessoais e profissionais, aparece na concepção dos burocratas e dos funcionários da saúde no Brasil acerca de seu papel em um conselho municipal de saúde. Ela afirma que ver esses espaços apenas no que diz respeito à participação dos cidadãos é negligenciar uma dimensão importante de seus efeitos democratizantes.

As políticas estatais de inclusão envolvem complexidades adicionais. von Lieres afirma, em relação à África do Sul, que, num contexto político que apresenta expectativas de que a deliberação pública não aconteça, uma história de desconfiança e manipulação, falta de mobilização social para articular as demandas e tendências autoritárias e paternalistas residuais na conduta das autoridades estatais, as arenas participativas podem simplesmente reforçar as relações de poder moldadas por experiências em outros espaços institucionais, em vez de criar arenas viáveis para a democratização. É possível que seja nesses outros espaços – como os movimentos sociais de oposição e os protestos populares – que aqueles que estão silenciados encontrem sua atuação política, desenvolvam suas habilidades e nutram sua paixão pelo envolvimento (ver Mouffe, 2002). Entretanto, ao ligar essas arenas às da esfera participativa, pode haver muita coisa em jogo. Dryzek (1996) argumenta que o preço da inclusão pode ser alto para grupos cujas agendas divergem de tal forma das prioridades estatais que seu ingresso envolve o risco de cooptação e desmoralização. No caso de alguns grupos e de algumas questões, o investimento para se envolver com o Estado pode não compensar, pois significa desviar a energia para recessos afastados das lutas políticas mais amplas (Taylor, 1998). A análise de Barnes sobre a transformação de uma instituição iniciada por cidadãos do Reino Unido num fórum patrocinado pelo Estado demonstra uma das consequências mais evidentes: uma perda da energia social com a penetração da burocratização, que elimina a espontaneidade e a criatividade, tornando essa instituição um pálido resquício do que era inicialmente.

A exposição de von Lieres sobre a ONG sul-africana Treatment Action Campaign (TAC) mostra como o envolvimento de múltiplas interfaces com o Estado – dos tribunais e ruas à clínica – pode oferecer maiores perspectivas de ampliação das fronteiras do político (Melucci, 1996). A eficácia reside, argumenta von Lieres, em sua capacidade de *intermediar*, de trabalhar nas arenas com uma política de identificação que reúna um espectro diverso de grupos de interesses. Como mostra o caso da TAC, a participação estratégica pode vir a depender de que se exerça a atuação fora da arena participativa, a fim de se aumentar a pressão por mudanças (Cortez, 2004). A exposição de Barnes salienta a importância da construção e da mobilização de uma "consciência de oposição" como meio de incentivar a participação (ver Mouffe, 2002). Mas, como indica a autora, isso em si propõe novos desafios aos atores estatais, como a necessidade de habilidades para uma administração criativa dos conflitos a fim de se trabalhar de modo construtivo com as posições antagônicas, sem extinguir a sua paixão, bem como a necessidade de reconhecer uma pluralidade de estilos discursivos, em vez de tentar reformular as posições em versões "aceitáveis". Para que a participação produza um melhor entendimento entre os diversos atores no interior da esfera participativa, é preciso que haja intermediação não apenas entre os locais de participação, mas também *no interior* dos mesmos.

Conclusão

As expectativas normativas da democracia deliberativa e participativa encontram pouco respaldo nos resultados dos estudos contidos neste livro sobre a experiência cotidiana da governança participativa. Mas, a despeito dos vários problemas, os casos aqui apresentados oferecem algum motivo para otimismo. O próprio fato de serem casos comuns ajuda a desvendar outras histórias: as mudanças incrementais, um crescente sentimento quanto ao direito de participar, as mudanças lentas, porém reais na atuação política. Eles revelam vislumbres de como abrir processos decisórios anteriormente inacessíveis ao público, estimulando a criação de novos sujeitos políticos, bem como de novas subjetividades e, com isso, aprofundar a democracia ao longo de todos os três eixos indicados por Dryzek.

O que é preciso para que a participação na esfera participativa ofereça perspectivas reais de mudança no *status quo* para os grupos sociais historicamente marginalizados? Coelho mostra aqui que é a *conjunção* de políticas facilitadoras e aparatos legais, de burocratas comprometidos e responsivos, de atores sociais articulados e de desenhos institucionais inclusivos que produzam uma maior diversidade entre os representantes, expandindo assim o acesso, se não a influência, dos grupos historicamente marginalizados. Entretanto, esses co-fatores não convergem para uma receita aplicável a todos. O contexto é importante. Em muitos casos expostos neste livro, é espantosa a ausência de um considerável número desses fatores. Em contextos como os de Bangladesh e Angola, estruturas estatais ineficientes, corruptas e com recursos escassos comprometem as possibilidades de resposta. Em contextos como os do Reino Unido, da Índia, da África do Sul e do Brasil, onde o Estado é relativamente forte, o medo de abrir mão do controle, os altos níveis de burocratização e aspectos arraigados da cultura política são poderosos obstáculos à participação dos cidadãos tradicionalmente excluídos.

Esses contrastes exigem que se dê maior atenção às contingências da cultura política. Eles sublinham a necessidade de que toda análise da participação seja situada no interior das histórias das relações entre o Estado e a sociedade que moldaram as configurações e contestações do presente. As histórias e culturas políticas – de lutas e de subjugação, de governo autoritário e de apatia política – podem incutir nos atores do Estado e nos atores sociais disposições que são transferidas para os espaços de participação. Essas disposições podem tornar difícil a concretização de alianças com os atores estatais ou com outras formas de colaboração, especialmente no que se refere a grupos cujo direito de participação foi persistentemente negado no passado. A mudança da cultura política requer modificações "em ambos os lados da equação" (Gaventa, 2004).

A equação proposta por Gaventa assinala a relação mutuamente constitutiva entre a responsividade do Estado e a mobilização dos cidadãos. Fatores contextuais modificam as possibilidades dessa relação. Se a capacidade está diminuída por falta de recursos, corrupção ou completa ineficiência, os cidadãos podem se mobilizar para prover-se daquilo de que necessitam; se culturas paternalistas, patrimonialistas e autoritárias persistem, alguns cidadãos podem se preparar para a luta, mas outros podem jamais se envolver na batalha. O que vários casos contidos neste livro mostram é que, em tais contextos, a introdução de novas práticas políticas, de novos espaços para a articulação de preocupações e interesses e de novas oportunidades de aprendizagem política pode iniciar um processo de transformação, proporcionando um efeito dominó mais amplo. Eles assinalam mudanças que começaram a reconfigurar o envolvimento democrático.

A rotinização da discussão das políticas públicas na esfera participativa teve êxito ao alargar o debate para além dos espaços políticos e técnicos mais restritos, como mostram Coelho, von Lieres e Kahane, Roque e Shankland, Barnes e Rodgers. Algumas condições ampliam as possibilidades de transformação: atores coletivos mobilizados (Castello et al.; von Lieres; Rodgers; Cornwall); atores estatais interessados em construir alianças duradouras com a sociedade civil (Coelho; Barnes; Cornwall); características dos desenhos institucionais que contribuam para reduzir a distribuição assimétrica de recursos entre os participantes (Coelho; von Lieres e Kahane); e oportunidades de influenciar a alocação de recursos e a formulação das políticas públicas (Rodgers; Barnes). Nossos casos também mostram que outros fatores mais contingentes podem alterar o equilíbrio de poder. Esses fatores podem consistir em consequências inesperadas, tais como as "mutações" descritas por Roque e Shankland, ou os processos de politização que acompanham as negociações de recursos analisado por Rodgers, cujos efeitos pode ser descrito como de "democratização imprevista". Ou, por outro lado, esses fatores podem consistir em mudanças sutis que os novos discursos sobre os direitos, a justiça social e a cidadania criam conforme circulam pelas redes que apoiam diferentes atores sociais, expandindo seus horizontes interpretativos e políticos.

As instituições da esfera participativa podem se tornar "escolas de cidadania" – nas palavras de um ativista brasileiro citado por Cornwall – nas quais aqueles que participam aprendem novos significados e novas práticas de cidadania em função do trabalho conjunto. A simples diversidade de atores e posições nessa esfera oferece oportunidades para desenvolver uma "compreensão mais ampla" (Arendt, 1958) que permite que as pessoas vejam além de seus próprios problemas imediatos ou propensões profissionais. Como observam Rodgers, Barnes e Cornwall, os participantes desses espaços trazem o compromisso para com eles e falam da conquista de uma grande realização pessoal com base nesse envolvimento. As interações nessa esfera podem ajudar a mudar as disposições entre os burocratas e os cidadãos, incutindo um maior respeito e aumentando sua propensão a ouvir e seu compromisso de responder. Contudo, muito depende da abertura e da capacidade do Estado. Onde as desigualdades arraigadas e as posturas e práticas das autoridades do Estado abafam as vozes marginais, e onde não há interesse ou capacidade de reparar essas desigualdades e tratar dos interesses específicos desses grupos, outros espaços exteriores a essas arenas tornam-se especialmente importantes: na qualidade de campos em que se ganha confiança e em que se consolidam posições, e a partir dos quais se atua sobre outras partes do Estado por meio de outras formas de ação política, incluindo a não-participação estratégica (Cortez, 2004).

Nossos estudos mostram que as desigualdades de poder e de conhecimento e as culturas políticas arraigadas representam desafios consideráveis para a criação de fóruns deliberativos inclusivos. Os estudos sugerem que essas desigualdades afetam, mesmo nos casos em que há considerável vontade política para garantir a viabilidade dessas instituições, suas perspectivas democratizantes. O que eles nos dizem sobre como enfrentar essas desigualdades e como grupos marginalizados podem vir a se envolver de modo mais significativo? O primeiro passo é garantir o acesso desses grupos, por meio de regras de envolvimento e de uma seleção que busque ampliar a participação para além dos grupos de interesse estabelecidos. Isso, por sua vez, requer processos que possam desenvolver as habilidades dos atores mais marginalizados para que façam uso de suas vozes, estendendo os esforços de desenvolvimento das habilidades às autoridades estatais, tanto para desaprender atitudes como para adquirir a capacidade de ouvir os cidadãos e reconhecer seus direitos.

O desafio de expandir a democracia por meio da esfera participativa reside menos no alcance das mudanças que podem ser promovidas pelas instituições democráticas do que em *quais* são essas mudanças, *em quem* elas acontecem e em nome dos interesses *de quem*. Um dilema sempre presente é como evitar que esses espaços venham a ser dominados por elementos não-democráticos, incluindo administrações que simplesmente os usam para propósitos terapêuticos ou meramente protocolares (Arnstein, 1971). Outro dilema é como garantir sua eficácia e viabilidade política e como tratar algumas das tensões muito concretas que surgem entre as soluções de curto e de longo prazo, entre a inclusão e a eficácia, entre a luta e a negociação. O próprio caráter recente dessas instituições, a debilidade de seus projetos institucionais e os propósitos limitados para os quais algumas delas foram originariamente criadas tenderam a criar conexões frágeis – quando alguma conexão foi de fato criada – com a arquitetura formal do governo. Isso gera vários problemas, como a dificuldade de garantir a legitimidade democrática das decisões tomadas em fóruns paralelos aos mecanismos de representação eleitoral e parlamentar (Dryzek, 2001; Vita, 2004). Por fim, a possibilidade da esfera participativa de promover a representação legítima e a justiça distributiva depende não apenas do seu desempenho , mas das relações com outras instituições no interior da esfera pública e do Estado.

Os casos aqui apresentados sugerem que a ampliação do potencial democrático e o aumento da legitimidade democrática da esfera participativa têm de ocorrer em três frentes: catalisando e apoiando processos de mobilização social por meio dos quais os grupos marginalizados possam produzir novos líderes, acentuando sua atuação política e buscando representação nessas arenas, bem como eficácia fora delas; instituindo medidas para enfrentar as tendências de exclusão presentes na estrutura institucional da esfera participativa, desde regras de representação a estratégias que estimulem uma deliberação mais inclusiva, como o uso de facilitação; e articulando de maneira mais eficiente as instituições da esfera participativa com outras instâncias de governança, proporcionando-lhes recursos e efetividade política. O futuro rumo da governança participativa está na solução dada a esses desafios – que se apresentam tanto à teoria como à prática.

Referências bibliográficas

ABERS, R. *Inventing local democracy: grassroots politics in Brazil*. Boulder CO: Westview Press, 2001.

ACHARYA, A.; HOUTZAGER, P.; GURZA LAVALLE, A. Civil society representation in the participatory budget and deliberative councils of São Paulo, Brazil. *IDS Bulletin*, v. 35, n. 2, p. 40-48, 2004.

ACKERMAN, J. Co-governance for accountability: beyond 'exit' and 'voice'. *World Development*, v. 32, n. 3, p. 447-463, 2004.

ARENDT, H. *The human condition*. Chicago: University of Chicago Press, 1958.

ARNSTEIN, S. R. A ladder of participation in the USA. *Journal of the Royal Town Planning Institute*, p. 176-182, abr. 1971.

ALVAREZ, S.; DAGNINO, E.; ESCOBAR, A. (orgs.). *Cultures of politics/politics of cultures: revisioning latin american social movements*. Boulder CO: Westview Press, 1998.

AVRITZER, L. *Democracy and the public space in Latin America*. Princeton: Princeton University Press, 2002.

BANCO MUNDIAL. *World development report 2000/2001: attacking poverty*. Nova York: Oxford University Press, 2001.

BAIOCCHI, G. Participation, activism, and politics: the Porto Alegre experiment and deliberative democratic theory. *Politics and Society*, v. 29, n. 1, p. 43-72, 2001.

BLAIR, H. Participation and accountability at the periphery. *World Development*, v. 28, n. 1, p. 21-39, 2000.

BROCK, K.; CORNWALL, A.; GAVENTA, J. Power, knowledge and political spaces in the framing of poverty policy. *IDS Working*, Institute of Development Studies, University of Sussex, Falmer, n. 143, 2001.

BOURDIEU, P. *Outline of a theory of practice*. Cambridge: Cambridge University Press, 1977.

BOHMAN, J.; REHG, W. (orgs.) *Deliberative democracy: essays on reason and politics*. Cambridge, MA: MIT Press, 1997.

CHAMBERS, R. *Whose reality counts: putting the first last*. Londres: Intermediate Technology Publications, 1997.

CHANDOKE, N. *The conceits of civil society*. Delhi: Oxford University Press, 2003.

CHAUDHURI, S.; HELLER, P. *The plasticity of participation: evidence from a participatory governance experiment*. Department of Economics: Columbia University, 2002, mimeo.

COELHO, V. S. Brazil's health councils: the challenge of building participatory political institutions. *IDS Bulletin*, v. 35, n. 2, p. 33-39, 2004.

COELHO, V. S.; NOBRE, M. (orgs.). *Participação e deliberação: teoria democrática e experiências institucionais no Brasil contemporâneo*. São Paulo: Editora 34, 2004.

COHEN, J. L.; SABEL, C. Directly-deliberative polyarchy. *European Law Journal*, v. 4, n. 3, p. 313-342, 1992.

CORNWALL, A. Making spaces, changing places: situating participation in development. *IDS Working*, Institute of developmental Studies, University of Sussex, Falmer, n. 173, 2002.

CORNWALL, A.; COELHO, V. S. (orgs.). New democratic spaces?. *IDS Bulletin*, v. 35, n. 2, 2004.

CORTEZ, C. R. Social strategies and public policies in an indigenous zone in Chiapas, Mexico. *IDS Bulletin*, v. 35, n. 2, p. 76-83, 2004.

CROOK, R.; SVERISSON, A. Does decentralization contribute to poverty reduction? Surveying the evidence. In: HOUTZAGER, P.; MOORE, M. (orgs.). *Changing paths: international development and the politics of inclusion*. Ann Arbor: University of Michigan Press, 2003.

CUNILL, N. *Repensando lo público a través de la sociedad*. Caracas: Nueva Imagen, 1997.

DAGNINO, E. We all have rights... but: contesting concepts of citizenship in Brazil. In: KABEER, N. (org.). *Inclusive citizenship: meanings and expressions*. Londres: Zed Books, 2005.

DRYZEK, J. S. Political Inclusion and the dynamics of democratization. *American Political Science Review*, v. 90, n. 3, p. 475-487, 1996.

______. *Deliberative democracy and beyond: liberals, critics, contestations*. Oxford : Oxford University Press, 2000.

______. Legitimacy and economy in deliberative democracy. *Political Theory*, p. 651-669, out. 2001.

EDWARDS, M. *Civil society*, Cambridge: Polity Press, 2004.

FISCHER, F. *Citizens, Experts, and the environment: the politics of local knowledge*. Durham, NC: Duke University Press, 2000.

FISHKIN, J.; LUSKIN, R. The quest for deliberative democracy. *The Good Society*, v. 9, n. 1, p. 1-9, 1999.

FOUCAULT, M. Governability. In: BURCHELL, G.; GORDON, C.; Miller, P. (orgs.). *The foucault effect: studies in governmentality*. Chicago: University of Chicago Press, 1991.

FOX, J. How does civil society thicken? The political construction of social capital in Mexico. *World Development*, n. 24, p. 1089-1103, 1996.

FRASER, N. Rethinking the public sphere: a contribution to the critique of actually existing democracy. In: CALHOUN, C. (org.). *Habermas and the public sphere*. Cambridge, MA: MIT Press, 1992.

FUNG, A. Survey article: recipes for public spheres: eight institutional design choices and their consequences. *Journal of Philosphy*, v. 11, n. 3, p. 338-367, 2003.

FUNG, A.; WRIGHT, E. O. (orgs.). *Deepening Democracy: institutional innovation in empowered participatory governance*. Londres: Verso, 2003.

GAVENTA, J. Towards participatory governance: assessing the transformative possibilities. In: HICKEY, S.; MOHAN, G. (orgs.). *From tyranny to transformation*. Londres: Zed Books, 2004.

______. *Deepening the deepening democracy debate*. Institute of Development Studies: University of Sussex, Falmer, 2005, mimeo.

GAY, Paul du. *In praise of bureaucracy: weber, organization, ethics*. Londres: Sage, 2000.

GOETZ, A.-M.; GAVENTA, J. Bringing citizen voice and client focus into service delivery. *IDS Working*, Institute of Development Studies, University of Sussex, Falmer, n. 138, 2001.

GOETZ, A.-M.; JENKINS, R. *Reinventing accountability: making democracy work for the poor*. Londres: Macmillan/Palgrave, 2004.

HABERMAS, J. *The Theory of communicative action*. Londres: Heinemann, 1984.

HAJER, M.; WAGENAAR, H. (orgs.) *Deliberative policy analysis: understanding governance in the network society*. Cambridge: Cambridge University Press, 2003.

HELLER, P. Moving the state: the politics of democratic decentralization in Kerala, South Africa, and Porto Alegre. *Politics and Society*, v. 29, n. 1, p. 131-163, 2001.

HOUTZAGER, P. Introduction: from polycentrism to the polity. In: HOUTZAGER, P; MOORE, M. (orgs.). *Changing paths: international development and the new politics of inclusion*. Ann Harbor: Michigan University Press, 2003.

HOUTZAGER, P.; GURZA LAVALLE, A.; ACHARYA, A. Atores da sociedade civil e atores públicos – participação nas novas políticas democráticas em São Paulo. In: AVRITZER, L. (org.). *Participação política em São Paulo*. São Paulo: Unesp, 2004.

IMMERGUT, E. M. *Health politics: interest and institutions in western europe*. Cambridge: Cambridge University Press, 1992.

KABEER, N. (org.). *Inclusive citizenship: meanings and expressions*. Londres: Zed Books, 2005.

KOHN, M. Language, power and persuasion: toward a critique of deliberative democracy. *Constellations*, v. 7, n. 3, p. 408-429, 2000.

LEFEBVRE, H. *The production of space*. Oxford: Blackwell, 1991.

MacPHERSON, C. B. *Democratic theory: essays in retrieval*. Oxford: Oxford University Press, 1973.

MANOR, J. User committees: a potentially damaging second wave of decentralization? *European Journal of Development Research*, v. 14, n. 2, 2004.

MANSBRIDGE, J. On the idea that participation makes better citizens. In: ELKIN, S.; SOLTAN, K. (orgs.). *Citizen competence and democratic institutions*. University Park: Pennsylvania State University Press, 1999.

______. What does a representative do? Descriptive representation in communicative settings of distrust, uncrystallized interests, and historically denigrated status. *Citizenship in Diverse Societies*, p. 99-124, mar. 2000.

______. Rethinking representation. *American Political Science Review*, v. 97, n. 4, p. 515-528, nov. 2003.

MELUCCI, A. *Challenging codes: colletive action in the information age*. Cambridge: Cambridge University Press, 1996.

MOUFFE, C. *Politics and passions: the states of democracy*. Londres: Centre for the Study of Democracy, 2002.

PATEMAN, C. *Participation and democratic theory*. Cambridge: Cambridge University Press, 1970.

PHILLIPS, A. *The politics of presence*. Oxford: Oxford University Press, 1995.

PIVEN, F. Fox; CLOWARD, R. *Regulating the poor: the functions of public welfare*. Nova York: Random House, 1971.

PNUD [Programa das Nações Unidas para o Desenvolvimento]. *Human Development report*. Nova York: PNUD, 2003.

SKOCPOL, T.; FIORINA, M. P. Making sense of the civic engagement debate. In: ______. (orgs.). *Civic engagement in American democracy*. Washington, DC: Brookings Institution Press, 1999.

TARROW, S. *Power in movement: social movements, collective action and politics*. Cambridge: Cambridge University Press, 1994.

TAYLOR, L. *Citizenship, participation and democracy: changing dynamics in Chile and Argentina*. Londres: Macmillan, 1998.

THOMPSON, J. Participatory approaches in government bureaucracies: facilitating the process of institutional change. *World Development*, v. 23, n. 9, p. 1521-1554, 1995.

TVEDT, T. 'NGOs' role at the 'end of history': Norwegian policy and the new paradigm. In: HOSSAIN, F.; Myllylä, S. (orgs.). *NGOs Under challenge: dynamics and drawbacks in development*. Helsinki: Ministry for Foreign Affairs of Finland, 1998.

VITA, A de. Democracia deliberativa ou igualdade de oportunidades políticas?. In: COELHO, V. S.; NOBRE, M. (orgs.) *Participação e deliberação: teoria democrática e experiências institucionais no Brasil contemporâneo*. São Paulo: Editora 34, 2004.

WARREN, M. *Democracy and association*. Princeton: Princeton University Press, 2000.

YOUNG, I. M. Communication and the other: beyond deliberative democracy. In: BENHABIB, Seyla. (org.). *Democracy and difference: contesting the boundaries of the political*. Priceton: Princeton University Press, 1996.

______. *Inclusion and democracy*. Oxford: Oxford University Press, 2000.

______. Reply to Bohman, Drexler and Hames-Garcia. *The Good Society*, v. 13, n. 2, p. 61-63, 2004.

PARTE I

INCLUSÃO E REPRESENTAÇÃO NA ESFERA PARTICIPATIVA

2
CONSELHOS DE SAÚDE NO BRASIL: Incluindo os Excluídos?*

Vera Schattan P. Coelho

Este artigo discute a experiência brasileira dos Conselhos de Saúde. Inicialmente, faz uma revisão da literatura que analisa os fatores que contribuem para a "legitimidade democrática" dessas experiências. Em seguida, são apresentados os resultados de um estudo realizado com os Conselhos Locais de Saúde das 31 subprefeituras da cidade de São Paulo. Na conclusão, discute-se, à luz desses resultados, a importância relativa dos diferentes fatores identificados pela literatura como centrais para o estabelecimento da legitimidade democrática desses "novos espaços democráticos".

A ideia de tornar a democracia mais inclusiva não é nova: ela está presente, por exemplo, na defesa da representação proporcional como um sistema que cria mais oportunidades do que a regra da maioria para a representação de minorias. E também está presente no esforço de multiplicar e fortalecer espaços para deliberação no interior do Congresso. Mas, foi sobretudo a partir de meados dos anos 1970, que a participação e a deliberação nos "novos espaços democrá-

* Este artigo apresenta os resultados do projeto "Participação e inclusão social no Brasil", conduzido pelo Centro Brasileiro de Análise e Planejamento (Cebrap) com o apoio do Development Research Centre on Citizenship, Participation and Accountability, do Institute of Development Studies da University of Sussex, Inglaterra. Agradecemos aos gestores da Secretaria de Saúde do município de São Paulo, ao Conselho Municipal, à Equipe de Coordenação da Saúde e aos Conselhos Gestores das subprefeituras pelo apoio e pelas entrevistas. Também somos gratos a John Gaventa, Argelina Figueiredo, Andrea Cornwall, Alex Shankland, Joanna Wheeler, Marian Barnes, Marcus Melo, G. Baiocchi, David Kahane, Adrián Gurza Lavalle, Simeen Mahmud e ao grupo de pesquisa "Espaços de transformação" pelos valiosos comentários e sugestões, e a José Veríssimo, Tiago Borges e Carolina Galvanezzi pelas valiosas contribuições na coleta e organização dos dados da pesquisa.

ticos", criados na esfera estatal ou na esfera pública, nos níveis local, nacional ou internacional, começaram a ser defendidas como fundamentais para tornar o sistema democrático mais inclusivo (Coelho e Nobre, 2004). Esses "novos espaços" têm como fundamento a ideia de que boa parte da atual incapacidade das políticas públicas em promover mudanças substantivas no *status quo* resulta da não-inclusão dos destinatários dessas políticas nos processos decisórios. Ou seja, cresce a aposta de que as políticas se tornarão mais responsivas às necessidades da população à medida que esta for incluída nos processos decisórios. Afinal, quem melhor do que a própria população para conhecer os problemas que a afetam ou saber a qualidade dos serviços que está recebendo?

Este artigo analisa os Conselhos Gestores de Políticas, que, ao menos em escala, hoje são os mecanismos mais importantes de participação existentes no Brasil. Mais de 28 mil deles foram estabelecidos no âmbito das políticas de saúde, educação e meio ambiente, entre vários outros temas. Estão organizados em todos os níveis de governo, do local ao federal, e estabelecem foros nos quais cidadãos, prestadores de serviços e governo se reúnem para definir políticas públicas e supervisionar sua implementação. Para melhor entender a natureza da participação promovida nesses foros, conduzimos uma ampla pesquisa nos 31 Conselhos Locais de Saúde (CLS) da cidade de São Paulo, com o intuito de responder a duas questões principais. A primeira delas é: há evidências de que uma participação plural da sociedade civil esteja em andamento ou a representação é monopolizada por grupos que já possuíam vínculos políticos com o sistema político partidário? Segundo: assumindo que seja possível reconhecer padrões distintos de participação, por exemplo, com uma gama maior ou menor de associações incluídas nos conselhos, poderíamos relacioná-los, como sugere a literatura, a certas características dos gestores públicos, do desenho institucional ou da vida associativa?

Na próxima parte do texto, apresenta-se uma revisão da literatura que discute o potencial democrático desses "novos espaços". Depois, examina-se o contexto político e legal de existência dos Conselhos Municipais de Saúde (CMS) e dos Conselhos Regionais de Saúde. A seguir, descreve-se o perfil associativo dos participantes dos 31 Conselhos Locais de Saúde da cidade de São Paulo e analisa-se a importância das variáveis políticas, institucionais e sociais para explicar a variação encontrada no número de associações. Em seguida, discute-se o papel das estratégias adotadas por atores da sociedade civil e por gestores públicos para determinar o grau de inclusão promovido pelos conselhos, uma vez que esses atores podem escolher regras e adotar procedimentos que venham a expandir ou restringir significativamente a inclusão de não-aliados nesses "novos espaços". Por último, discutem-se as lições que podem ser aprendidas sobre como construir instituições participativas mais inclusivas.

Participação do cidadão: o caso brasileiro

Com a reforma constitucional e as inovações políticas que testemunhou na última década, o Brasil é visto como um dos mais importantes laboratórios de inovação democrática (Gaventa, 2004). A Constituição brasileira de 1988, ao estabelecer a transição formal para a democracia, sancionou a descentralização da tomada de decisões e estabeleceu mecanismos para a participação dos cidadãos na formulação, administração e monitoramento de políticas sociais.[1] Durante a elaboração da Constituição, inúmeros grupos de interesse trabalharam na preparação da Carta e coletaram por volta de meio milhão de assinaturas demandando a criação de mecanismos para uma democracia participativa.

Esse alicerce legal promoveu o desenvolvimento de uma estrutura institucional abrangente para a participação dos cidadãos, que incluiu Conselhos Gestores, ouvidorias públicas, conferências, orçamento participativo e mecanismos deliberativos no interior de agências reguladoras. Da gama de mecanismos participativos no Brasil, o Orçamento Participativo e os Conselhos Gestores tiveram grande destaque nos anos 1990. Os dois mecanismos de participação estão vinculados ao Poder Executivo e enfatizam a transparência, o controle local e a redistribuição de recursos para áreas menos privilegiadas (Coelho, Pozzoni e Cifuentes, 2005).

Estudos anteriores, entretanto, levantam a questão da efetividade de tais conselhos na promoção da participação dos cidadãos. Sob esse ponto de vista, sua promessa de ampliar a democracia estaria comprometida por uma cultura política autoritária ainda subsistente no Estado brasileiro, por uma vida associativa frágil e por resistências, tanto dos atores da sociedade civil como do Estado (Ver Abrasco, 1993; Andrade, 1998; Carneiro, 2002; Carvalho, 1995). Nesse contexto, a implementação dos conselhos é insuficiente para reverter as

[1] O parágrafo único do art. 1.º dispõe: "Todo poder emana do povo, que o exerce por meio de representantes eleitos ou diretamente, nos termos desta Constituição". São amplas as possibilidades de participação consignadas neste texto, de que são exemplos o "sufrágio universal e pelo voto direto e secreto, com valor igual para todos", o plebiscito, o referendo e a iniciativa popular no processo legislativo, bem como a participação em múltiplos conselhos públicos.

assimetrias sociais e econômicas, e os cidadãos mais pobres permanecem excluídos desses espaços, sem recursos suficientes para articular suas demandas, ao passo que os custos de participação continuam menores para aqueles que dispõem de mais recursos.

Essa constatação reforça as alegações daqueles que acreditam que os mecanismos participativos são ferramentas débeis para a consecução da igualdade política. Argumenta-se que as desigualdades que permeiam a estrutura sociopolítica – desigualdades no acesso à informação, na capacidade de influenciar o governo e na capacidade de organização – restringem a participação política, o que reforça a desigualdade, aprofundando o déficit de representação de atores já em desvantagem (cidadãos com baixo nível de renda, de educação e de acesso à informação, por exemplo) (Pozzoni, 2002). Os processos participativos poderiam gerar, por essa razão, novas formas de exclusão e acarretariam riscos como "o controle dos organismos decisórios pelos grupos mais ativos e estabelecidos" (Jacobi, 2000: 107).[2]

Um número crescente de estudos, entretanto, sugere o oposto: sob certas circunstâncias, esses foros podem não só incluir os segmentos sociais menos privilegiados, mas também desempenhar papel significativo na definição das políticas públicas (Abers, 2001; Baiocchi, 2001; Avritzer e Navarro, 2003; Marquetti, 2003; Wampler e Avritzer, 2004). Tais análises enfatizam três fatores determinantes: em primeiro lugar, sugerem a importância de processos de organização e mobilização da sociedade civil; em segundo, indicam que o sucesso desses foros depende do comprometimento das autoridades públicas com o projeto participativo; e em terceiro, ressaltam que o desenho institucional é crucial para o sucesso dos conselhos.

Relativamente ao primeiro fator (Houtzager, Gurza Lavalle e Acharya, 2004), encontraram evidências de que os novos espaços de participação e deliberação podem favorecer a representação de grupos sociais até então excluídos. De acordo com esse estudo, atores ricos e pobres da sociedade civil têm igual propensão a participar, e o desenho dos novos espaços pode favorecer iniciativas políticas por parte de grupos sociais tradicionalmente sub-representados. Argumentam que "a participação promovida pela onda de experimentação e

[2] Observadores do comportamento dos eleitores e da participação em campanhas políticas em países mais ricos mostraram o efeito poderoso da renda sobre o grau de participação. Ver S. Verba, L. K. Schlozman e H. Brady, *Voice and equality: Civic voluntarism in American politics*, Cambridge MA, Harvard University Press, 1995.

inovação institucional recente não é meramente um exercício de envolvimento político por parte dos cidadãos comuns, mas, sobretudo, inclui uma gama variada de atores coletivos" (Houtzager, Gurza Lavalle e Acharya, 2004: 356). Esse é um ponto crucial, uma vez que atores coletivos possuem tendências e modos de participação distintos de atores individuais, pois os primeiros dispõem de recursos organizacionais que diminuem seus custos de participação.

Dados da pesquisa "Associativismo em São Paulo" também indicam variações no comportamento associativo no interior das subprefeituras, demonstrando que um amplo espectro de agentes da sociedade civil, incluindo residentes nas áreas mais pobres da cidade, estão fazendo um investimento estratégico nas organizações populares como meio de ganhar voz nos processos políticos nos quais se decidem questões que afetarão suas vidas (Avritzer, Recamán e Venturi, 2004). As organizações populares aparecem na pesquisa englobando tanto as associações de bairro como aquelas ligadas às questões de habitação, saúde e educação, representando 5% da população da cidade, ou seja, cerca de 500 mil indivíduos filiados. Metade dessa população ganha menos de dois salários mínimos e completou apenas a educação básica (tendo abandonado a escola aos 14 anos), e 60% são mulheres. Esses dados apontam na mesma direção que os reunidos no projeto "Participação e inclusão social no Brasil" (Coelho, 2004): em São Paulo, um percentual significativo daqueles que participam dos Conselhos de Saúde têm baixo nível de educação e renda; em outras palavras, os pobres estão participando. Dos outros 2 milhões de habitantes que mantêm vínculos com associações, 51% concentram-se em organizações religiosas, devendo-se notar que parte significativa dessas associações também desempenham atividades relacionadas a questões comunitárias, de habitação e saúde. Além disso, Abers (2001) também salienta, em seu estudo sobre o Orçamento Participativo em Porto Alegre, que a crença de que a participação trará benefícios tangíveis acaba contribuindo para fomentar a participação da comunidade, o que concorre, com o tempo, para equilibrar as desigualdades entre os grupos participantes.

Quanto ao segundo fator – o comprometimento das autoridades públicas com o projeto participativo –, Abers (2001), Baocchi (2001) e Wampler e Avritzer (2004) afirmam que um fator-chave para o sucesso das experiências participativas é o investimento das autoridades e instituições públicas no "efeito demonstração". Segundo os autores, os foros de políticas públicas não atraem participantes quando a população não percebe a relação entre eles e sua vida cotidiana. No processo do orçamento participativo estudado por Abers, o Governo Municipal teve de esclarecer aos participantes por que sua presença nas assembleias os beneficiaria e depois teve de cumprir estritamente todas as promessas. Abers sugere, assim, que um bom processo participativo não é o que reduz o envolvimento do governo nas decisões. Ao contrário, o comprometimento ativo do Estado é crucial para fomentar a participação dos cidadãos.

Finalmente, quanto ao terceiro fator mencionado, Fung (2003) e Cifuentes (2002), entre outros, argumentam que a capacidade dos foros participativos de contribuir para definir agendas que expressem os interesses dos mais pobres poderia ser favorecida por mecanismos institucionais e procedimentais que promovam tanto a inclusão de participantes com menor capacitação técnica e escassos recursos de comunicação como também sua capacidade de se posicionar diante dos temas em discussão. Tais autores sugerem incentivos estruturais,[3] metodologias participativas e abordagens deliberativas como meio de aperfeiçoar a inclusão e a qualidade dos processos endógenos de formação de preferências.

Este breve apanhado mostra que há processos políticos e institucionais que contribuem para mudar o perfil e o escopo da participação da sociedade civil nas políticas públicas. Diversos estudos revelam, no entanto, que em vários casos essa participação se materializou graças a atores que já possuíam laços com autoridades públicas, seja na condição de aliados políticos, seja como prestadores de serviços. Por vezes, as autoridades públicas precisam assegurar a participação da sociedade civil e chamam seus aliados para desempenhar esse papel. Ou então prestadores que almejam garantir os contratos com o município usam o voto nas arenas participativas como moeda de troca (Coelho, 2004; Houtzager, Gurza Lavalle e Achraya, 2004; Hayes, 2004; Cornwall, 2007). Os processos participativos poderiam, assim, representar um novo mecanismo para excluir os que não pertencem a essas redes sociopolíticas.

Nesse contexto, permanecem questões importantes sobre a legitimidade democrática dos processos em andamento: eles estariam de fato garantindo a inclusão de uma pluralidade de segmentos da sociedade civil? Afinal, sob que condições se pode esperar que os gestores públicos ou os atores da sociedade civil trabalhem para trazer seus competidores para a arena política? Sob quais condições grupos que não pertencem à rede de relacionamentos dos gestores públicos são incluídos nesse processo? Esses são aspectos fundamentais para o debate sobre participação social.

[3] Os incentivos estruturais estão associados à oferta de bens públicos.

Dados coletados nesta pesquisa mostram um perfil diversificado dos participantes dos conselhos. Há desde os que incluem apenas uma ou duas categorias de associações com claros vínculos político-partidários, até aqueles que contam com uma composição bem mais diversificada. A questão que permanece e que será desenvolvida neste artigo é: como explicar essas diferenças?

Conselhos de saúde em São Paulo

Contexto legal

A Constituição brasileira de 1988 definiu a saúde como direito de todos os cidadãos e responsabilidade do Estado e também estabeleceu um sistema público de saúde – o Sistema Único de Saúde (SUS) – com base nos princípios de universalidade e equidade na provisão da saúde. O SUS introduziu a noção de controle social e participação popular. Os Conselhos de Saúde emergiram dessa estrutura legal como instituições responsáveis por capacitar a participação dos cidadãos na governança da saúde. Eles foram instituídos nos níveis municipal, estadual e federal, sendo responsáveis não só por levar projetos do governo à população, como também por transmitir sugestões da população aos vários níveis de governo. Conselhos de Saúde são órgãos coletivos e permanentes formados por cidadãos, profissionais da área da saúde, instituições governamentais e prestadores de serviços de saúde. Existem hoje mais de 5.500 conselhos, envolvendo cerca de 100 mil cidadãos e vasto número de associações. Conselhos de Saúde são foros políticos nos quais os participantes realizam debates e têm a chance de formar alianças, auxiliando a Secretaria de Saúde a definir prioridades e políticas. As Normas Operacionais Básicas que regulam o SUS estipulam que o número de representantes da sociedade civil (cidadãos) deve ser igual à soma dos representantes dos prestadores de serviços, dos profissionais da área da saúde e das instituições de governo.

A força dos Conselhos Municipais de Saúde (CMS) deriva em grande parte de uma lei que lhes garante poder de veto em planos e na prestação de contas da Secretaria Municipal de Saúde. Se o conselho rejeita o plano e o orçamento que a Secretaria de Saúde é obrigada a apresentar anualmente, o Ministério da Saúde, que maneja 55% do orçamento público do setor, não transfere os fundos ao município. Os CMS, como o de São Paulo, são particularmente importantes na gestão da saúde, uma vez que um dos princípios norteadores do SUS é a descentralização do sistema de saúde. Com a descentralização, os governos municipais assumiram uma grande responsabilidade no planejamento e na prestação de serviços de saúde. Esse processo tornou o município um espaço político estratégico para definir as políticas de saúde, e os CMS, arenas importantes para a participação nos processos decisórios (Coelho, Pozzoni e Cifuentes, 2005). Os Conselhos Locais de Saúde (CLS) têm funções similares e foram criados nas maiores cidades brasileiras, no âmbito das subprefeituras. Apresentam funções similares às do CMS, contudo não têm poder de veto por não dispor de mandato constitucional para tanto.

Conselhos Locais de Saúde

A cidade de São Paulo, com uma população de cerca de 10,5 milhões[4] de habitantes, chama a atenção pela aguda desigualdade social e de acesso aos serviços públicos (CEM, 2002). Como em muitas outras metrópoles da América Latina, as áreas mais pobres localizam-se na periferia. As áreas mais ricas, concentradas no centro da cidade, recebem mais serviços públicos de saúde e registram o maior número de internações hospitalares. As áreas mais pobres apresentam os menores índices de acesso à saúde (Coelho e Pedroso, 2002).

Procurando reverter essa tendência, o Partido dos Trabalhadores (PT), que governou a cidade de 2000 a 2004, priorizou a descentralização e a participação dos cidadãos. Pouco depois de assumir o poder, a administração petista subdividiu a cidade em 31 regiões político-administrativas, chamadas subprefeituras.[5] Em São Paulo, a população das subprefeituras oscila entre 134.204 e 630.202 habitantes, e o Índice de Desenvolvimento Humano Municipal (IDH-M) varia de 0,65 a 0,91, portanto, há desde más condições de educação, renda e saúde até condições muito superiores (veja Tabela 1, coluna 1).[6]

Em cada subprefeitura foi criado um CLS, assim como numerosos conselhos localizados nas unidades de saúde. Eles foram instalados ao longo de dois anos, envolvendo a mobilização de mais de 2.500 pessoas, que participaram de ao menos um encontro mensal – número significativo, especialmente

[4] Este dado refere-se ao município de São Paulo. A grande São Paulo tem uma população de 17,6 milhão.

[5] Em 2000, a cidade de São Paulo dividia-se em 41 distritos de saúde, correspondendo a 41 conselhos distritais. Em meados de 2003, a cidade foi dividida em 31 subprefeituras e os conselhos distritais foram absorvidos por elas e renomeados de Conselhos Locais. O termo *Conselhos Locais* será usado para se referir a ambos os períodos.

[6] O IDH-M varia de 0 a 1 e é calculado para cada subprefeitura com base em dados de renda e educação do chefe de domicílio, reunidos pelo Censo e divulgados pelo Instituto Brasileiro de Geografia e Estatística (IBGE). As taxas de mortalidade infantil e longevidade são divulgadas pela Fundação Seade. Valores mais elevados indicam melhores condições.

considerando os limitados recursos financeiros disponíveis para sustentar o processo. Os CLS das subprefeituras são compostos de 24 conselheiros efetivos e 24 substitutos, metade representante da sociedade civil e a outra metade do governo, dos prestadores de serviços e dos profissionais de saúde. O governo é representado por funcionários indicados pela Secretaria Municipal de Saúde, pelo subprefeito ou pelo próprio coordenador de saúde da subprefeitura. No caso dos usuários e prestadores de serviços, são os movimentos, associações e sindicatos que indicam seus candidatos, cujos mandatos são formalizados em encontro aberto. As eleições são tornadas públicas e técnicos do sistema de saúde monitoram a nomeação dos conselheiros. O CMS inclui, por lei, representantes dos movimentos populares de saúde, movimentos sociais, sindicatos e associações de portadores de deficiência e de patologias. As normas dos CLS especificam apenas que 25% de sua composição seja representante dos gestores públicos, 25%, representante dos prestadores de serviços públicos e privados, e 50%, representante da sociedade civil.

Embora seja importante entender como os conselhos funcionam e se eles de fato exercem impacto sobre as políticas de saúde (Gohn, 2001; Côrtes, 2002; Tabagiba, 2002; Coelho, 2004; Fuks, Perissinoto e Souza, 2004), o presente artigo apresenta a composição dos CLS e discute sua capacidade de incluir um leque diversificado e não enviesado de segmentos da sociedade civil, tema crucial quando se trata de aferir o potencial democrático desses conselhos.

Seleção dos conselheiros e composição dos Conselhos Regionais

Em 2001 e 2002, Eduardo Jorge, líder histórico do Movimento Sanitarista[7] – o qual há mais de trinta anos mobiliza diversos profissionais da saúde ligados ao SUS, especialmente os da saúde pública –, foi secretário Municipal da Saúde e responsável por promover uma rápida descentralização no âmbito das políticas municipais da saúde. Foi durante esse processo que os primeiros CLS foram criados.

Em 2001, a Secretaria Municipal de Saúde determinou que as subprefeituras organizassem seus CLS em curtíssimo período de tempo e com poucos recursos.[8] Nessas subprefeituras, o recrutamento dos conselheiros foi feito por

[7] O Movimento Popular de Saúde originou-se no início dos anos 1970 na região Leste da cidade. Este movimento militava em favor de um melhor sistema público de saúde e tinha o apoio de estudantes, profissionais da área de saúde e comunidades cristãs.

[8] Em trabalho anterior (Coelho e Pedroso, 2002) relatamos em detalhe os processos eleitorais que ocorreram naquele período em quatro subprefeituras na região Leste de São Paulo.

administradores públicos no interior de uma rede de associações com as quais eles já mantinham um relacionamento. Outros grupos, que não apresentavam esses vínculos prévios, permaneceram alheios ao processo. Entre 22 líderes de associações que trabalhavam com questões relativas à saúde nas áreas estudadas, mas que não participaram do conselho, constatou-se, em entrevistas, que apenas cinco sabiam de sua existência (Coelho e Veríssimo, 2004).

Para verificar se essa dinâmica se repetiu em eleições subsequentes, em 2004 e 2005 realizamos uma pesquisa sobre a composição dos 31 CLS, os procedimentos para a seleção dos conselheiros e a adesão dos gestores ao projeto de participação social. Nossa primeira hipótese era de que encontraríamos uma gama maior de segmentos da sociedade civil representados em conselhos de subprefeituras onde os gestores tivessem maior comprometimento com o projeto, onde tivesse havido mais esforço na divulgação do processo de seleção e onde o associativismo popular fosse mais forte. Os dados sobre o comportamento associativo foram retirados da pesquisa "Associativismo em São Paulo", conduzida em 2002 por L. Avritzer, M. Recamán e G. Venturi. A análise desses dados apresentou dificuldades que serão discutidas a seguir. Algumas são de ordem metodológica, enquanto outras decorrem do escopo da pesquisa, que cobriu todas as 31 subprefeituras numa cidade das dimensões de São Paulo.[9]

Os dados reunidos sobre a composição dos CLS nas 31 subprefeituras mostram que alguns dos conselhos compreendem apenas uma ou duas categorias de associações, enquanto outros chegam a incluir mais de sete diferentes categorias, inclusive representantes não-filiados. Os conselheiros apresentaram-se como representantes de movimentos populares de saúde, unidades de saúde, associações religiosas, associações de bairros, sindicatos, grupos de defesa de direitos civis, foros participativos, movimentos de sem-teto, Movimento dos Trabalhadores Rurais Sem Terra (MST), comunidades ou grupos filantrópicos, associações de portadores de deficiência e representantes não filiados.

[9] Um dos obstáculos enfrentados foi não haver informações censitárias sobre o universo das organizações e associações, tanto no âmbito formal como informal na cidade de São Paulo. Isso dificultou estimar se um pequeno número de segmentos representados num conselho reflete a composição organizacional/associacional das subprefeituras ou se reflete a incapacidade de determinado conselho em incluir setores presentes na subprefeitura que desejam tomar parte na definição das políticas de saúde. Não temos como reconstituir o universo associativo das subprefeituras, mas, como veremos na análise subsequente, há evidências que sustentam a ideia de que os conselhos que incluem número maior de setores da sociedade civil não estão apenas traduzindo a presença de mais setores em determinada subprefeitura. Reconhecemos, contudo, a necessidade de complementação futura com informações disponíveis para fazer uma análise mais rigorosa.

Tabela 1
Características dos conselhos por subprefeitura
(Município de São Paulo, 2003-2005)[10]

Subprefeituras	1 IDH-M	2 Número de categorias de associações representadas	3 Pontuação para procedimentos e contatos	4 Pontuação para gerenciamento da participação	5 Pontuação para associativismo popular	6 Pontuação para score acima da média nas colunas 3, 4 e 5
Jd. Ângela	0,64	1	4	3	13	1
São Miguel	0,67	1	8	11	6	1
Cidade Ademar	0,69	1	9	8	5	1
Casa Verde	0,73	1	8	9	9	1
Penha	0,73	1	7	9	14	1
Campo Limpo	0,74	1	8	11	3	1
Cidade Tiradentes	0,67	2	4	10	5	0
Freguesia do Ó	0,70	2	10	9	7	1
Itaquera	0,71	2	2	5	8	1
Santo Amaro	0.85	2	7	11	3	1
Tremembé	0,68	3	6	10	5	0
Ermelino	0,73	3	9	14	0	2
Jabaquara	0,73	3	13	13	6	2
Ipiranga	0,76	3	-	-	-	-
Santana	0,81	3	9	15	7	2
Parelheiros	0,65	4	6	12	3	1
Socorro	0,67	4	14	12	2	2
Vila Maria	0,73	4	7	12	12	2
Aricanduva	0,76	4	15	15	1	2

[10] Os questionários não foram totalmente completos no caso da subprefeitura do Ipiranga. Esta traz apenas informações sobre o perfil associativo dos conselheiros, portanto não será incluída nas análises devido à falta de dados no que diz respeito a outras variáveis.

Subprefeituras	1 IDH-M	2 Número de categorias de associações representadas	3 Pontuação para procedimentos e contatos	4 Pontuação para gerenciamento da participação	5 Pontuação para associativismo popular	6 Pontuação para score acima da média nas colunas 3, 4 e 5
Lapa	0,85	4	6	11	6	1
Pinheiros	0,91	4	12	11	13	3
Itaim Paulista	0,67	5	9	8	11	3
São Mateus	0,67	5	7	11	4	1
Vila Prudente	0,69	5	6	11	13	2
Pirituba	0.71	5	7	11	16	2
Guaianazes	0,67	6	10	14	1	2
Mooca	0,80	6	10	11	4	2
Vila Mariana	0,88	6	10	6	7	1
Perus	0,69	7	9	12	2	2
Butantã	0,79	7	9	9	12	2
Sé	0,84	7	9	10	13	2
MÉDIA			8,33	10,46	7,03	

A Tabela 1 (coluna 2) mostra que 16 das 31 subprefeituras de São Paulo possuem mais de três categorias representadas. Ao menos três delas – grupos comunitários, associações de portadores de deficiências e representantes não-filiados – não são tradicionalmente ligadas ao PT. Doze subprefeituras incluíam representantes não-filiados, e sua inclusão não está fortemente associada à escala do IDH-M. Com base nesses dados, pode-se argumentar que os CLS são espaços abertos para a representação de uma gama variada das associações que compõem a sociedade civil na cidade e que têm potencial real como espaços onde diferentes grupos podem negociar projetos e propostas concernentes à saúde pública.

Entretanto, a pesquisa também revelou que 29 das 31 subprefeituras concentraram o recrutamento de representantes nas unidades de saúde. Seis delas incluíam apenas estes. Nas regiões Leste e Sul, essa forma de organizar a representação tem vínculo estreito com a atuação do Movimento Popular de Saúde (MPS) – o qual é altamente ativo nessas regiões desde os anos 1970 e tem elo forte com o PT (Bógus, 1998). Outras categorias historicamente relacionadas com os partidos de esquerda, como as associações religiosas, foros participativos e movimentos de sem-tetos, também estão representadas com maior frequência (em quinze, sete e dez subprefeituras, respectivamente). Das quinze subprefeituras com três categorias ou menos, onze têm forte presença de associações que mantêm laços com o PT.

Pode-se afirmar que a diferença no número de setores representados relaciona-se ao modo como as eleições para o Conselho foram organizadas? E qual a influência dos gestores públicos e do associativismo popular nesses resultados?

Desenho institucional

Para identificar diferenças entre os processos eleitorais que ocorreram nas várias subprefeituras, procurou-se determinar se foram organizados bancos de dados de associações e movimentos atuantes na região; quais meios foram utilizados para divulgar as eleições (jornais, rádio, internet, correio); se foram ou não admitidas candidaturas de indivíduos e de associações; e se havia documentação disponível sobre o processo eleitoral todo. Também se verificou se houve contatos sistemáticos entre conselho, sociedade civil, sistema de saúde e o sistema político, por acreditarmos que, com a intensificação dos contatos, os conselhos tornam-se mais conhecidos, aumentando a probabilidade de eleições mais competitivas.

Os dados coletados mostraram que, em 2003 e 2004, as eleições nas diferentes subprefeituras foram organizadas de maneira bastante distinta entre si. Em algumas delas, a sociedade civil encarregou-se do processo eleitoral, em outras o processo ficou limitado a organizações que os gestores públicos já conheciam. Houve casos de trabalho ativo dos gestores para contatar e envolver um amplo espectro de organizações e usuários. A Tabela 1 (coluna 3) apresenta informações concernentes à escolha de conselheiros, representantes da sociedade civil, e à intensidade de relacionamentos estabelecidos entre conselho, sociedade civil e os sistemas político e de saúde. Com base nas respostas do questionário, calculamos valores entre 1 e 15 para esses relacionamentos e procedimentos: quanto maior o valor, maior o relacionamento de determinado conselho e mais inclusivos os procedimentos adotados. Não encontramos, entretanto, nenhuma associação estatisticamente significativa entre o universo de associações representadas e o processo de escolha de conselheiros ou a intensidade de relacionamentos estabelecidos pelo conselho.

Comprometimento dos gestores públicos

Quanto aos gestores públicos, esperávamos que os mais comprometidos com o projeto de participação social tivessem investido na formação de conselhos mais efetivos, o que por sua vez poderia contribuir para aumentar o interesse da população em participar desses espaços. Ou seja, esperávamos que, quanto maior o comprometimento dos gestores públicos, maior seriam os segmentos da sociedade representados nos conselhos. O comprometimento foi inferido de respostas a questões sobre: a existência de provisão orçamentária, o tipo de informação oferecido, o modo como foi disponibilizado aos conselhos, a regularidade na oferta de informações, a presença de um coordenador da saúde no conselho e a facilidade de acesso às autoridades e a informações requeridas.[11] Com base nas respostas obtidas, calculamos valores (entre 1 e 15) representados na coluna 4: quanto maior o valor, maior o comprometimento demonstrado pelo gestor com a participação da sociedade local. Não encontramos, contudo, nenhuma relação estatisticamente significante entre o espectro de categorias da sociedade civil representado nos conselhos e o comprometimento dos gestores públicos com a participação social.

Associativismo popular

Diante desses resultados, identificamos a necessidade de revisitar o argumento dos que relacionam a participação ao associativismo, para quem deveríamos encontrar mais organizações representadas nos conselhos das subprefeituras, onde o associativismo popular fosse maior. O comportamento associativo foi avaliado com base nos dados estatísticos reunidos na pesquisa "Ação coletiva em São Paulo" e refere-se ao número de indivíduos que declararam ter tomado parte em atividades ligadas a organizações populares (trata-se de uma amostra representativa, sorteada para cada uma das subprefeituras). A coluna 5 apresenta a frequência ponderada de participação em atividades ligadas a organizações

[11] Entendemos que a existência de uma provisão orçamentária para os CLS e a presença de administradores que informam regular e diretamente os conselheiros sobre programas, orçamentos e planos, além de atender às demandas deverá contribuir para um bom desempenho dos CLS.

populares. Todavia, não encontramos nenhuma relação estatisticamente significante entre o espectro de segmentos representados nos conselhos e o grau de participação em organizações populares nas subprefeituras.

Presença simultânea das variáveis pesquisadas nas subprefeituras

Os resultados sugerem que a inclusão de um espectro maior de participantes não pode ser explicada pelo desenho institucional (divulgação das eleições), por variáveis políticas (comprometimento dos gestores públicos), nem por variáveis associativas (percentagem de participantes em associações civis). Uma vez mais, então, como explicar as diferenças na gama de associações representadas em diferentes conselhos? Tentamos uma abordagem alternativa para avaliar o papel da presença simultânea das variáveis já analisadas. Utilizando os dados disponíveis, atribuímos aos conselhos um ponto para cada variável acima da média (Tabela 1, coluna 6). Somando esses pontos, esperávamos que valores maiores pudessem estar relacionados a um espectro maior de setores representados no conselho. Com base nessa análise, encontramos forte correlação.[12] Essa associação positiva está resumida na Tabela 2.

Tabela 2
Número de setores presentes nos Conselhos Locais de Saúde, características da gestão, do processo de seleção de conselheiros e do associativismo popular (São Paulo, 30 subprefeituras, 2003-2005)

Número de setores	Até 1 condição favorável (*) (+)	2 ou 3 condições favoráveis (*) (+)
Até 3	11 subprefeituras	3 subprefeituras
Mais de 3	4 subprefeituras	12 subprefeituras

* Entendemos por condições favoráveis a presença de gestores comprometidos com o projeto de participação social, um grau elevado de associativismo popular e procedimentos de seleção inclusivos. As condições favoráveis vão de 1, quando apenas uma das condições está presente, a 3, quando as três estão presentes.

12 Correlação de Pearson = 0,531**. Para presença simultânea de gestores comprometidos e procedimentos inclusivos foi encontrada uma correlação de 0,431.

Nosso exame sugere que nenhuma das três variáveis analisadas explica por si a multiplicidade de segmentos sociais representados nos conselhos, mas a sua presença simultânea em determinada subprefeitura favorece, de fato, a diversidade.[13]

Vale a pena analisar esses dados mais detidamente. A presença simultânea das variáveis em questão está associada não só a uma gama mais abrangente de associações, mas também à presença de representantes não-filiados.[14] Embora não tenhamos dados para reconstituir o universo organizacional das subprefeituras, sabemos que em todas elas há cidadãos não filiados a associações e que esses cidadãos autônomos encontram-se, de fato, sistematicamente mais presentes nos conselhos de subprefeituras em que o número de segmentos também é maior. Esse resultado sugere que, nos dois casos, maior número de segmentos e de cidadãos não-filiados, decorrem de um processo de interação entre gestores públicos e setores da sociedade civil que procuram influenciar as políticas de saúde. Portanto, não se trata apenas do reflexo da presença de um número maior de setores em uma subprefeitura.

Sociedade civil, gestores e procedimentos nas subprefeituras

Esses resultados apresentam uma nova questão: que tipo de interação entre gestores públicos, associações e procedimentos favoreceu a inclusão de um universo mais abrangente de segmentos da sociedade civil nos conselhos? Para esboçar uma resposta, empregamos dados obtidos em entrevistas qualitativas com gestores públicos, profissionais da saúde e conselheiros.

Para entender o contexto em que os conselhos foram estabelecidos, deve-se ter em mente que a descentralização criou um novo campo de disputa por recursos, seja entre as subprefeituras, seja internamente. Em um governo que adota a participação social como um de seus motes, os que contarem com o apoio e o endosso da sociedade civil estarão em melhor posição para negociar as demandas. Em tal contexto, não surpreende que uma porcentagem relevante de gestores tenha dedicado esforços ao projeto de organização dos conselhos.[15]

13 Não foi encontrada, contudo, associação entre a presença simultânea dessas variáveis e o IDH-M.

14 Correlação de Pearson = 0,473**

15 Em 19 das trinta subprefeituras para as quais temos informações, encontramos administradores comprometidos com o projeto de criar e organizar CLS.

Para pôr esse projeto em andamento, foram adotadas alianças e estratégias bastante distintas. Enquanto alguns gestores escolheram o MPS como principal aliado, outros procuraram redes de apoio mais amplas, que incluíam movimentos e associações conservadores ou progressistas, além de representantes autônomos. No primeiro caso, a aliança entre gestores e MPS parece se relacionar a uma institucionalização mais incipiente de procedimentos para a escolha de representantes e à forte presença do MPS nos conselhos. No segundo caso, a aliança entre os gestores e a sociedade foi possível, em grande medida, pelo trabalho ativo que parte da equipe de coordenação da saúde realizou a fim de mobilizar e divulgar os conselhos para um público mais abrangente.

Os protagonistas do primeiro grupo são gestores que relataram uma história de vida que se entrelaça com a do MPS, e alguns se tornaram administradores em razão da participação em movimentos e organizações populares ou no próprio MPS. Nesse caso, gestores e líderes do movimento apresentaram forte identidade comum. Compartilham uma "história de lutas" e um "projeto político" que têm raízes na história do movimento social que deu origem a uma parte do PT. Essa identidade explica por que a organização dos processos eleitorais foi delegada para o movimento: foi tanto uma estratégia para preservar a "autonomia da sociedade civil" quanto o reconhecimento daquele grupo como o mais qualificado para organizar o processo (Galvanezzi, 2004). Nesse cenário, a organização da seleção de conselheiros torna-se menos institucionalizada, garantindo, desse modo, espaço para o MPS no interior do conselho. Como Hayes apontou com propriedade: "a história do movimento popular de saúde na área de São Miguel fazia prever sua presença no Conselho de Saúde, mas sua sobre-representação parece estar relacionada ao controle do processo de seleção" (Hayes, 2004: 36).

No segundo caso, encontramos associações cuja capacidade de mobilização popular é menor que a do MPS, além de profissionais ligados em sua maioria a hospitais, sindicatos e também à saúde pública. Em razão das mudanças nas diretrizes e nos programas da administração municipal no período dos últimos quinze a vinte anos, esses profissionais mudaram com frequência de área e clientela. Como resultado desse processo, desenvolveram certa habilidade de fazer contatos com movimentos e associações, uma vez que, em sua carreira, numerosas parcerias foram estabelecidas para garantir a implementação de distintos programas da saúde. Ao enfrentar a necessidade de organizar o conselho, e tendo de demonstrar que a sociedade civil endossava suas demandas às subprefeituras e à Secretaria Municipal da Saúde, esses gestores fizeram o possível para identificar fontes possíveis de apoio, o que os levou a mobilizar diferentes segmentos da sociedade, além de representantes não filiados.

Temos, então, um caso em que gestores públicos e movimentos populares de saúde garantiram sua força política restringindo a seleção de conselheiros a um universo de atores com quem mantinham laços políticos estreitos. No outro caso, gestores públicos, movimentos, associações e representantes autônomos, destituídos do mesmo grau de organização e identidade com o MPS, definiram sua força política estabelecendo uma rede de alianças mais fluida, porém também mais diversificada. Essas duas situações não exaurem a riqueza de casos ou as condições específicas que caracterizam as distintas subprefeituras, mas permitem uma aproximação inicial a respeito da natureza dos atores, de seus interesses e das restrições envolvidas no processo de organizar uma administração descentralizada e participativa na cidade de São Paulo.

Observações finais

Os Conselhos de Saúde são parte de um movimento em que atores políticos e sociedade civil juntaram forças para institucionalizar a participação social no processo de formular, implementar e monitorar as políticas públicas. Os dados coletados mostram que foi criada uma rede de participação distribuída pelo município, cobrindo áreas centrais e periféricas, ricas e pobres. Os dados mostram também que o espectro de participantes nos CLS em São Paulo é bastante diversificado, incluindo movimentos sociais, associações de portadores de deficiência, grupos religiosos, associações de direitos civis, sindicatos e indivíduos sem vínculos associativos. Esse espectro mostrou-se mais abrangente em áreas que apresentavam simultaneamente fatores como: gestores públicos comprometidos com a participação como projeto político, procedimentos mais transparentes e inclusivos na seleção de conselheiros e associativismo popular mais presente. Constatou-se também que a presença dessas condições nas subprefeituras não está relacionada ao perfil socioeconômico das áreas estudadas. Nossos resultados sugerem que ao menos a primeira condição para garantir a base da participação social – qual seja a inclusão de um universo diversificado de atores – foi satisfeita em ao menos 16 das 31 subprefeituras.

Que conclusões podem ser tiradas a respeito de como construir instituições participativas mais inclusivas? Conforme mencionamos, análises anteriores dos processos participativos, particularmente dos Conselhos Gestores, tais como os examinados neste artigo, destacam variáveis que restringem o potencial democrático dos "novos espaços" no Brasil – como o legado de uma cultura política autoritária e a falta de mobilização social, além da resistência dos burocratas em compartilhar o poder. Outras análises focadas no orçamento participativo oferecem conclusões mais otimistas, mostrando como as restrições à participação podem ser superadas com o envolvimento de autoridades públicas comprometidas com o processo. Trabalhos mais recentes nesse campo apontam para uma característica particular, que parece aumentar o potencial democrático desses espaços: a presença de uma sociedade civil mobilizada. Em trabalhos anteriores, chamamos a atenção para o papel central que o desenho institucional poderia desempenhar no aprofundamento do potencial democrático desses novos espaços. Sugerimos que nesse desenho institucional é fundamental aperfeiçoar o processo de seleção dos membros dos conselhos, desenvolvendo procedimentos adequados para assegurar a inclusão de todos os participantes nas discussões e no processo decisório.

Os resultados apresentados neste artigo confirmam as conclusões dos autores mais otimistas: as variáveis identificadas desempenham papel importante na explicação do perfil diversificado dos conselhos estabelecidos na cidade. Entretanto, nossos resultados vão além, à medida que demonstram a importância da presença *simultânea*, na subprefeitura, de gestores comprometidos com o projeto de participação social, de associativismo popular e cidadãos dispostos a participar das políticas de saúde, e de um certo conhecimento sobre como organizar instituições participativas.

Ainda há uma questão difícil de responder: por que, em certas circunstâncias, autoridades públicas e grupos mobilizados da sociedade civil abrem as portas dos conselhos para uma gama mais ampla de participantes, se isso pode incluir representantes de partidos concorrentes e associações com interesses antagônicos? Como vimos, a resposta depende de escolhas estratégicas feitas por gestores e participantes sobre que alianças e procedimentos eles creem que servirão melhor a seus interesses e valores. A experiência democrática que descrevemos nos permite algum otimismo quanto à ampliação do debate e à experimentação de práticas para a construção de uma representação mais inclusiva. Resta saber se os atores envolvidos no processo terão motivação e capacidade para prosseguir nessa direção. A resposta será dada na esfera política, mas como há efervescência crescente em torno desses "novos espaços", podemos especular que o espectro de atores sociais, políticos e estatais motivados a participar do jogo venha a crescer.

Referências bibliográficas

ABERS, R. *Inventing local democracy: grassroots politics in Brazil*. Boulder CO: Westview Press, 2001.

ABRASCO [Associação Brasileira de Pós-graduação em Saúde Coletiva]. *Relatório final da oficina: incentivo à participação popular e controle social em saúde*. v. 1. Brasília: Abrasco, 1993. (Série Saúde e Movimento).

ANDRADE, I. Descentralização e poder municipal no Nordeste. In: SOARES, A. (org.). *O orçamento dos municípios do nordeste brasileiro*. Brasília: Paralelo15, 1998.

AVRITZER, L.; NAVARRO, Z. (orgs.). *A inovação democrática no Brasil: o orçamento participativo*. São Paulo: Cortez, 2003.

AVRITZER, L.; RECAMÁN, M.; VENTURI, G. Associativismo em São Paulo. In: AVRITZER, L. *Participação em São Paulo*. São Paulo: Unesp, 2004.

BAOCCHI, G. Participation, activism, and politics: the Porto Alegre experiment and deliberative democratic theory. *Politics and Society*, v. 29, n. 1, p. 43-72, 2001.

BÓGUS, C. M. *Participação popular em saúde*. São Paulo: Annablume, 1998.

CARNEIRO, C. B. L. Conselhos: Uma reflexão sobre os condicionantes de sua atuação e os desafios de sua efetivação. *Informativo Cepam*, São Paulo: Fundação Prefeito Faria Lima, v. 3, n. 1, p. 62-70, mar. 2002.

CARVALHO, I. A. Conselhos de saúde no Brasil. ENSP/Fiocruz. *Política, planejamento e gestão em saúde*. Rio de Janeiro: Ibam/Fase, n. 3, p. 5-41, 1995. (Série Estudos).

CEM [Centro de Estudos da Metrópole]. Dossiê espaço e política na metrópole. *Novos Estudos*, São Paulo, Editora Brasileira de Ciências, n. 64, nov. 2002.

CIFUENTES, M. *Political legitimacy of deliberative institutions*. 2002. Dissertação (Mestrado em Development Studies) – Institute of Development Studies, University of Sussex, Falmer.

COELHO, V. S. Conselhos de saúde enquanto instituições políticas: o que está faltando? In: COELHO, V. S.; NOBRE, M. *Participação e deliberação: teoria democrática e experiências institucionais no Brasil contemporâneo*. São Paulo: Editora 34, 2004.

COELHO, V. S.; NOBRE, M. *Participação e deliberação: teoria democrática e experiências institucionais no Brasil contemporâneo*. São Paulo: Editora 34, 2004.

COELHO, V. S.; PEDROSO, M. Distribuição de serviços públicos de saúde no município de São Paulo. *Novos Estudos*, São Paulo, Editora Brasileira de Ciências, n. 64, p. 141-152, nov. 2002.

COELHO, V. S.; POZZONI, B.; CIFUENTES, M. Participation and public policies in Brazil. In: GASTIL, J.; LEVINE, P. *The deliberative democracy handbook*. São Francisco: Jossey Bass, 2005.

COELHO, V. S.; VERÍSSIMO, J. Considerações sobre o processo de escolha dos representantes da sociedade civil nos conselhos de saúde em São Paulo. In: AVRITZER, L. *A participação em São Paulo*. São Paulo: Unesp, 2004.

CORNWALL, A. Negotiating participation in a Brazilian Municipal Health Council. In: CORNWALL, A.; COELHO, V. S. *Spaces for change: the politics of participation in new democratic arenas*. Londres: Zed Books, 2007.

CÔRTES, S. M. V. *Viabilizando a participação em conselhos de política pública municipais: Arcabouço institucional, organização do movimento popular e policy communities*. Trabalho apresentado no XXV Encontro Anual da Anpocs, Caxambu, 2002.

FUNG, A. Recipes for public spheres: eight institutional design choices and their consequences. *Journal of Political Philosophy*, n. 2, p. 1-30, 2003.

FUKS, M.; PERISSINOTO, R. M.; SOUZA, N. R. *Democracia e participação: os Conselhos Gestores do Paraná*.Curitiba: Editora da UFPR, 2004.

GALVANEZZI, C. *A representação popular nos conselhos de saúde*. Relatório de pesquisa. São Paulo: Fapesp, 2004.

GAVENTA, J. Prefácio. In: COELHO, V. S.; NOBRE, M. *Participação e deliberação: teoria democrática e experiências institucionais no Brasil contemporâneo*. São Paulo: Editora 34, 2004.

GOHN, M. G. *Conselhos gestores e participação sociopolítica*. São Paulo: Cortez, 2001.

HAYES, L. *Participation and associational activity in Brazil*. 2004. Dissertação (Mestrado em Development Studies) – Institute of Development Studies, University of Sussex, Falmer.

HOUTZAGER, P.; GURZA LAVALLE, A.; ACHARYA, A. Lugares e atores da democracia: arranjos institucionais participativos e sociedade civil em São Paulo. In: COELHO, V. S.; NOBRE, M. *Participação e deliberação: teoria democrática e experiências institucionais no Brasil contemporâneo*. São Paulo: Editora 34, 2004.

JACOBI, P. *Políticas sociais e a ampliação da cidadania*. São Paulo: Editora da FGV, 2000.

MARQUETTI, A. Democracia, equidade e eficiência. In: AVRITZER, L.; NAVARRO, Z. (orgs.). *A inovação democrática no Brasil: o orçamento participativo*. São Paulo: Cortez, 2003.

POZZONI, B. *Citizen participation and deliberation in Brazil*. 2002. Dissertação (Mestrado em Development Studies) – Institute of Development Studies, University of Sussex, Falmer.

TABAGIBA, L. Os Conselhos Gestores e a democratização das políticas públicas no Brasil. In: Dagnino, E. (org.). *Sociedade civil e espaços públicos no Brasil*. São Paulo: Paz e Terra, 2002.

VERBA, S.; SCHLOZMAN, L. K.; BRADY, H. *Voice and equality: civic voluntarism in American politics*. Cambridge MA: Harvard University Press, 1995.

WAMPLER, B.; AVRITZER, L. Públicos participativos: sociedade civil e novas instituições no Brasil democrático. In: COELHO, V. S.; NOBRE, M. *Participação e deliberação: teoria democrática e experiências institucionais no Brasil contemporâneo*. São Paulo: Editora 34, 2004.

3
ESPAÇOS DE PARTICIPAÇÃO NOS SISTEMAS DE SAÚDE DA REGIÃO RURAL DE BANGLADESH:
A Experiência dos Grupos Comunitários*

Simeen Mahmud

Em 1998, como parte das reformas do setor de saúde, o governo de Bangladesh iniciou esforços para ampliar a participação da comunidade no sistema público de saúde. Este capítulo examina duas iniciativas experimentais que buscavam gerar um serviço público de saúde mais centrado no povo. Busca-se, aqui, identificar as barreiras ao estabelecimento da participação da população, bem como os fatores e processos que contribuem, mesmo que de modo muito limitado, para tornar a participação efetiva. A análise dessa experiência revela que a ausência de uma mobilização prévia é responsável por tornar esses espaços ineficazes para a implementação do direito à saúde e à promoção da participação dos cidadãos. Além disso mesmo sendo a participação social uma estratégia

* Este capítulo baseia-se numa pesquisa realizada com sete grupos comunitários localizados em Upazilas de três regiões geográficas do país (Pabna, no norte; Madaripur, no centro; e Chittagong, no sul). Esta investigação consistiu em entrevistas com membros do Grupo Comunitário (GC), usuários e não-usuários residentes na localidade, e, em alguns lugares, com profissionais da saúde do nível da União e da Upazila (ver Mahmud, 2004b). No total, tiveram acesso às informações 49 membros do GC (15 mulheres), 92 usuários e 61 moradores não-usuários. No que diz respeito à experiência dos Health Watch Committees (HWCs) [Comitês de Supervisão do Sitema de Saúde], baseamo-nos em estudos de casos dos HWCs estabelecidos com o apoio da ONG Nijeri Kori (NK), voltada para a questão dos direitos, em quatro distritos, com um comitê da Upazila e dois comitês de Uniões em cada área. Os estudos de casos incluíram 53 entrevistas com membros do HWCs, funcionários locais da ONG, membros da equipe da NK em Dhaka, moradores usuários e não-usuários e profissionais dos serviços públicos de saúde locais no sistema de saúde da Upazila. Vários encontros dos HWCs das Upazilas e das Uniões também foram acompanhados.

adotada pelo Estado, ela oferecerá poucas perspectivas de manter as autoridades comprometidas caso não envolva provedores públicos e autoridades locais. Se as pessoas não estiverem suficientemente motivadas para se envolver, a mera criação desses espaços não levará à participação, assim como a participação sem o envolvimento com os provedores também não promoverá as mudanças esperadas nas atitudes e nos comportamentos do provedor de serviços de saúde em relação aos cidadãos.

Origens e experiências da participação popular nas questões de saúde em Bangladesh

Na declaração de Alma-Ata de 1978, defendeu-se uma abordagem da saúde "centrada no povo" que envolvesse não apenas o apoio a o funcionamento dos sistemas locais de saúde, mas também que abrangesse ativamente o povo na definição das prioridades para a saúde e na alocação dos recursos escassos. A participação comunitária, por meio da posse e da implementação de serviços locais de saúde, é hoje um meio amplamente aceito de garantir que o povo tenha voz nos sistemas locais de saúde (Dasgupta et al., 2001; MoHFW, 1997). Por trás disso está a expectativa amplamente disseminada de que a participação na tomada de decisões conduza a melhores resultados na saúde, reduzindo a desigualdade nos resultados e no acesso aos serviços. Quando o vínculo entre os formuladores das políticas públicas e os fornecedores dos serviços é fraco e os mecanismos de supervisão são inadequados, muitas vezes os usuários têm, de fato, melhores condições de monitorar o desempenho daqueles que oferecem os serviços (Banco Mundial, 2004: 64). Considera-se que dar "voz" ao povo no sistema de saúde permite-lhe traduzir seu conhecimento sobre a baixa qualidade dos serviços em influência e poder políticos em nível local.

Ao criar uma pressão pública e gerar debate, a participação do povo também fomenta o processo democrático. Uma participação informada e mais inclusiva é vista como algo bom não apenas para o sistema de saúde, mas também para promover a prática da cidadania e a reivindicação dos direitos. Se o governo não tem capacidade ou interesse em assegurar a prestação de contas por parte daqueles que fornecem os serviços de saúde, o povo pode não ter outra opção senão desenvolver mecanismos em nível local para o seu envolvimento e inclusão nas instituições de serviços. Esse tipo de ação cidadã por parte de pessoas pobres, seja por conta própria ou em aliança com outros, pode contribuir para que os formuladores de políticas públicas e políticos venham a reagir de modo a compensar a fraqueza sistêmica. Entretanto, embora uma compreensão mais engajada – e, de fato, política – do envolvimento público oriente os esforços para tornar a prestação de contas associada à participação social, na prática, é mais comum que esta seja vista simplesmente como um ingrediente adicional na prestação dos serviços de saúde, valorizado principalmente por seu papel instrumental em tornar os serviços de saúde mais eficazes em relação aos custos (Kahssay e Oakley, 1999). O objetivo geral de longo prazo de possibilitar que as pessoas pobres tornem-se cidadãs mais ativas por meio da participação na administração dos sistemas de atendimento usualmente não é um resultado esperado.

O setor de saúde em Bangladesh é uma combinação de prestação privada e pública de serviços de saúde, mas o espírito do setor público domina tanto a prestação de serviços, quanto a atitude em relação aos usuários em ambos. À parte vários serviços verticais, como o programa de imunização, o fornecimento público de assistência à saúde é vítima da negligência, do comportamento não-profissional por parte dos prestadores de serviços de saúde, da péssima manutenção das instalações físicas, das tarifas ilegais cobradas dos usuários e de longos períodos de espera para o atendimento. Ademais, há uma grande perda dos recursos escassos devido ao desperdício de suprimentos e provisões médicas. O governo nacional percebeu, há já algum tempo, que os serviços públicos de saúde não alcançavam padrões mínimos de qualidade e que o acesso aos serviços era iníquo. Embora os mecanismos internos para garantir a qualidade do atendimento e a prestação de contas por parte dos prestadores de serviços estejam tradicionalmente presentes no sistema de saúde, isso não levou aos resultados esperados.

Desde meados de 1990, o Ministry of Health and Family Welfare (MoHFW) [Ministério da Saúde e do Bem-Estar da Família] promoveu reformas abrangentes no sistema de saúde através do Health and Population Sector Programme (HPSP) [Programa do Setor Popular e da Saúde], que visava reduzir o desperdício e assegurar a sustentabilidade financeira a longo prazo (Mahmud e Mahmud, 2000). Influenciadas pelo pensamento predominante nas agências internacionais de desenvolvimento, notadamente pelo Banco Mundial, essas reformas tinham a intenção de tornar os serviços de saúde "sensíveis às necessidades dos clientes", especialmente das crianças, das mulheres e dos pobres, promovendo a qualidade de atendimento, a capacidade de prestação de serviços e a sua sustentabilidade financeira (MoHFW, 1997). O HPSP compreendia seis componentes[1] separados, porém interligados, que deveriam ser implementados por meio de uma estratégia envolvendo a participação direta de todas as partes interessadas (usuários de serviços de saúde provenientes das classes mais baixas, profissionais da saúde e prestadores de serviços de saúde, governo, organizações privadas e de voluntários envolvidas no planejamento e no fornecimento dos serviços, agências financiadoras). Além disso, deveria ocorrer uma mudança na abordagem da prestação dos serviços, passando de serviços separados de assistência à saúde e de planejamento familiar para uma abordagem da saúde reprodutiva com serviços integrados. Isso coincidia em grande medida com a condição imposta pelas agências financiadoras de que se passasse do auxílio a projetos à ajuda a programas para setores inteiros. A implementação dessa ambiciosa estratégia no contexto de Bangladesh confrontou-se com vários desafios.

Participação social: desafios e perspectivas

Em Bangladesh, a maioria das pessoas depende totalmente do Estado para prover e assegurar seus direitos, o que dificulta seu envolvimento na supervisão dos serviços fornecidos pelo Estado. A principal responsabilidade de criação de uma "boa sociedade" é invariavelmente atribuída ao *sarkar* (governo), do qual se espera o fornecimento de educação, assistência à saúde, postos de emprego e segurança pessoal (Mahmud, 2004a: 6). As pessoas pobres se veem com responsabilidades muito limitadas e ainda com menos habilidades no que se refere à participação nos processos públicos. A baixa qualidade dos serviços públicos e o conseqüente aumento da dependência em relação ao mercado também contribui para reduzir os incentivos à participação no sistema público de saúde. O povo não tem confiança para questionar a ação do governo, já que é limitado o seu conhecimento dos mecanismos estatais de prestação dos serviços, e não é capaz de avaliar a maneira como opera o sistema. A constatação de que a participação requer tempo e esforço arrefece o entusiasmo e a propensão para a ação. Não surpreende, pois, que os pobres estejam praticamente ausentes de qualquer processo ou espaço público. Eles envolvem-se em espaços informais que são direta e imediatamente importantes para a sua subsistência, como os *shalish* (tribunais informais), os grupos que se formam nos povoados, o

[1] Esses componentes constituíam um pacote de serviços essenciais: a reorganização da prestação dos serviços no nível da Upazila, serviços integrados de apoio, serviços hospitalares, políticas e administração do programa global do setor e ação reguladora.

trabalho informal, os mercados de crédito, os fundos informais de poupança comunitária e os grupos mobilizados por ONGs. As fortes relações de dependência impedem a atuação individual e até mesmo a reivindicação de direitos legítimos e formalmente reconhecidos, pois os pobres e marginalizados são muito avessos ao risco e dificilmente violam as práticas comuns de lealdade e submissão. Consequentemente, o povo não tem muita experiência nem muitas expectativas de participação nos processos públicos.

No sistema de saúde, o caráter das organizações prestadoras de serviços também desencoraja a participação, uma vez que os serviços são "gratuitos" e os provedores veem os usuários como receptores e beneficiários passivos, em vez de cidadãos que têm o direito de discordar e reivindicar. Os provedores têm um conhecimento especializado e acreditam saber melhor aquilo de que a comunidade necessita e como atender a isso. A participação dos cidadãos e o envolvimento cívico são vistos não apenas como desnecessários, mas até mesmo com suspeita e hostilidade. De fato, as políticas públicas foram descritas como "paternalismo gerencial" e como "disciplinadoras" para criar "bons" cidadãos que sejam usuários complacentes dos serviços públicos oferecidos (Cornwall et al., 2002). O povo não está disposto a participar, caso não se sinta capaz de fazer diferença, caso os mecanismos e procedimentos de participação não lhe sejam familiares ou sejam muito custosos, ou caso sintam que não detêm o controle (Mahmud, 2004b).

Por fim, a pobreza marca toda ação ao condicionar a lógica não apenas dos pobres destituídos de poder, mas também dos ricos poderosos. Os pobres não podem dedicar muito tempo e esforço a ações que não têm relevância direta e imediata para a sua subsistência. Os custos da participação para os pobres podem ser impeditivos e os ganhos, insignificantes. A pobreza também fortalece os poderosos por meio da ameaça real de suspensão da assistência, o que contribui para limitar os espaços em que os pobres podem participar.

Nesse contexto, que perspectivas existem para o aumento da participação do povo nos sistemas de saúde? As seções seguintes examinam mais detidamente dois mecanismos institucionais experimentais criados na tentativa de implementar uma assistência à saúde "centrada no povo".

Projetando instituições para a participação social

Em 1998, o governo de Bangladesh iniciou experimentalmente dois tipos de espaços institucionais franqueados à participação popular. Num dos casos, grupos comunitários de vilarejos foram mobilizados pelos políticos eleitos e com apoio dos provedores para a prestação local de serviços de saúde essenciais. No segundo caso, Health Watch Committees (HWCs) [Comitês de Supervisão do Sistema de Saúde] foram estabelecidos com o apoio de agências não-estatais, como ONGs que atuavam na comunidade, no nível das Upazilas (subdistritos) e das Uniões (abaixo dos subdistritos).

Grupos comunitários

Caracterizado pela associação de melhorias na qualidade e no acesso aos serviços com o envolvimento direto da comunidade na construção, no funcionamento e na "posse" dos estabelecimentos de saúde, o MoHFW decidiu instituir clínicas de propriedade das comunidades e administradas por estas em todos os povoados ou bairros. Isso visava oferecer um serviço global de saúde básica e reprodutiva para os grupos da população mais destituídos (mulheres, crianças e os muito pobres). A expectativa era de que a participação da comunidade na administração desses serviços tornasse os serviços essenciais de saúde acessíveis a esses grupos (MoHFW, 1997). A propriedade do estabelecimento por parte da comunidade seria assegurada pela edificação da clínica em terreno doado pelo vilarejo, fazendo que a comunidade dividisse com o governo os custos de construção e de operação da clínica.

Em cada localidade, um grupo comunitário (GC) seria mobilizado pelo Union Parishad (UP) – corpo administrativo local, designado por eleição. Selecionados pelo líder eleito do UP local, nove moradores do povoado deveriam participar do comitê, que seria composto pelos representantes locais eleitos, pelos provedores locais de serviços, pelos moradores locais influentes, representando várias profissões e classes sociais, e por representantes dos grupos semterra e das mulheres. Esse grupo como um todo seria responsável pelo funcionamento da clínica. O GC representava o único elemento que escapava ao modelo existente de prestação de serviços, conduzido pelos provedores, e ao ambiente centralizado de formulação de políticas, impostas de cima para baixo.

A construção das clínicas comunitárias e os salários de trabalhadores da saúde seriam financiados por fundos governamentais. A manutenção das clínicas (limpeza, segurança) seria financiada pela comunidade, mas, no caso, os membros geralmente não conseguiam ou não estavam interessados em mobilizar os fundos. Alguns expressaram a opinião de que os habitantes pobres dos vilarejos não podiam fazer doações ou mesmo pagar um valor simbólico pelos serviços, mas mesmo os habitantes mais ricos dos povoados e os membros dos GCs não fizeram doações pessoais conforme originalmente planejado. Normalmente, as clínicas estavam em mau estado de conservação, com goteiras e encanamento danificado. Embora a rede de saúde da Upazila pretensamente devesse suprir todos os medicamentos necessários à clínica, o provimento de remédios era sempre inadequado, e os funcionários médicos da Upazila não atendiam em geral aos pedidos dos GCs. Em 2001, todas as clínicas sob essa iniciativa foram fechadas.

Health Watch Committees

Com base numa lógica correlata, porém distinta – em que a participação dos grupos interessados é vista como um meio de diminuir o desperdício e fazer que o sistema de saúde atenda melhor às necessidades dos usuários –, o MoHFW decidiu estabelecer comitês de usuários para monitorar, em nível local, o desempenho dos provedores públicos. A estratégia, nesse caso, foi promover o apoio ativo de agências não-estatais para o estabelecimento dos Health Watch Committees (HWCs), compostos de moradores locais. O ministério decidiu usar as ONGs para tal propósito, contanto que elas tivessem fácil acesso às comunidades em que atuavam. Solicitou-se que várias ONGs comparecessem a um encontro para discutir um projeto experimental que desse voz às reações e aos problemas enfrentados pelo povo com o sistema de saúde. A ONG Nijera Kori (NK), voltada para a questão dos direitos, que operava nas áreas rurais desde meados de 1980, foi solicitada a organizar uma série de *workshops* que permitisse às pessoas pobres das áreas rurais expressar suas reclamações e as expectativas em relação a esses comitês. Posteriormente, a NK e três outras ONGs foram incumbidas da responsabilidade de formar HWCs em nível local, com representantes da comunidade nos níveis das Upazilas e das Uniões. Isso foi iniciado experimentalmente em nove Upazilas.[2]

O ministério propôs que os HWCs fossem constituídos de membros de diferentes grupos profissionais e sociais. A NK modificou ligeiramente a estrutura sugerida: propôs dois HWCs das Uniões, em vez de um, e decidiu também que metade dos membros deveria ser formado por mulheres. No nível da União, a mulher que representava o UP era a presidente, e o funcionário da NK era

[2] Anteriormente, já se havia constituído um comitê nacional dos grupos de interesse, que tomou a decisão de estabelecer os comitês populares de supervisão, compostos pela população local e por grupos profissionais nos níveis da Upazila e da União.

secretário. Além disso, havia cinco outros membros: dois (uma mulher e um homem) provenientes do grupo de sem terra da ONG, dois profissionais (advogado, jornalista), um professor e um prestador de serviço. No nível da Upazila, o HWC deveria ter nove membros, incluindo um jornalista, um advogado, um médico que não trabalhasse para o governo, um representante de ONG, um professor, uma mulher, um prestador de serviço para programas de base, um membro do UP e dois representantes dos HWCs da União.

Não é novidade a parceria com ONGs – atores fortes e visíveis no desenvolvimento de Bangladesh e no panorama da governança – para complementar o fornecimento de serviços públicos. A expectativa era de que o monitoramento externo funcionasse como uma poderosa ferramenta para promover serviços de saúde que correspondessem às demandas dos usuários. O que é singular e interessante, entretanto, é ter como esteio uma ONG que não é o tipo usual de prestador de serviço, mas que tem uma longa história de mobilização e atuação na área dos direitos dos pobres e marginalizados. Infelizmente, a nova política de saúde, lançada em 2004, não previa mais a manutenção dos HWCs. Salvo os HWCs mobilizados pela NK, os outros foram encerrados.

Participação, inclusão e voz

Se compararmos e contrastarmos essas duas instituições, veremos várias diferenças gritantes. Essas diferenças são importantes para se avaliar o potencial democrático desses espaços franqueados, bem como suas perspectivas de melhorar a qualidade dos serviços de saúde prestados. A análise a seguir investiga de modo mais profundo questões sobre quem participa, por que participam, como participam e em que tipos de processos de tomada de decisão.

Quem participa?

Os processos de recrutamento e seleção para os GCs e os HWCs diferiam significativamente. Os GCs deveriam ser mobilizados pelo presidente eleito do UP por meio de uma ampla consulta às bases locais. Em nossos estudos de caso, ficou evidente que a seleção não era transparente nem participativa. A composição dos membros apresentava uma propensão em favor daqueles que estavam em melhor situação e das classes profissionais, como professores, homens de negócios e fazendeiros abastados. As mulheres que foram escolhidas como membros eram normalmente as esposas dos moradores ricos. O viés elitista limitou a aceitação pela comunidade. Os habitantes dos povoados com frequência referiam-se às clínicas como "hospitais de famílias" pertencentes a alguma elite local influente.

Nos HWCs, a seleção foi transparente e mais participativa. O HWC era selecionado por voto "popular" em *workshops* abertos à comunidade, frequentados por pessoas de diferentes classes sociais e profissões, autoridades do governo, administradores da saúde, médicos, agricultores sem terra, membros dos grupos sem terra do povoado ligados à NK e funcionários locais da NK. Nomes foram indicados pelas pessoas da região nas oficinas abertas. A inclusão nos HWCs foi feita, em sua maior parte, com base nas relações preexistentes com a NK. A maioria das pessoas convidadas a comparecer ao *workshop* para formar o comitê conhecia as atividades da NK. A maioria dos membros escolhidos, pobres ou ricos, tinha algum vínculo com a NK.

Contudo, embora os membros não representassem a comunidade inteira, particularmente os membros não-associados à NK, a participação foi mais inclusiva e democrática do que no GC. A representação dos grupos de sem terra nos HWCs foi em torno de 50%, e até maior nos HWCs das Uniões. Os HWCs também conseguiram ter em sua composição pelo menos 50% de mulheres, e a maioria dos HWCs das Uniões era presidida por mulheres. Em outras palavras, a representação das mulheres foi relativamente maior nos comitês mais próximos da comunidade. Os HWCs das Uniões eram mais homogêneos, uma vez que a maioria dos membros pertencia aos grupos sem terra da NK, além de serem vizinhos, enquanto nos HWCs das Upazilas os outros profissionais não eram necessariamente membros da NK ou pobres.

Enquanto nos GCs havia representantes da área médica, nos HWCs eles foram excluídos . De início, os médicos estabelecidos nos postos de saúde locais estavam interessados em participar dos HWCs, já que não queriam prestar contas a um órgão no qual não tinham nenhuma representação. Mas, logo no começo das oficinas, as pessoas da região manifestaram-se contrárias à inclusão dos médicos, uma vez que isso comprometeria os interesses do comitê. Em vez disso, propuseram que os HWCs convidassem os médicos para os encontros, mas que eles não pudessem fazer parte do mecanismo oficial de monitoramento. Julgava-se que, se pessoas poderosas fizessem parte do comitê, os integrantes da população local perderiam a possibilidade de deter o controle e seriam dominados. Em lugar disso, eles queriam entender os problemas por conta própria, solucionando-os com a cooperação dos médicos. Uma mulher integrante do HWC da Upazila em Dumuria disse:

> No primeiro encontro, em que o comitê foi formado, os médicos protestaram violentamente e disseram que, caso esse comitê fosse formado, eles deveriam fazer parte dele. Mas nós não concordamos com os médicos e permanecemos firmes em nossa posição, e, dali em diante, tivemos uma relação conflituosa com eles.

Por que participar?

A motivação inicial para participar dos GCs de governo não era muito forte. Um terço dos membros entrevistados disse que queria ser incluído no GC; o restante concordou quando convidado pelo presidente do UP. Aqueles que queriam participar achavam que era uma boa causa e que poderia trazer alguns benefícios para a comunidade. Alguns deles acreditavam que haveria algum futuro ganho pessoal para os membros, como um emprego. Poucos protestaram contra a sua inclusão no GC, e, uma vez nomeados, os membros pareciam entusiasmados com o fato de pertencerem ao comitê, já que isso aumentava o seu *status* no vilarejo. Com exceção do membro do UP, nenhum dos outros tinha qualquer experiência de participação em fóruns públicos para tomadas de decisão.

O conhecimento dos membros sobre o papel dos GCs era pequeno. Cinco membros (10%) não eram capazes de citar nenhuma função do GC. O funcionamento e a manutenção da clínica eram vistos, por 60%, como uma responsabilidade do GC; o monitoramento do desempenho dos funcionários da saúde era visto como uma função do GC pela metade de seus integrantes; um terço defendia o papel de motivar a população a usar a clínica; enquanto que a mobilização para angariar fundos era vista como função do GC por apenas três membros (16%). As atividades efetivas dos membros do GC consistiam fundamentalmente em visitar a clínica (50%) e motivar (20%), ao passo que um quinto não relatou nenhuma atividade. Apenas sete membros, menos de um quinto, compareciam às reuniões do GC. Alguns acreditavam estar cumprindo seu dever simplesmente por comparecer às reuniões.

As integrantes do sexo feminino tendiam a estar menos cientes de seus papéis na condição de membros do GC, e eram ainda menos ativas. Num dos casos, elas reclamavam de que não tinham sido informadas de sua inclusão no GC, e de que a condição de membros lhes foi impingida. Em dois outros casos, os membros não sabiam que pertenciam ao GC e só descobriram isso na ocasião de nossa entrevista. Quando indagado sobre seu papel, um membro do GC do sexo masculino (o doador do terreno) respondeu: "Eu mesmo não estava a par do fato de que era um membro, e, portanto, não sei qual é minha responsabilidade". Um outro, também do sexo masculino, disse: "Eu sei que sou um membro. Mas os membros não têm nenhuma função específica". O diretor de um GC disse: "Fui eu que pus a clínica em funcionamento. Dizem [os outros] que ela está funcionando".

Entre os membros dos HWCs, a motivação para participar no novo espaço franqueado era forte. No primeiro *workshop*, as pessoas sugeriram por conta própria mecanismos para sua participação e propuseram isso sem nenhuma compensação, como pagamento ou honorários. O único retorno exigido era o de serem levadas a sério, de modo que, quando informassem problemas ao ministério, alguma providência fosse tomada. Os membros dos grupos de sem-terra do NK foram treinados para participar de diferentes tipos de espaços sociais, como parte da meta do NK de estabelecer direitos de uma maneira sistemática e organizada. Os HWCs tinham uma comunicação melhor como grupo, já que seus membros eram relativamente mais homogêneos.[3] Os membros dos grupos da NK tinham adquirido habilidades e capacidade de participação, e foram treinados para superar as dificuldades de comunicação com professionais e pessoas mais instruídas.

As experiências individuais anteriores também serviam como recursos para a participação no novo espaço. Uma mulher do HWC de uma Upazila, que havia sido eleita diversas vezes como membro do UP, descreveu sua participação:

> Sempre que alguém da minha área tem um problema de saúde, pede que eu o acompanhe ao hospital. Nós levamos os pacientes em estado emergencial para o pronto-socorro, onde os médicos devem estar presentes 24 horas. Mas, certa noite, eu não encontrei um único médico no setor. Eu gritei durante meia hora, e então o médico chegou e me perguntou o que tinha acontecido. Eu o ameacei dizendo que, no dia seguinte, iríamos organizar passeatas e um movimento contra ele. Então ele foi ao hospital de Khulna e pediu transferência.

Regras e normas

O ministério fornece diretrizes para o estabelecimento dos GCs e dos HWCs, estipulando uma reunião mensal e os objetivos gerais dessas institui-

[3] No HWC da União em Dhonbari, todos os membros não-profissionais eram membros de outros grupos da NK. Os membros do UP e o médico local do HWC da Upazila em Dumuria também eram membros da NK.

ções. Nos GCs pesquisados, as reuniões eram extremamente irregulares, sendo convocadas oralmente. Não havia atas e o comparecimento era extremamente pequeno. O presidente do GC e o funcionário da saúde, que exercia a função de secretário, eram os membros que mais falavam nas reuniões, ao passo que as mulheres ficavam em geral caladas. A manutenção da clínica e a falta de suprimentos dominavam a discussão, mas raramente se discutia o tema de angariar fundos para cobrir os custos de manutenção ou para comprar medicamentos para distribuição gratuita. Faltava uma liderança eficiente e um delineamento adequado da autoridade e da responsabilidade no interior do GC. Alguns diretores dos GCs apareciam apenas no papel: nem sequer sabiam que haviam sido escolhidos para dirigir o GC. A maioria dos diretores dos GCs tinha muito pouco tempo para convocar e comparecer às reuniões, que eram conduzidas basicamente pelos funcionários da saúde. Para efeitos práticos, a clínica funcionava como uma clínica satélite no complexo de saúde da Upazila, mas com ainda menos serviços.

Uma vez que as regras para deliberação e negociação não eram explícitas nos GCs, as relações sociais hierárquicas de família, de parentesco e da comunidade tendiam a se reproduzir nesses espaços recentemente abertos. Essas relações sociais desiguais, como entre ricos e pobres, jovens e idosos, homens e mulheres, resultaram em diferentes condições de participação para os membros. Os membros que tinham posições profissionais e sociais elevadas dominavam as deliberações nas reuniões, enquanto que os mais pobres e as mulheres não se manifestavam. Por conseguinte, as decisões eram sempre tomadas em consenso, praticamente sem opiniões divergentes ou pontos de vista conflitantes. As atas dos encontros confirmam esta observação.

As atas das reuniões dos HWCs mostravam que os encontros eram regulares, que as atividades anteriores eram reexaminadas e que as tarefas para a período seguinte eram distribuídas de modo rotineiro. Essas tarefas incluíam solicitar aos médicos que comparecessem ao hospital no horário estipulado e indagar sobre os suprimentos médicos, tarefas que os membros cumpriam mesmo quando se confrontavam com queixas e resistência por parte dos médicos. As reuniões contavam com um bom comparecimento dos membros, e eram conduzidas de modo bastante disciplinado: lia-se a agenda, cada membro relatava o progresso de seu trabalho, e se elaborava um plano de trabalho para os meses seguintes, delegando as tarefas individuais. As atas eram redigidas pelo secretário e arquivadas, mas não circulavam entre os membros.

As regras para deliberação e participação eram mais explícitas nos HWCs. Os participantes do primeiro *workshop*, promovido pelo NK, estabeleceram o seu próprio conjunto de regras para coordenação do comitê. A NK deu aos membros do comitê um treinamento básico, explicando os objetivos do comitê e suas tarefas, as atividades que deveriam ser realizadas, os lugares a serem visitados e o modo como poderiam realizar levantamentos para descobrir os problemas predominantes em suas áreas. Nessa orientação, mencionavam-se como os membros do comitê prestariam contas uns aos outros e como seriam responsáveis por diferentes tarefas que lhes seriam designadas, e, ainda, como a diferença de opiniões entre os membros do comitê seria resolvida por meio da discussão. Ofereceu-se instrução para os membros do grupo dos sem-terra da NK, visando aumentar sua habilidade para superar as dificuldades de comunicação com os profissionais e membros mais instruídos.[4]

Inclusão e diferença

A participação diferenciada foi muito comum nos GCs. Uma integrante instruída do GC sentiu que o fato de ser mulher tornava inadequado que ela falasse nas reuniões: "Não tenho nenhuma habilidade própria, e, além disso, sou mulher". Uma sem-terra, membro do GC, comentou: "Eu sou pobre e ignorante, o que tenho a dizer? Os mais instruídos falam mais".

A oportunidade de falar nos encontros dos HWCs era relativamente mais igualitária. Algumas mulheres integrantes dos HWCs entendiam que todos tinham a mesma oportunidade de participar, mas que às vezes os membros não tinham nada a dizer. A presença de um maior número de mulheres e seu papel de liderança foram fatores importantes para garantir sua atuação e a expressão de suas opiniões nos HWCs, mas a presença de homens, profissionais e membros da "elite", nos HWCs das Upazilas constrageu a expressão e a atuação das mulheres. As mulheres manifestavam-se mais, sendo mais ativas nos comitês da União, onde os membros eram mais homogêneos e havia menor predominância dos homens ou das elites. O presidente do HWC de uma União observou: "As mulheres integrantes do meu comitê manifestam suas opiniões durante os encontros do Comitê da União. Mas, no encontro da Upazila, elas às vezes ficam acanhadas em manifestar sua opinião por não terem um conhecimento

[4] Instrução elementar, secundária e de nível superior, e instrução sobre direito agrário, globalização, agricultura, comércio, informação etc.

adequado sobre alguns problemas discutidos, como o suprimento de remédios, a política de saúde etc".

Ao acompanharmos o caso de quatro mulheres integrantes de HWCs de Uniões pudemos perceber que as mulheres eram muito ativas em suscitar a conscientização local sobre os principais problemas de saúde enfrentados pelas mulheres (partos seguros, cuidados pré-natais regulares, nutrição, higiene, saneamento, vacinação, planejamento familiar e, mais importante, violência contra as mulheres). Elas faziam isso por meio de discussões informais em áreas públicas de sua vizinhança ou no quintal de algum morador. As integrantes femininas eram também mais ativas em situações críticas, como no atendimento em abrigos para vítimas de inundação. Membros da elite e das camadas mais baixas pareciam ter diferentes estratégias de participação nos HWCs. A equipe da NK acreditava que os pobres tinham maior disposição para se envolver em atividades de protesto do que as elites, que não queriam se envolver em conflitos e confrontos. Uma integrante disse: "os membros instruídos e abastados podem debater ou discutir uma questão de maneira organizada, mas, quando se trata de protestar, eles normalmente ficam em silêncio e tentam se manter fora da ação". Uma agricultora sem-terra disse: "Os membros instruídos se expressam bem, o que nós não conseguimos fazer, mas nós podemos lutar para protestar, o que eles não podem fazer".

Os profissionais que eram membros dos HWCs julgam que os não-profissionais não têm consciência dos problemas. Um membro do HWC, com diploma de medicina, comentou:

> No Comitê da União, todos os membros têm chance de se manifestar, mas não se participa de maneira igual porque alguns membros, especialmente as mulheres, se expressam menos e são mais reservados, ou não têm questões a apresentar. Mas, no nível da Upazila, os membros do comitê falam de uma maneira mais equânime e participam com seriedade porque cada um se percebe como membro da sociedade. Mas não há ninguém que não participe de algum modo.

Alguns membros consideravam que os comitês da União funcionavam melhor que os HWCs da Upazila porque nos primeiros os membros conheciam melhor os habitantes mais pobres, ao passo que os membros mais instruídos do HWC da Upazila estavam mais distantes da comunidade e também mais frustrados por não serem capazes de provocar maiores mudanças. Os funcionários da saúde que trabalhavam no nível da União também tinham condições socioeconômicas similares às dos membros do HWC da União, e, portanto, eram menos propensos a ser hostis, em comparação com os médicos do nível da Upazila.

Liderança e autoridade

Nos GCs, a falta de autoridade na tomada de decisões era acompanhada da ausência de liderança efetiva. O presidente do GC era normalmente um membro do UP que, sendo um político e representante eleito, não tinha muito tempo para o trabalho no GC. A falta de comprometimento por parte do líder do GC tornou-se evidente diante do fato de que em apenas dois dos sete GCs estudados os encontros eram mantidos regularmente, as atas redigidas e os membros compareciam de modo regular. A despeito de ser um representante do povo, o presidente do GC não tinha muita influência sobre os médicos do complexo hospitalar da Upazila no que diz respeito ao suprimento de remédios para a clínica ou sobre os funcionários da saúde, que continuavam fazendo visitas domiciliares em vez de tratar dos pacientes na clínica.

Os habitantes que conheciam o GC não confiavam na habilidade do presidente. Uma mulher comentou: "Não adianta falar com o presidente ou com um dos membros. Eles nos dizem: 'Agora vá embora. Verei o que posso fazer'. Mas nada acontece, porque eles não nos dão nenhuma importância". Outro habitante disse: "Não há medicamentos. Reclamei ao comitê sobre isso, mas eles não querem saber de nada". Uma outra mulher pobre, com um filho doente, queixou-se: "Quando meu filho estava com febre, o presidente me disse para levá-lo ao hospital da Upazila. Então me diga: para que serve a clínica? Não posso fazer nada a respeito disso porque sou pobre".

Nos HWCs, o funcionário da ONG que exercia a função de secretário desempenhou um papel crucial de facilitador, e a equipe local da NK desempenhou papel de liderança. A NK organizou e mobilizou os *workshops* na comunidade, motivando as elites e os profissionais locais a ingressar nos comitês. A NK foi importante na decisão de ter dois HWCs da União, em vez de um, e na modificação da estrutura dos comitês. A NK também forneceu aos membros dos Conselhos treinamento para a participação e a deliberação, e lhes deu apoio institucional para enfrentar a hostilidade por parte dos médicos. Todas as reuniões públicas eram organizadas por meio da iniciativa da NK. Os funcionários da NK convocavam os encontros do comitê, registravam as atas, produziam os relatórios para o ministério e mantinham vínculos com a administração do ministério.

Os HWCs, contudo, continuavam carecendo de autoridade para levar a cabo as decisões. O presidente do HWC de uma União comentou: "Nós apenas discutimos questões e tomamos decisões, mas não conseguimos executá-las, particularmente as decisões envolvendo reformas administrativas do hospital. Não temos a autoridade necessária. As resoluções das reuniões servem apenas para arquivamento".

Qual o impacto da participação?

O contraste mais impressionante entre as duas instituições está no seu impacto sobre os participantes e sobre a prestação de serviços. Os GCs estudados parecem ter tido um impacto ou resultado insignificante. Entretanto, os HWCs tiveram alguns resultados interessantes que merecem ser explorados mais detalhadamente.

A liderança da NK desenvolveu a capacidade de participação dos membros, estimulando o conhecimento e proporcionando um canal para que expressassem suas frustrações com os serviços existentes. O membro de um HWC disse: "Embora houvesse problemas no centro médico, as pessoas não estavam cientes disso e não manifestavam nenhuma intenção de se unir e protestar [...]. Elas não sabiam a quem deviam reclamar".

Uma integrante do sexo feminino disse:

> A NK nos ajudou a nos organizar e a permitir que diferentes tipos de pessoas se reunissem e trabalhassem conjuntamente [...]. Eu sempre pensei em formar um comitê como este, mas nunca consegui. Mas nós conseguiremos dar prosseguimento a isto. A NK não estará sempre aqui, mas nós teremos de levar adiante essa organização.

Outra integrante, quando indagada se eles teriam conseguido formar o HWC por conta própria, disse:

> Não, eu acredito que as pessoas em algum momento protestariam contra os médicos, mas isso levaria mais tempo [...]. A NK possibilitou que um fórum fosse reunido e trabalhasse em conjunto, o que é mais efetivo. Entretanto, nós, como um grupo, julgamos que agora seremos capazes de prosseguir sem a NK.

Os participantes dos espaços recém-criados dos HWCs, mesmo quando provenientes de contextos socioeconômicos diversos, estabeleceram suas maneiras próprias de trabalhar juntos. Eles trabalharam em torno das dificuldades de comunicação e concentraram-se nas atividades em que dispunham de força e recursos. A despeito das diferentes habilidades iniciais de participação e deliberação, os membros aprenderam a participar de uma maneira mais igualitária, de modo que todos os membros tivessem oportunidade para expressar suas opiniões. Um membro do comitê de uma União disse:

> É claro que nem todos falam igualmente. Eu, o presidente, um jornalista e um professor universitário tendemos a falar mais. Quando os outros entendem essas coisas eles dão sua resposta [...]. Discutimos esses problemas apenas informalmente. Os problemas são discutidos muito seriamente nas reuniões, e então planejamos o que fazer em seguida. Mas, se tem algo a ver com o hospital, então o comitê normalmente me pede para ir e ver o que aconteceu.

Uma outra integrante do comitê disse:

> Acho que sempre tentamos participar igualmente das reuniões, mas há diferenças no nível de instrução e na condição socioeconômica, de modo que existe uma diferença na habilidade que as pessoas têm de pensar e falar. Entretanto, se um membro fica calado de maneira muito marcante, nós o encorajamos a falar sem hesitação.

As mudanças mais visíveis ocorreram no âmbito da comunidade, e não no dos provedores. As comunidades estavam mais cientes dos serviços disponíveis; a quantidade de pessoas dirigindo-se aos complexos de saúde para cuidados de maternidade, imunização e planejamento familiar havia aumentado; o conhecimento sobre superstições relacionadas a doenças, sobre o valor nutritivo de diferentes alimentos e sobre a higiene adequada e os cuidados sanitários havia aumentado. Uma integrante do Comitê da Upazila de Dumuria disse:

> Agora as pessoas estão mais [...] conscientes sobre os cuidados com a saúde em geral. Quando as pessoas se referem a nós no hospital, conseguem um melhor atendimento. Agora elas obtêm medicamentos com mais frequência. E, quando não recebem os serviços de saúde adequados e vêm até mim para se queixar, eu vou ao hospital e converso com os médicos.

Um membro do Comitê da União de Bandhapara observou:

> Pelo menos conseguimos garantir que os médicos venham ao hospital na hora certa e fiquem lá até que o expediente termine. Hoje eu notei que alguns dos funcionários do hospital chegaram até antes do horário em que deveriam se apresentar no trabalho [...]. Conseguimos conscientizar as pessoas sobre os

cuidados de saúde apropriados e as necessidades nutricionais. Fizemos várias campanhas para as mulheres grávidas e agora estamos fazendo uma campanha voltada para o programa nutricional e pressionando as gestantes a ir à clínica e fazer o acompanhamento pré-natal.

Implicações e lições

Esse estudo sugere a importância de vários fatores para tornar as instituições para a participação da comunidade mais viáveis e efetivas:

Facilitando a linguagem dos direitos e as políticas

Embora a linguagem e a retórica dos direitos e da participação social tenham um valor principalmente simbólico entre os agentes governamentais, profissionais, burocratas e prestadores de serviços, elas foram usadas para promover esses novos espaços. Os HWCs mantiveram sua cobrança aos médicos mais hostis, pois sabiam que as agências governamentais falavam sobre o direito do cidadão à saúde. A ausência de leis que regulamentassem o desempenho dos profissionais da saúde do setor público e a poderosa associação dos médicos permitiram, no entanto, que os médicos do Estado ignorassem os HWCs e que tomassem até uma atitude abertamente hostil frente a eles.[5] Numa determinada área estudada, os médicos do Estado reuniram-se para discutir como impedir que o HWC "interferisse" em seu trabalho, coibindo-os, por exemplo, de cobrar "taxas" dos pacientes.

Autoridade sobre a tomada de decisão

A decisão de estabelecer clínicas comunitárias não foi acompanhada da transferência da tomada de decisões ou da formulação de políticas para as comunidades. Os moradores não foram consultados sobre a localização da clínica nem sobre suas necessidades no tocante à saúde, e as clínicas, via de regra, foram estabelecidas em terrenos doados pelo membro eleito da UP ou por um parente,

[5] De fato, os médicos são tão poderosos que a associação médica protocolou um processo jurídico contra o governo, declarando que os HWCs eram ilegais, com base na argumentação de que o monitoramento externo do desempenho dos médicos ia de encontro aos termos de referência de suas nomeações. O governo ganhou a causa e os HWCs foram formados, mas a hostilidade dos médicos persistiu.

mesmo quando os moradores do povoado achavam que o local era inapropriado. Esses fatores dificultaram o engajamento por parte dos moradores. Já no caso dos HWCs a NK foi investida da responsabilidade por organizá-los, mas não lhe foi conferida a autoridade necessária para monitorar o desempenho dos prestadores de serviços. Não se tendo garantido amparo legal a esses comitês, sua autoridade declinou.

Apoio oficial e financeiro

O papel e a função dos GCs eram únicos e sem precedentes, criando a possibilidade de conflito e hostilidade. Nessa situação, a falta de um apoio oficial forte e visível comprometeu sua autoridade e sua eficácia. Não se arrecadaram fundos para subsidiar as reuniões do GC, e não se forneceu nenhum outro apoio para garantir que os GCs funcionassem, nem mesmo para questões básicas como a compra de medicamentos. Por fim, mesmo o limitado apoio institucional foi retirado, e as clínicas foram fechadas.

Nos HWCs, alguns poucos recursos financeiros foram concedidos pelo ministério para organizar os *workshops* iniciais na comunidade e para permitir os relatórios regulares das atividades do HWC feitos pela NK para o ministério. A NK ofereceu apoio logístico (local para reunião, material de escritório, postagem) para as reuniões do comitê, mas os membros tinham de pagar o transporte e a alimentação. Embora fundos houvessem sido reservados para reavaliações anuais dos comitês, elas nunca aconteceram, pois o ministério disse não haver dinheiro disponível. Os membros falavam com frequência da falta de verbas, o que restringiu sua possibilidade de prestar assistência aos pobres, os quais não conseguiam por vezes pagar nem sequer o custo da condução até o hospital.

O Ministério da Saúde prometeu reconhecimento oficial aos HWCs, garantindo aos membros da comunidade que os HWCs ganhariam base legal para exercer sua autoridade e que os membros disporiam de cartões de identificação. Inicialmente, os membros do HWC estavam entusiasmados com as visitas aos estabelecimentos de saúde, visto que acreditavam ter autoridade para monitorar os médicos e a administração hospitalar. Mas essa autoridade foi solapada quando não receberam o reconhecimento oficial nem os cartões de identificação. E, como resultado, os médicos passaram a ignorar o HWC. Um membro comentou: "De início, costumávamos visitar o hospital regularmente, e, embora os médicos se opusessem a nós, eles nos levavam a sério. Mas, agora, os médicos não nos dão atenção e se recusam a conversar conosco sobre os problemas do hospital".

A necessidade de mobilização e conscientização popular

No caso dos CGs, assumiu-se que o diretor do UP era quem tinha melhor condição para nomear os membros que representariam os interesses dos moradores. Na realidade, todos os membros do GC, que não eram profissionais, eram parentes do presidente do UP ou tinham uma relação próxima com ele; as mulheres integrantes eram donas de casa de lares abastados, tendo pouco acesso ao domínio público ou interação com os moradores comuns. A falta de mobilização da comunidade pobre ficou patente pelo fato de que grande parte dos moradores desconhecia a existência do GC.

Quanto aos HWCs, assumiu-se que a NK seria capaz de mobilizar a comunidade e criar um mecanismo que assegurasse o procedimento de escolha representativa, já que a ONG tinha uma longa história de trabalho com grupos marginalizados. Mas, a despeito da experiência da NK, o conhecimento da comunidade sobre o HWC era limitado. Todos os moradores entrevistados em duas localidades diferentes disseram não ter ouvido falar de nenhum comitê onde pudessem reclamar dos problemas no sistema de saúde. Um usuário, que era um pequeno comerciante, disse: "Não sei onde reclamar, mas eu realmente quero reclamar. Se você me disser a quem posso reclamar, irei até lá e reclamarei – se isso funcionar". Quando lhe perguntaram se os habitantes conheciam o comitê, um funcionário da NK respondeu: "As pessoas podem não conhecer o nosso comitê, mas elas conhecem os membros. Membros de outros grupos da NK conhecem o comitê, mas o restante que está fora da NK não sabe muito sobre o HWC".

Conclusão

Essas experiências de participação social na região rural de Bangladesh oferecem algumas lições sobre como desenhar instituições que possam contribuir para concretizar algumas das promessas associadas à participação no serviço de saúde. Em primeiro lugar, a partir dessa análise, fica claro que são necessários recursos para a participação efetiva das pessoas nos espaços franqueados, tanto sob a forma de reconhecimento oficial quanto de recursos financeiros. Outros recursos necessários incluem o apoio institucional contínuo, ao menos até que esses espaços adquiram uma forma institucional e ganhem a aceitação da comunidade. Em segundo lugar, a análise mostra que, nos lugares em que a mobilização comunitária acompanha o estabelecimento de novos espaços, ampliam-se as possibilidades de se alcançarem formas adequadas de representação, de eles serem aceitos pela comunidade e, ainda, de se criar uma pressão real por mudanças. Sem essa mobilização e sem a conscientização da população, os espaços franqueados carecerão de legitimidade e eficácia. Em terceiro lugar, se as pessoas tiverem experiência prévia de participação em outros espaços, isso poderá tornar a participação e a deliberação mais significativas. Esse tipo de experiência pode ser construído por meio de capacitação e treinamento e ter efeitos mais amplos, como contribuir para habilitar os pobres e marginalizados a participarem de protestos públicos.

A participação como meio de expressar posições é apenas o primeiro passo nos processos de monitoramento e rendição de contas, mas mesmo posições fortes e bem articuladas podem fracassar em influenciar o desempenho dos prestadores de serviços, caso aqueles que formulam as políticas não estejam interessados ou preparados para ouvir. A exclusão das autoridades nos espaços franqueados cria hostilidade e conflito, comprometendo a credibilidade dos esforços de participação junto aos profissionais da saúde. As alianças dos representantes comunitários com os administradores e autoridades tendem a ser mais bem-sucedidas em estabelecer a rendição de contas, pois contribuem para assegurar o apoio do alto escalão administrativo e dos membros mais poderosos da sociedade (como companhias farmacêuticas, políticos) e são um meio mais direto para registrar as reclamações e requisitar ações. Talvez se deva, até mesmo, considerar a inclusão dos provedores (médicos) logo no início como forma de se evitar um conflito desmoralizante e improdutivo. A participação de usuários e do público em detrimento dos provedores e administradores pode significar que a voz dos primeiros venha a ser ignorada ou que não seja ouvida. Mas, uma vez que os pobres se sentem mais confortáveis com a presente estrutura, então a inclusão gradual de administradores e provedores pode ser vista como um caminho para que se comece a criar uma capacidade interna e uma confiança mútua, antes que se passe a áreas mais conflituosas e difíceis, como a do monitoramento.

A experiência de participação popular em Bangladesh para tornar a assistência à saúde mais "centrada no povo" indica que, sob determinadas condições, mesmo os esforços oriundos de fontes externas podem ser efetivos e sustentáveis. É importante reconhecer que há fatores estruturais (apoio institucional, experiência passada, forte mobilização comunitária e recursos) que podem promover e encorajar a participação num contexto em que a ação cidadã dos pobres e marginalizados lhes acarretará muitos custos, e em que a reivindicação de direitos não faz parte das suas estratégias de vida.

Referências bibliográficas

BANCO MUNDIAL. *World development report 2004: making services work for the poor.* Washington DC: Banco Mundial/Oxford University Press, 2004.

CORNWALL, A.; LEACH, M.; SCOONES, I.; SCHANKLAND, A.; SUBRAHMANIAM, R. Sectoral dimensions of participation in policy: a comparative view of education, health and environment. *IDS Workshop* (draft), Institute of Development Studies, University of Sussex, Falmer, 2002.

DASGUPTA, M.; GRANDVOINNET, H.; ROMANI, M. State-community synergies in development: laying the basis for collective action. *Policy Research Working*, Washington DC, World Bank, n. 2439, 2001.

KAHSSAY, H. M.; OAKLEY, P. *Community involvement in health development: a review of the concept and practice.* Geneva: World Health Organization, 1999.

MAHMUD, S. Citizen participation in rural Bangladesh: reality and perception. *IDS Bulletin, Spaces for Change*, v. 3, n. 2, 2004a.

______. *Increasing voice and influence in the health sector in rural Bangladesh: is there a role for community participation?* (draft). Bangladesh: Institute of Development Studies, Dhaka, 2004b.

MAHMUD, S.; MAHMUD, W. Policies, programs and financing since the International Conference on Population and Development: Bangladesh country study. In: FORMAN, S.; GHOSH, R. (orgs.). *Promoting reproductive health: investing in health for development.* Boulder CO, Londres: Lynne Rienner, 2000.

MoHFW [Ministry of Health and Family Welfare]. *Health and population sector strategy.* Ministry of Health and Family Welfare: Governo de Bangladesh, Dhaka.

4
QUESTÕES DE GÊNERO, ESTADO E ESPAÇOS PARTICIPATIVOS: A Política de Domesticação da Participação na Índia Rural

Ranjita Mohanty

Nas últimas duas décadas, o Estado indiano criou vários espaços institucionais nas aldeias para atrair, encorajar e intensificar a participação de grupos pobres, de castas baixas (*dalit*), de grupos tribais e das mulheres. Afirmando basear-se em princípios e procedimentos democráticos, esses espaços prometem incluir a população excluída nas deliberações e nos processos de tomada de decisão. Os espaços são atraentes simplesmente pelo fato de terem sido criados pelo Estado, mas existem ressalvas, problemas e desafios que caracterizam a participação da população nessas instituições democráticas e nos seus processos. Muitas vezes, a existência de outros espaços, criados por movimentos, ONGs ou pelas próprias pessoas – onde elas exercem a participação – permite que os participantes transfiram seus conhecimentos e habilidades para os espaços criados pelo Estado, conferindo-lhes maior vigor (Mohanty, 2004). No entanto, na ausência de outros espaços, o Estado é possivelmente o único ator que pode promover a dinamização e a animação dos espaços institucionais que cria. Se o Estado não cumpre essa tarefa, os espaços permanecem vazios, e os grupos excluídos, como as mulheres, podem nunca conseguir ingressar e concretizar sua participação, por mais que estejam ávidos por fazê-lo.

Este capítulo examina a presença e a ausência de mulheres em três espaços institucionalizados criados pelo Estado a fim de promover o desenvolvimento e a democracia: instituições setoriais de saúde e de desenvolvimento das bacias hidrográficas e os *panchayats*, instituições constitucionalmente estabelecidas de governo local. Examinam-se as práticas e dinâmicas de representação, inclusão e expressão dentro desses espaços em três vilas no distrito de Karuali, no estado do Rajastão: Khubnagar, Akolpura e Bhikampura. Na primeira encontra-se a sede do *panchayat* local; a segunda é uma vila que tem instituições de serviços básicos; e a terceira é um pequeno vilarejo. Todas as três são habitadas, em um contexto marcado por pobreza e exclusão extremas, principalmente por Castas Catalogadas (CCs) e Tribos Catalogadas (TCs).[1]

Minha análise propõe as seguintes questões: como as mulheres são representadas nessas instituições, se sua inclusão as conduz à participação e expressão substantivas, e se esses espaços são capazes de acentuar a atuação política das mulheres, moldando sua imaginação política e resultando assim no aumento de seu poder político. Ao analisar as experiências de participação das mulheres nesse cenário, exploro os desafios de construir uma representação genuinamente inclusiva e substantiva e de conferir possibilidade de expressão aos atores marginalizados.

Visões do Estado

As mulheres de Karuali entram em contato com o Estado de diversas formas: como provedor de serviços essenciais: correio, escolas, centros de saúde e estradas. Elas veem o Estado como ele se apresenta em campanhas eleitorais ostentatórias – carreatas pelas estradas empoeiradas e acidentadas, bandeiras brilhantes, fotografias imensas de futuros líderes e comícios que reúnem milhões de pessoas. As mulheres também conhecem o Estado por meio da polícia e da figura da autoridade fiscal, elementos essenciais para a garantia da ordem pública. O poder do Estado, apesar de sua ineficiência, é uma força sedutora. A ideia do Estado como o poderoso *big brother* está presente também na imaginação pós-colonial. Uma combinação de políticas de bem-estar social e de agendas de desenvolvimento e justiça social estão igualmente associadas ao Estado. Por medo e respeito, as pessoas gostariam de se associar a ele. Assim, a despeito de sua presença meramente formal, e apesar de todas as humilhações

[1] As Castas Catalogadas (CCs) e as Tribos Catalogadas (TCs) são identificadas na Constituição indiana para consideração especial na forma de discriminação protetora/ação afirmativa. As Castas Catalogadas, conhecidas como "intocáveis" ou *dalits*, ocupam a posição mais baixa na hierarquia de castas hindu. É preciso observar que, nas vilas da Índia, embora as CCs e TCs convivam com as castas superiores, elas habitam geralmente a periferia das vilas. O espaço físico periférico que ocupam nas vilas reflete as diversas camadas de desigualdades sociais e econômicas que persistem no interior da Índia.

a que são submetidas, as mulheres ainda podem desejar participar dos espaços institucionais criados pelo Estado.

O revigoramento contemporâneo da democracia, com sua ênfase na construção e no fortalecimento das instituições locais, pôs o papel do Estado em primeiro plano. Estudos mostraram que, em muitos contextos, pessoas pobres e sem recursos continuam a esperar a intervenção do Estado na solução de seus problemas no que diz respeito à satisfação das necessidades básicas, à segurança física e às condições para uma vida digna. Por razões históricas, o Estado ainda é muito importante na percepção de milhões de pessoas. Apesar do recuo do Estado em razão de uma economia globalizada e liberalizada, em países como a Índia o Estado é uma presença cotidiana na vida de setores pobres e vulneráveis, como as castas inferiores, as mulheres e os povos tribais. Como poder codificado, instância última de decisão e mobilizador de recursos, o Estado afeta a vida das pessoas mais do que qualquer outra força, determinando a maneira como os assuntos da sociedade serão administrados.

Como diz Chandhoke, a preferência política pelo Estado em detrimento de outros atores é o "resultado de processos históricos [...]. A formação dessas preferências se dá em um contexto histórico, o contexto de instituições ou sistemas de regras específicos, que moldam os interesses, determinam responsabilidades e guiam a formação das expectativas" (2005: 1037). Para compreender a participação em espaços de desenvolvimento criados pelo Estado, é importante entender a natureza do Estado pós-colonial e a profundidade da relação entre ele e a população, caracterizada pela dependência e pelo paternalismo. É importante entender como o Estado aparece na imaginação da população, uma vez que este relacionamento com o Estado – que vai da resignação e do desespero, vendo-o como patrono e benfeitor – refletirá a relação com as instituições por ele criadas. Embora o Estado não tenha eliminado as relações materiais e sociais desiguais, ele instilou um senso de consciência política à parte desprovida da população, ainda que essa consciência se manifeste de modo recorrente em grupos que tentam competir entre si por preponderância social e política. Nessa competição e negociação por poder, as mulheres em geral, e particularmente as mulheres de castas inferiores e de grupos tribais, são marginalizadas. A participação política das mulheres só ganhou impulso após a criação de instituições locais e o reforço da ação afirmativa por meio da reserva de acesso a instituições políticas, educacionais e de desenvolvimento.

Os espaços institucionais locais que exploro neste capítulo foram criados a partir de diferentes tradições de pensamento e decisões políticas. Projetos de desenvolvimento setorial, como de manejo das bacias hidrográficas e de saúde, são guiados pela incumbência do Estado de melhorar as condições socioeconômicas da população pobre da área rural. As instituições de saúde fazem parte do Integrated Child Development Scheme (ICDS) [Programa Integrado de Desenvolvimento Infantil], no qual funcionários do governo selecionam mulheres para administrar *anganwadi*, que são escolas para crianças e centros de saúde para gestantes e crianças pequenas. O projeto das bacias hidrográficas é setorial, com prazo definido. Há um comitê em cada vila para implementar o projeto, e a representação de mulheres e homens é definida por nomeação; cada comitê tem um total de dez ou onze membros, dos quais três ou quatro são mulheres.

Os *panchayats*, diferentemente dos comitês de desenvolvimento, foram criados como unidades de governança local pela 73ª emenda constitucional de 1992. Considerados tanto como unidades de governo das camadas mais baixas da população, como repúblicas das vilas e como o governo local (Sinha e Nandy, 2000; Hiremath, 1997; Mathew e Nayak, 1996; Jain, 1996; Rai et al., 2001), os *panchayats* são parte do sistema tríplice de governo, que começa nas vilas e termina no distrito. Cada *panchayat* agrupa várias vilas e vilarejos, e é dividido em diversos bairros a partir dos quais os candidatos são eleitos para o *panchayat*. Esses membros são chamados de membros do bairro ou *panch*, e o chefe do *panchayat* é chamado de *sarpanch*. O *gram sabha*, ou o conselho da vila, que é a associação geral de todos os adultos residentes nas vilas de um *panchayat*, é o corpo ao qual os membros *panchayat* devem prestar contas. Um terço das cadeiras em cada *panchayat* é reservado para mulheres. Espera-se que as mulheres concorram às cadeiras que lhes são reservadas e também às cadeiras livres. São tomadas medidas também para reservar cadeiras para as CCs e as TCs de acordo com sua presença numérica em cada *panchayat*.

Os diferentes desenvolvimentos históricos desses espaços explicam alguns aspectos da maneira como a participação de mulheres é construída neles. Os projetos de desenvolvimento das bacias hidrográficas, que têm prazo e objetivos definidos, constituem os comitês para engajar ativamente mulheres no projeto, com a finalidade de que elas possam contribuir para a redução da pobreza por meio do manejo eficiente dos recursos, da participação em processos de tomada de decisão, assegurando assim uma distribuição equitativa dos benefícios. As novas diretrizes políticas são baseadas em uma abordagem de transformação dos processos e exigem que o Estado deixe de ser uma autoridade de controle e passe a ser um fornecedor de aconselhamento técnico e prestador de serviços de apoio ao desenvolvimento da área da bacia hidrográfica. A fim de fortalecer as instituições locais, as diretrizes falam em desenvolver as capacidades institucionais, administrativas e técnicas da população para que ela possa administrar os recursos naturais. Cabe ao Estado desempenhar um novo papel baseado em um espírito de parceria com os usuários dos recursos naturais das vilas.

O Integrated Child Development Scheme (ICDS) do Departamento de Desenvolvimento da Mulher e da Criança tem trinta anos de história, e tem como objetivo melhorar as condições nutricionais e de saúde de grupos vulneráveis, lançando mão de um pacote de serviços, incluindo nutrição suplementar, educação pré-escolar, vacinação, exames médicos, serviços de encaminhamento e educação nutricional e de saúde. Oferece uma abordagem integrada a fim de fazer convergir serviços básicos por meio de funcionários e voluntários dos centros *anganwadi* das comunidades, das estruturas de apoio das comunidades e grupos de mulheres e dos centros *anganwadi*, que são espaços de reunião para mulheres e para trabalhadores da linha de frente. Nas vilas, os centros *anganwadi* tornaram-se o pivô dos serviços básicos de saúde, oferecendo orientação contraceptiva, fornecendo anticoncepcionais, auxiliando na educação e na suplementação nutricional, e participando das atividades pré-escolares. Como parte de seu compromisso de construir a organização comunitária das mulheres, o ICDS criou grupos de autoajuda, compostos de mulheres, para atividades de poupança e crédito.

Os *panchayat*, em contraste com esses dois espaços, têm a incumbência constitucional de encorajar a participação política de mulheres, envolvendo-as em atividades de governança para que possam participar da democracia e garanti-la no nível local. Os *panchayat*, que se desenvolveram como resultado da descentralização das decisões, têm como objetivo envolver a população no levantamento de suas necessidades, no planejamento e na execução de soluções. Enquanto os projetos de desenvolvimento são inspirados em princípios de "bem-estar", viabilizando a participação de mulheres nos comitês, a participação nos *panchayat* é guiada pelos princípios e pela legislação de ação afirmativa que emanam da agenda estatal de justiça social. O pensamento desenvolvimentista, voltado para a transformação do cenário socioeconômico, inclui as mulheres como membros de comitês, usuárias e beneficiárias de serviços; as instituições de governança, voltadas para a inclusão das comunidades rurais em estruturas democráticas locais, incluem as mulheres na democracia como representantes eleitas. Por suas orientações normativas, ambas as instituições possuem uma agenda transformadora, e as mulheres, ao menos no plano teórico, ocupam nelas diferentes categorias e espera-se que assumam papéis que as tornem agentes capazes de influenciar nos resultados dessas instituições no tocante ao desenvolvimento e à democracia.

Os espaços franqueados como espaços vazios

"Espaços franqueados" são, segundo a definição de Cornwall (2002), espaços criados por agências externas, como o Estado, nos quais a população é convidada a participar. Cornwall contrasta esses espaços com os espaços sociais e de associação da vida cotidiana, sugerindo que os espaços criados externamente podem se tornar lugares nos quais a participação é domesticada, e no interior dos quais as relações de poder entre os atores oferecem possibilidades de expressão e atuação muito diferentes daquelas próprias dos espaços que a população cria espontaneamente. Nas vilas em que este estudo foi realizado, a visibilidade das mulheres nos espaços públicos e sua participação em instituições locais criadas pelo Estado são mínimas. A pobreza crônica, associada à rigidez da hierarquia de castas, ao patriarcalismo arraigado e a uma burocracia apática, deu origem a uma situação na qual as mulheres acabaram por fracassar em seus esforços para participar de forma significativa. Assim, quando olhamos para esses espaços institucionais através das lentes do gênero, nós os encontramos amplamente vazios e não-funcionais para as mulheres. Uma maneira de analisar essa situação é lançar mão da noção de *espaços vazios*, uma subcategoria dos espaços franqueados, denotando contextos nos quais um grupo marginalizado não consegue ocupar um espaço oficial franqueado. Os procedimentos e estruturas estão disponíveis; em alguns casos, pode-se até mesmo encontrar mulheres na condição de membros formais dos comitês. Mas isso não se traduz necessariamente em participação política real.

Na verdade, um espaço vazio raramente está de fato vazio. Mesmo nos cenários sombrios nos quais as mulheres são excluídas intencionalmente dos espaços oficialmente criados, elas procuram ingressar neles à sua maneira. Em minha pesquisa anterior em Uttaranchal, onde pude perceber indícios de participação feminina, eu afirmei que espaços institucionais como esses podem ser considerados como condição necessária, ainda que não suficiente, para a participação e a democracia (Mohany, 2004). No contexto dos espaços vazios, poderíamos insistir no argumento de que os espaços institucionais, em que pese suas limitações, têm uma fundamentação normativa que *pode* ser ativada a fim de criar condições para a participação feminina em projetos de desenvolvimento e democratização? O que poderia explicar a vacuidade dos *panchayat* e dos comitês de desenvolvimento das bacias hidrográficas como espaços de participação feminina? E como podemos compreender melhor o envolvimento de mulheres nesses espaços – tanto ao procurar acesso quanto ao mantê-los "vazios"? O que *elas* veem como benefícios da participação, e como veem as barreiras à inclusão e à expressão que enfrentam?

A seguir, descrevo meu próprio ponto de vista sobre essa questão, e aponto três elementos-chave que explicam as falhas desses espaços franqueados em assegurar a participação política efetiva das mulheres: o controle masculino dos processos de recrutamento de mulheres e dos meios de expressão da representação feminina; a relegação das mulheres à condição de beneficiárias e meras assalariadas dos espaços franqueados, e os estereótipos dos papéis públicos das mulheres que não são combatidos por um Estado supostamente neutro.

Investigando os papéis das mulheres nos espaços de participação

A realização de uma pesquisa, creio, é uma experiência diferente para uma pesquisadora que é também ativista. Por um lado, é algo que proporciona uma grande satisfação: visitar as vilas, conversar com as mulheres, desenvolver relações. Por outro, é frustrante ver as condições de vida da população pobre e compará-las com os centros urbanos onde vivo. Estou profundamente ciente de meu lugar pessoal e profissional que me levou a Karuali: minha formação acadêmica em ciências sociais na universidade e os longos anos trabalhando com ONGs. Procuro ser uma pesquisadora disciplinada, sistemática e científica; também procuro ser capaz de demonstrar empatia e sensibilidade. Os elementos cognitivos e emocionais presentes em mim fazem da pesquisa uma experiência, ao mesmo tempo, catártica e perturbadora.

Visito a ONG Society for Sustainable Development [Sociedade para o Desenvolvimento Sustentável], sediada na cidade de Karuali. Passo longas horas conversando com seus integrantes antes de visitar as vilas. Digo que desejo visitar vilas onde eles não atuem, onde na verdade nenhuma ONG jamais tenha atuado. Eu tinha uma imagem mental de como seriam as vilas. Mas, infelizmente, a realidade é um tanto diferente. As estradas são empoeiradas, poeira que vem das pedreiras, lançando um véu espesso sobre as nossas cabeças. Quando chegamos à primeira vila, decidi quase intuitivamente que percorreria a vila conversando com as pessoas informalmente. Não quero ser, por enquanto, pressionada pela ideia de que tenho uma pauta de pesquisa. A varanda na qual estou sentada é de uma agência dos correios, e faço amizade com a pessoa que distribui a correspondência. Eu sei, pelo tempo que passei com meus avós em sua vila, que essa pessoa é alguém de quem todos gostam, que sabe quem mora onde e quem faz o quê. Foi sorte tê-lo encontrado. Passamos a conversar. Eu peço que ele me acompanhe à vila. Ele concorda e nos colocamos a caminho. Encontramos diversas pessoas no caminho e as cumprimentamos. As pessoas são amigáveis e amáveis, e nos convidam para entrar e beber chá. Não estou constrangida por questões de tempo ou metodologia de pesquisa. Sento-me e bebo chá, conversando. Preethi, minha colega, que ainda está conduzindo sua pesquisa de mestrado, mostra excitação, mas acha que sou louca: "Nós não conhecemos ainda nenhuma mulher. Ranjita, vamos tentar encontrá-las".

A essa altura já está evidente que precisaremos ir até as suas casas se quisermos encontrar as mulheres; já pude desenvolver uma noção da posição social das mulheres, posição essa que – não é difícil estabelecer a relação – influencia a sua posição nas instituições locais. Mas as mulheres revelam, no primeiro encontro, uma fratura ainda mais profunda em sua relação com os espaços que existem no nível local para sua participação:

> *Roji roti mein sari jindagi nikal gayi ham garibon ki, kya pata kameti mein kya hota hai- furshat ho to pata karen* [Pessoas pobres como nós dedicam todo o seu tempo à busca de sua subsistência; se pudéssemos nos dar ao luxo, nos colocaríamos a par do que acontece nos comitês].
>
> *Jab apne ghar aour samaj ham par pabandi lagata hai to ham use kaise todien* [Se nossa família e nossa comunidade nos impõem restrições, como podemos rompê-las?].
>
> *Ham kuch kaehn koi sunta bhi hai* [Alguém ouve o que dizemos?]. *Jab ham aksham hai, jab hamra sajma aisa hai to sarkark ko hi to kosis karna chhiye na? Aour kaun karega* [Quando se é pobre e incapaz de participar da sociedade, o governo deve intervir].
>
> *Hame bas itna malum hai ki ham kameti ke sadshya hai, uske bad pata nahin* [Só sei que sou membro, nada mais].
>
> *Ghar ke longon ne kha kin mahil ke liye arkshan hai – tum choonab mein khadi ho jayo, baki uske bad ham smbhal lenge* [Parentes me disseram que há uma cadeira reservada para mulheres; conteste a eleição, depois resolveremos o assunto].

Uma imagem vívida de Uttaranchal me vem à mente – pessoas diferentes, narrativas distintas: mulheres com visibilidade nos espaços públicos, ávidas por fazer coisas, creem em sua própria capacidade de agir. Eu volto para meu quarto de hotel e começo a organizar meus pensamentos. Algumas coisas ficaram claras: vistos pelo olhar das mulheres, os espaços institucionais criados pelo Estado parecem muito vazios, as mulheres tentam mas não conseguem se incluir; o Estado, exceto pela criação desses espaços, não fez nada para torná-los efetivos; a identidade das mulheres está sendo manipulada de maneira a restringir sua participação nesses espaços. Essas impressões formaram o pano de fundo contextual e as construções analíticas que desenvolvi para o presente estudo.

Tenho minha concepção do que seja participação. Tento não impô-la, mas procurar semelhanças, ainda que em contextos diferentes. Será que a exclusão dá origem a sentimentos parecidos, será que a inclusão implica em lutas semelhantes? Intuitivamente, estabelecemos uma relação – a pesquisadora instruída proveniente da classe média urbana e as mulheres das vilas. Apesar de pertencermos a lugares diferentes, usarmos roupas diferentes, falarmos línguas distintas, começamos a conversar. Estou ciente, como muitas dessas mulheres, de que há muitas diferenças e barreiras entre nós que não podem ser desfeitas; mas, ainda assim, há certa confiança de que serei capaz de compreender suas histórias. Elas, assim como eu, sabem que não há nada que eu possa oferecer senão ouvi-las de forma compreensiva. Um clima de camaradagem se estabelece – depois de alguns encontros, as mulheres se abrem, contam suas histórias. Estou ciente de que, quando eu voltar a Déli, meu colegas na universidade me importunarão por eu ter posto de cabeça para baixo os métodos de pesquisa em ciências sociais, mas estou convencida de que não poderia haver melhor metodologia para estudar a participação.

Recrutando membros: recusando a escolha, impondo escolhas

A gênese da representação no contexto indiano tem sua base nos princípios da ação afirmativa. Esforços específicos na forma da ação afirmativa para garantir a participação política têm como objetivo reparar a situação de grupos excluídos, como as CCs, as TCs e as mulheres. Assim, as participações social e política devem reforçar-se mutuamente – isto é, a participação política, ao trazer identidades excluídas para o interior dos espaços políticos de tomadas de decisão, lhes traria igualdade política, que eliminaria algumas das desigualdades sociais a que estão submetidas; a igualdade social, por sua vez, as capacitaria a buscar a inclusão em espaços políticos de tomadas de decisão, alcançando assim a igualdade política. Ambas são essenciais para a cidadania e a participação, e ambas requerem que as mulheres, as castas mais baixas e as populações tribais, como categorias sociais específicas, sejam reconhecidas pelo Estado.[2]

Na prática, porém, essas normas de representação destoam das realidades da inclusão – e, na verdade, da exclusão – das mulheres nos espaços institucionais locais. No comitê de desenvolvimento das bacias hidrográficas, as mulheres integrantes são com frequência selecionadas nas reuniões realizadas nas vilas. A seleção é um processo informal, ainda que ocorra em reuniões formais. Por vezes, a burocracia que administra os projetos seleciona mulheres para serem representantes por terem educação formal, ou por pertencerem ao sistema de *panchayat*, ou por serem parentes de pessoas "influentes" na vila que têm proeminência econômica, política e/ou social local. Por vezes, os burocratas do projeto pedem que essas pessoas influentes escolham as mulheres que integrarão o comitê. A disposição das mulheres em tomar parte nos comitês é muitas vezes dada como certa, e elas nunca são indagadas a respeito de suas escolhas como representantes. A representação no ICDS é de natureza diferente daquela dos comitês das bacias hidrográficas. Mulheres das comunidades são recrutadas a fim de implementar o projeto – isto é, elas administram os centros de saúde e de educação infantil e fornecem assistência médica para mulheres. Assim, há um aspecto profissional associado ao ICDS, e essas atividades são tratadas como trabalho remunerado. Aquela que realiza trabalho comunitário na vila é chamada de trabalhadora *anganwadi*; como a educação formal é um pré-requisito, são, em geral, as mulheres com maior instrução na comunidade que são recrutadas. O projeto também toma medidas a fim de recrutar viúvas e mulheres abandonadas pelos maridos, e nesses casos o grau de instrução deixa de ser o único critério.

É bastante evidente que o recrutamento das mulheres para o comitê das bacias hidrográficas serve apenas para atender a exigências formais. Parece irônico falar de "escolha" uma vez que a maior parte das mulheres que fazem parte dos comitês nem mesmo o sabem. Tanto os burocratas quanto os membros do sexo masculino sabem que as mulheres serão membros apenas "decorativos", deixando aos homens a prerrogativa de dirigir os comitês. Assim, desde o início, o cenário está montado para manter as mulheres de fora e excluídas dos comitês.

[2] A ação afirmativa tem sido um assunto polêmico na Índia. É vista de duas maneiras: como uma ferramenta de transformação nas democracias liberais e como um meio de polarizar o eleitorado numa democracia, visando ganhos políticos. Leituras esclarecedoras a respeito dessa polêmica são: Gupta, 1998; Mahajan, 1998; John, 2000; e Kumar, 2001.

As mulheres também sabem disso; assim, ao longo do projeto, quando ocorrem reuniões sem sua presença e documentos são enviados para que elas assinem, ratificando decisões tomadas pelos homens, elas não se opõem.

Mesmo nos *panchayat*, onde mulheres são eleitas, a decisão sobre quem concorrerá à eleição raramente é tomada pelas mulheres. A "política" de representação nesses espaços franqueados é uma combinação de dominação local, de códigos culturais patriarcais e de operação da burocracia administrativa local. As vilas que foram objeto do presente estudo são povoadas principalmente por CCs e TCs que convivem com hindus de castas superiores. Frequentemente há uma hierarquia na vila na qual prevalecem os grupos que têm superioridade numérica e, ainda, recursos políticos e econômicos. Por exemplo, a maior parte das mulheres de Bhikampura, que é densamente povoada por *jatavs*, uma comunidade de CC, sustentam a opinião de que elas não recebem tratamento adequado no *panchayat*, onde uma cadeira aberta para *sarpanch* é ocupada por *Rajputs*, hindus de casta superior de Harnagar, que é uma vila do *panchayat*. Os homens obviamente querem que seus parentes assumam as vagas reservadas a fim de que o "poder", que vem da participação no *panchayat*, permaneça na família. Apesar de o fato de serem eleitas confira às representantes femininas uma legitimidade constitucional e política, nos microcontextos das vilas isso não tem efeito, uma vez que os homens determinam não apenas a quem será conferida a representação, mas também "quem será representado por quem". Assim, encontramos maridos, irmãos e filhos conduzindo todas as questões nas reuniões das vilas no lugar dos verdadeiros membros.

Quando a participação é imposta por haver um assento reservado às mulheres, elas são submetidas a repetidas humilhações. As mulheres permanecem como membros formais, mas são os homens de suas famílias que exercem todo o poder associado a isso. Ao mesmo tempo, outras mulheres da vila não aceitam tão facilmente tal situação. Não é, evidentemente, um sentimento bom, mesmo em um sistema patriarcal, saber que estão sendo usadas e domesticadas pelo mesmo sistema que tem como objetivo lhes garantir poder e emancipação. Eu ouvi a história de Rajana Jatav, uma mulher de casta baixa, que disputou e venceu as eleições para o *panchayat* da vila de Akolpura, mas cujo marido comparece às reuniões para representá-la. Ele também toma todas as decisões que, como membro do *panchayat*, ela deveria tomar.

Eu queria encontrar Rajana, mas ela não compareceu a nenhum encontro que organizei com as mulheres da vila. "Ela é tímida", disseram; "você precisa ir até a sua casa". Eu perguntei se alguém poderia me conduzir até sua casa. Houve um rompante de excitação entre as mulheres no caminho em direção à casa de Rajana. Chegamos na casa. Rajana saiu para nos cumprimentar – uma mulher jovem, de fato tímida, trajando um longo véu. Eu perguntei se ela era obrigada a usá-lo enquanto conversava conosco. Ela negou, em silêncio, mas não o removeu. Nós começamos a conversar; ela mal respondia às questões. Tudo o que ela tem a dizer é que ela nunca comparece às reuniões, acrescentando que seu marido é bastante ativo. Pergunto por que então ela concorreu às eleições. Sua voz embarga: "os parentes insistiram, mas é tão humilhante. Essas mulheres zombam de mim o tempo todo e me dizem que eu não sou nada mais que um peão no *panchayat*". Eu evito ferir ainda mais seus sentimentos, prometendo que iria vê-la de novo quando retornasse à vila, e parto silenciosamente.

Sou tentada a comparar Rajana com Ankuri Jatav, a única mulher integrante do conselho que afirma ter subvertido o projeto da burocracia masculina local de usar as mulheres como membros "figurantes". Ankuri, uma mulher da casta inferior *jatav*, diz ter o apoio de sua comunidade e que por isso venceu a eleição. Deve haver alguma verdade nessa afirmação, uma vez que as CCs de Bhikampura competem ativamente com as castas rajputs superiores de Harnagar, particularmente porque o posto de *sarpanch* no *panchayat* de Harnagar é ocupado por um Rajput. Os jatavas, que fazem trabalhos braçais em fazendas de rajputs, consideraram Ankuri uma aliada em sua determinação de desafiar politicamente seus patrões. No entanto, a própria *persona* de Ankuri, em certa medida, moldou suas aspirações políticas. Ela diz que não se deixa intimidar por homens ou burocratas locais, comparece a reuniões e faz valer sua opinião; foi uma luta árdua, mas ela conseguiu por fim criar um espaço em que conquistou aceitação. Por que, então, outras mulheres não seguiram o seu exemplo?, pergunto. Ela responde de forma ponderada: "Nem sempre é fácil para as mulheres ignorar ou mesmo enfurecer sua família e a sociedade". Essa verdade simples indica como as escolhas que as mulheres podem fazer ao realizar suas ambições políticas são sequestradas pelo Estado e pela sociedade como um todo a fim de manter as mulheres confinadas ao papel exigido pela cultura.

Criando identidades e pressupostos: reforçando estereótipos

Papéis culturais de subserviência dentro da família sustentam uma dinâmica segundo a qual as mulheres tendem a ser relegadas aos papéis de beneficiárias, assalariadas e figurantes dentro dos espaços franqueados em discussão (Cornwall, 2004). O caráter meramente formal da participação, despido das escolhas e liberdades que poderiam advir da autoridade conferida pela representação, cria um cenário no qual as mulheres se tornam membros apenas formais dos comitês de desenvolvimento, e se limitam ao papel de beneficiárias e usuárias do projeto, o que frequentemente se traduz na situação de serem empregadas pelo projeto como assalariadas e de serem incluídas como membros sem poder dos *panchayat*, que por sua vez legitima o uso de sua posição e poder por parte dos homens da família.

Nos espaços oferecidos pelo *panchayat*, a inclusão de mulheres em reuniões *gram sabha* apenas serve ao propósito de cumprir a exigência de sua presença física. Elas não são nem encorajadas nem desencorajadas a comparecer às reuniões ou a se manifestar publicamente. Os homens não demonstram agressão aberta em relação às mulheres que comparecem às reuniões ou que falam em público, mas há uma indiferença que as mulheres consideram muito humilhante. Nos comitês de bacias hidrográficas, o papel das mulheres é ainda mais reduzido, uma vez que mesmo a presença física de mulheres é considerada indesejável pelos homens. A direção da instituição, juntamente com seus aliados no comitê e na administração local, determina a pauta da reunião, e isso com frequência determina quem será incluído ou excluído. Nos projetos de bacias hidrográficas, as mulheres frequentemente comparecem a reuniões em que serão distribuídas as tarefas a serem executadas, reduzindo-as assim à condição de trabalhadoras braçais, ironicamente, no mesmo contexto que se destina a conferir-lhes maior controle e participação nos projetos (Mohanty, 2004). Enquanto a inclusão nos *panchayat* é amplamente conduzida pelos familiares do sexo masculino, nos comitês de bacias hidrográficas a participação de mulheres é exigida para cumprir requisitos formais. Assim, a inclusão não é encarada como algo importante, ou como algo que as mulheres possam considerar desejável, por contribuir para que encaminhem suas reivindicações. Mais do que sua presença e inclusão, é a sua assinatura em documentos oficiais que é valorizada. O que as impede de se recusar a assinar esses documentos?, pergunto. "O medo e o risco envolvido em contrariar pessoas poderosas na vila e os próprios parentes", disse Nirmala, uma mulher que trabalha num centro *anganwadi*:

> Poucas mulheres daqui conhecem os seus direitos. Algumas de nós, que têm instrução e estão a par de seus direitos, são consideradas um "incômodo" e uma ameaça constante na vila. Assim, enquanto as mulheres que se mantêm caladas e dóceis serão convidadas a comparecer às reuniões, nós seremos deliberadamente deixadas de fora.

Em Akolpura, uma das mulheres integrantes do comitê – esposa do diretor do comitê de bacias hidrográficas – parecia pouco à vontade para falar de seu papel nele. "Não preciso estar lá o tempo todo – meu marido tem um papel importante no comitê. Não discordamos em nenhum tópico", ela diz. Nas relações sociais de poder no patriarcalismo, as mulheres em geral fazem coro com aquilo que os homens julgam apropriado. Naquele dia, um pouco antes, ao conversar com um grupo de mulheres da vila, notei que, em sua concepção, o "poder" é transferido à mulher pelos homens – se um homem é poderoso na esfera pública, então sua mulher também será. Por que, então, as mulheres teriam de reivindicar "sua quota de poder"?

Embora as mulheres não sejam encorajadas a tomar parte nas deliberações do comitê de bacias hidrográficas e influenciar decisões sobre os projetos, elas são encorajadas a sair de suas casas para contribuir com a renda familiar. Uma vez que a maior parte das pessoas possui propriedades agrárias muito pequenas e trabalha como assalariada em tarefas manuais, as mulheres frequentemente saem de casa para trabalhar. Assim, os projetos de desenvolvimento de bacias hidrográficas, que criam essas oportunidades de emprego local na construção de barragens e de estruturas de captação de águas pluviais, na manutenção de plantações, na construção de creches etc., só podem incluir as mulheres como trabalhadoras braçais. Uma redução ainda maior de sua atuação ocorre nos *panchayat*, nos quais, excetuando-se as raras ocasiões em que eventualmente ingressam como membros eleitos, as mulheres comportam-se como boas esposas e mães, transferindo sua posição e seu poder no *panchayat* para seus maridos e filhos.

No caso do ICDS, as mulheres estão ativamente incluídas – de fato, não é difícil encontrar mulheres em um programa concebido exclusivamente para elas. As mulheres não hesitam em frequentar os centros *anganwadi*. Uma vez que o programa reforça as imagens e os pressupostos tradicionais que as famílias e a sociedade mantêm em relação às mulheres, é considerado seguro que as mulheres visitem os *anganwadis*. Todos parecem contentes, desde que as mulheres participem de programas que as tornem melhores esposas e mães; melhor ainda se com isso conseguirem alguma poupança ou crédito com os quais a família possa contar em tempos de crise. Ninguém parece se preocupar com o fato de que as mulheres frequentem um espaço inofensivo onde interagem apenas com outras mulheres. Ainda assim, o ICDS teve efeitos sobre a atuação das mulheres recrutadas como trabalhadoras nos centros *anganwadi*. Vemos Nirmala, por exemplo, muito loquaz, muitas vezes trazendo assuntos à tona durante meu encontro com ela: "Começamos do nada – não havia nada à disposição das mulheres nessa vila para que provassem que podiam sobressair na educação e provar sua capacidade. Projetos como esse nos deram esse espaço". Pode-se perceber o sentimento das mulheres de seu próprio valor sendo reconhecido pelo projeto. Mas a "identidade profissional" que o ICDS constrói para mulheres como ela e a sensação de satisfação profissional que o trabalho proporciona não se traduz em nenhuma possibilidade radical para o grande número de mulheres que recebem cuidados médicos no ICDS, que participam apenas como "mães", fazendo o elogio da identidade domesticada e livre de conflitos que é tão valorizada pela sociedade como um todo e por suas próprias famílias.

Essas identidades de beneficiárias, assalariadas e membros figurantes estão estreitamente vinculadas aos pressupostos que vêm com elas, e esses pressupostos passam a governar as instituições locais:

> *Auraten ghar mein khus rahti hain* [As mulheres são felizes quando servem às suas famílias].
>
> *Jo faishla uske pati aur putra kartein hain, bahi uska bhi faishal hota hai* [Ela naturalmente estaria disposta a apoiar as decisões de seu marido e de seu filho].
>
> *Parivar ki khushali ke liye woh ghar ke bhar bhi kam kar leti hai, lekin rajniti uske bas ki bat nahin, yah woh bhi smmajhti hai* [Ela tem a obrigação de trabalhar para satisfazer as necessidades de subsistência, mas ela sabe também que a política não é para ela].
>
> *Unhe samaj aur sanskriti ki parvah karni chahiye – unko ijjat usi mein milta hai* (Elas são ensinadas a respeitar a sociedade e sua cultura – e é nisso que devem conquistar respeito).

As construções da participação de gênero

Representações estereotipadas dos papéis públicos das mulheres restringem sua participação nos espaços franqueados, à medida que o Estado – em seu papel de criador desses espaços – age como um facilitador supostamente neutro dessa participação. O Estado se coloca ao lado das forças sociais, grupos e indivíduos dominantes a fim de evitar conflitos. O processo ocorre de tal maneira que as mulheres acabam excluídas desses espaços. Uma construção dominante da participação em função do gênero manipula as instituições estatais e molda a participação, e tem como premissas quatro aspectos cruciais da participação: sabedoria, espaço, poder e voz.

Converso com um grupo de mulheres, algumas delas quietas, outras ansiosas para falar. É impossível manter os homens fora desses encontros. Eles querem saber o que se passa. Os homens tentam avaliar minha identidade e estão ansiosos para tomar parte da conversa em curso. Alguns deles me observam à distância, alguns aos poucos se aproximam. Eles interrompem as mulheres, dão as suas versões das coisas. A presença dos homens faz que as mulheres tomem cuidado com o que dizem. Eu peço aos homens que não interrompam uma mulher quando ela está falando. Um deles é direto. Ele diz: "Então você terá de conversar conosco em separado depois que tiver acabado aqui". Então se retiram; alguns mais se ajuntam nesse meio tempo e esperam, à distância. Eu termino minha conversa com as mulheres; está ficando escuro, mas terei de conversar com esses homens que esperaram pacientemente por tanto tempo. Então me junto a eles. Servem mais chá. Primeiro, eles querem saber se sou ou não funcionária do governo. Leva um tempo até convencê-los de que estou apenas realizando uma pesquisa. "O que você vai fazer com essa pesquisa?", um deles pergunta. "Veremos", digo, evasiva, "talvez surja alguma boa recomendação para a sua vila". Começamos a conversar. Gradualmente, a suspeita dá lugar a um clima amistoso momentâneo.

Através das lentes dessas forças, conseguimos obter uma imagem que mostra a *sabedoria* que as mulheres exercem na busca por participação, os *espaços* nos quais as mulheres buscam inclusão, o *poder* que a participação oferece àqueles que a buscam, e as *vozes* que podem ser amplificadas para animar os espaços de participação.

Sabedoria – *Unki samajh mein nahi ayega* [Elas não vão entender] é o refrão recorrente dos homens no que diz respeito ao interesse das mulheres pelo que ocorre nas reuniões da vila. O espaço institucional é visto pelos homens como técnico em seu conteúdo, masculino em seu estilo de deliberação e externo em seus objetivos, em oposição às discussões genéricas que as mulheres têm no interior dos lares, que na maioria das vezes se referem à preocupação feminina de alimentar e cuidar dos familiares.

Espaço – O espaço das mulheres nunca é visto como externo – é sempre do espaço entre as quatro paredes da casa que se espera que elas participem. Se as mulheres buscam inclusão, tem de ser no interior da família; se buscam negociação e deliberação, tem de ser com os parentes. O espaço familiar é quase sacrossanto, e as mulheres que buscam inclusão nos espaços externos oferecidos pelas instituições são consideradas transgressoras dos limites de seus espaços definidos.

Poder – A maioria dos homens considera que o poder de uma mulher é diretamente proporcional ao poder que seu marido possui. Se o homem é poderoso, sua esposa também é. A atitude de fazer do homem o ponto de referência do poder é também estimulada pelo receio de que conferir poder às mulheres possa ter consequências políticas. Por conseguinte, encontramos os homens felizes com suas mulheres desde que elas façam parte do grupo que visa à poupança e ao crédito, que é considerado como não-ameaçador e não-político, e não almejem ser membros do comitê de bacias hidrográficas ou do *panchayat*, onde ocorrem deliberações e negociações de outro tipo.

Voz – A reação dos homens à voz das mulheres fora do espaço doméstico é de indiferença ou de divertimento ou simplesmente de repúdio. Essas reações, é claro, têm como objetivo manter as mulheres em silêncio. Como diz o *sarpanch* de Harnagar: *hamri gaon ki aurtaen to bas baat karna janti hai, sauk hai unki* [Elas adoram falar, falar e falar. Afinal, esse é o hábito delas!], sugerindo que a fala das mulheres não possui substância. Um motivo recorrente que os homens citam para manter as mulheres caladas é que elas não dominam a linguagem da política – "elas não sabem o que dizer em uma reunião". Assim, o temor é de que as mulheres irritem funcionários do governo e pessoas influentes da vila ao fazerem colocações "inúteis".

Se participação significa negociação política, democratização e atribuição de poder, certamente essas noções patriarcais convencionais de participação não oferecem muitas possibilidades para as mulheres. Mas as coisas ficam ainda piores quando essas noções se transferem para instituições estatais criadas para promover a participação. O Estado, em vez de olhar criticamente para as forças que subvertem sua agenda de desenvolvimento e democratização, posa de inocente, fingindo que tudo está bem com a maneira como as instituições funcionam. Por exemplo, é notório que as mulheres ficam frequentemente caladas em espaços públicos porque códigos culturais não permitem que falem diante de homens mais velhos – pais, padrastos, irmãos e tios. É considerado desrespeitoso e desonroso para a família que as mulheres sejam vistas falando em reuniões públicas. Então, uma das maneiras de manter as mulheres caladas é não discutir nas reuniões assuntos relacionados a elas.

Em instituições nas quais as mulheres encontram representação, segundo diretrizes específicas estabelecidas pelo Estado, a discussão de assuntos relativos às mulheres, na qual as mulheres poderiam representar um interesse coletivo, tem sido substituída pela discussão de assuntos mais genéricos. Duas mulheres na posição de *sarpanch*, que venceram as eleições para o *panchayat* porque havia cadeiras "reservadas" para mulheres, passaram os cinco anos de seu mandato planejando a construção de escolas e estradas, porque na percepção popular isso é sinônimo de desenvolvimento e espera-se que o *sarpanch* desenvolva a infraestrutura da vila. No ICSD, uma vez que se trata de um projeto de saúde voltado para mulheres e crianças, os assuntos ligados às mulheres naturalmente são tratados nas reuniões. No comitê de desenvolvimento das bacias hidrográficas, que é um fórum dirigido à implementação de um projeto altamente especializado, no entanto, a discussão é invariavelmente focada em assuntos relativos a esse projeto. É raro que as mulheres, coletiva ou individualmente, sejam representadas nos comitês. Ao considerar certos assuntos como "não sujeitos a deliberação", deixando-os, portanto, fora do processo institucional de decisão, e ao se concentrar em assuntos populares "seguros", que não resultarão em conflito pois asas mulheres sequer participarão da deliberação, as instituições ajudam a sociedade a exercer seu poder sobre as mulheres (Kabeer, 1994). Isso por fim transforma as mulheres em membros ausentes ou espectadoras silenciosas.

Não se trata apenas de que as mulheres falem ou não, mas em que medida aquilo que dizem é compreensível para os homens e a burocracia local. As mulheres não são estimuladas a falar porque não conhecem a linguagem política do espaço público ou a linguagem do Estado. No contexto de distanciamento entre o Estado e a população, os ativistas muitas vezes desempenharam o papel de intérpretes. Em nosso contexto específico, no qual um Estado altamente negligente se distancia das mulheres pobres, *dalit* e tribais e o ativista-intérprete não está presente, as vozes das mulheres estão praticamente ausentes dos espaços institucionais oficiais.

Conclusão

Espaços criados pelo Estado são atraentes porque estão fundados nos princípios normativos de igualdade, justiça e atribuição de poder. No entanto, em contextos nos quais essas instituições reproduzem identidades, pressupostos e expectativas estereotípicas em relação às mulheres, elas – em lugar de moldar sua imaginação política e aspirações democráticas – acabam por experimentar doses múltiplas de humilhação, discriminação e exclusão. Como resultado, e apesar das medidas tomadas em favor da representação feminina, do ponto de vista das mulheres do campo, esses espaços parecem amplamente vazios. Em tais situações, mesmo os fundamentos normativos desses espaços não são suficientes para criar as condições necessárias para dar início à participação.

As mulheres, incapacitadas pela pobreza e pela exclusão social, exibem um sentimento de resignação, e parece improvável que se organizem por si mesmas para negociar e exigir a parte que lhes cabe nessas instituições de participação. O Estado, que deveria facilitar a participação feminina, tem falhado com elas de diversas maneiras.

Permitam-me, mesmo correndo o risco de parecer prescritiva, terminar este capítulo com uma pequena nota a respeito do que poderia ajudar, nesse tipo de contexto, a mobilizar de forma efetiva a representação, a inclusão e a voz femininas. Minha pesquisa anterior em Uttaranchal mostrou que a participação feminina, facilitada por ONGs, movimentos e, por vezes, até mesmo pelo Estado, em "outros espaços de apoio", habilita-as a tomar parte nos espaços franqueados de desenvolvimento e nas instituições de governança. Sua participação ganha ainda mais impulso quando burocratas locais, particularmente aqueles que ocupam posições mais elevadas, encorajam, mobilizam e criam as condições para a participação de mulheres ao intervirem diretamente nas vilas e distritos. A coexistência dessas duas condições é essencial, porque a ausência de uma delas resultaria em dependência excessiva da outra. A dependência excessiva em relação ao Estado, como indicam as três vilas no Rajastão, cria uma situação na qual as mulheres aceitam sem questionamentos aquilo que o Estado lhes oferece. Da mesma maneira, a dependência excessiva em relação a organizações de mulheres ou ONGs resulta em passar ao largo das instituições estatais. Quando essas organizações facilitam a participação das mulheres, ajudam a criar um ambiente favorável ao ingresso e à participação de mulheres nos espaços franqueados. Quando o Estado, pela burocracia local, acomoda genuinamente os interesses femininos nos espaços institucionais locais, ajuda a construir o caráter participativo desses espaços e a *institucionalizar* esses interesses como direitos legítimos das mulheres nos processos de desenvolvimento e democratização.

Referências bibliográficas

CHANDOKE, N. Seeing the State in India. *Economic and Political Weekly*, 12 Mar. 2005.

CORNWALL, A. Making spaces, changing spaces: situating participation in development. *IDS Working*, Institute of development Studies, University of Sussex, Falmer, n. 170, 2002.

______. New democratic spaces? The politics and dynamics of institutionalized participation. *IDS Bulletin*, v. 35, n. 2, p. 1-10, 2004.

GUPTA, D. Recasting reservations in the language of rights. In: MAHAJAN, G. (org.). *Democracy, difference and social justice*. Delhi: Oxford University Press, 1998.

HIREMATH, U. Women in grassroots politics. *Social Welfare*, v. 44, n. 2, 1997.

JAIN, D. *Panchayati raj: women changing governance*. New Delhi: PNUD, 1996.

JOHN, M. E. Alternative modernities? Reservations and women's movement in 20th century India. *Economic and Political Weekly*, 28 out. 2000.

KABEER, N. *Reversed realities: gender hierarchies in development thought*. New Delhi: Kali for Women, 1994.

KUMAR, P. Reservations within reservations. *Economic and Political Weekly*, 15 set. 2001.

MAHAJAN, G. *Identities and rights: aspects of liberal democracy in India*. Delhi: Oxford University Press, 1998.

MATHEW, G.; NAYAK, R. Panchayat at work: what it means for the oppressed? *Economic and Political Weekly*, 6 jul. 1996.

MOHANTY, B. Panchayati Raj, 73rd Amendment and women. *Economic and Political Weekly*, 30 dez. 1995.

MOHANTY, R. Institutional dynamics and participatory spaces: the making and unmaking of participation in local forest management in India. *IDS Bulletin*, v. 35, n. 2, 2004.

RAI, M.; NAMBIAR, M.; PAUL, S.; SINGH, S.; SAHNI, S. *The state of panchayats: a participatory perspective*. New Delhi: Samskriti, 2001.

SINHA, D.; NANDY, B. From spectators to participation: panchayat as public domain for dispute settlement. *Journal of he Anthropological Survey of India*. Kolkata, 2000.

5
MUDANÇA SOCIAL E PARTICIPAÇÃO COMUNITÁRIA:
O Caso das *Health Facilities Boards* no Cabo Ocidental, África do Sul*

John J. Williams

Este capítulo procura investigar se a legislação pós-*apartheid* da África do Sul teve algum impacto significativo no modo como as Health Facilities Boards (HFBs) [Comissões de Instituições de Saúde] passaram a responder ao direito constitucional dos cidadãos comuns, especialmente dos negros,[1] de tomar parte da prestação de serviços de saúde em suas comunidades. Procura-se também avaliar a participação comunitária nas HFBs, destacando o contexto histórico na África do Sul, os ideais e as práticas de participação no regime pós-*apartheid*, e as tensões que daí resultaram. A análise de duas HFBs no Cabo Ocidental sugere três possíveis razões para a distorção racial encontrada nessas instituições, bem como o porquê de os negros não participarem delas em geral. Primeiro, historicamente, os brancos dominaram as instituições governamentais da África do Sul, incluindo os hospitais e as suas estruturas relacionadas. Segundo, os procedimentos para a eleição nas HFBs parecem favorecer os membros mais instruídos e influentes da comunidade em detrimento dos mais pobres, em sua

* Gostaria de agradecer a David Kahane por sua valiosa contribuição neste capítulo. Ele transformou minha prosa túrgida em um texto legível, coerente e conciso. De todo modo, eventuais erros que possam aparecer são de minha responsabilidade.

1 A Constituição Sul-africana, Ato 108 de 1996, descreve os segmentos da população historicamente desprovidos de direitos políticos – os africanos, os "mestiços" e os "índios" – como negros. Por questões de clareza histórica e textual, este capítulo também se refere aos "negros" (africanos), mestiços e índios como categorias raciais do *apartheid*, embora reconheça a fraqueza sociológica e cïentífica dessa escolha.

maioria, analfabetos. E terceiro, a cultura de deferência para com as autoridades profissionais compromete o importante diálogo e o empoderamento das comunidades negras. Partindo das evidências obtidas por meio de pesquisas feitas com usuários de hospital, de entrevistas realizadas com administradores de casas de saúde e com membros das HFBs, este capítulo busca elucidar algumas das dinâmicas de exclusão desses espaços franqueados, explorando alguns dos passos que poderiam ser dados para ampliar a representação dos atores excluídos até o momento.[2]

Participação na África do Sul contemporânea

As possibilidades contemporâneas para a participação dos cidadãos nas políticas da África do Sul estão profundamente moldadas pela história do *apartheid* no país. Até 1994 não havia nenhum direito jurídico ou quaisquer outros meios para a participação dos negros no autogoverno . O regime, fortemente centralizado, profundamente autoritário e fechado, não garantia aos negros o direito de acesso serviços públicos fundamentais. A luta contra o *apartheid* se deu fora dos espaços de governança, procurando mobilizar a participação comunitária de modo a transformar o sistema político repressivo da África do Sul. Até 1976, um sonho quase totalmente inerte de libertação existia no meio de indescritíveis formas de opressão e exploração. Por mais latente que a realização desse sonho permanecesse, isso permitiu, ao menos, que se imaginassem espaços de participação.

O assassinato de Steve Biko, em setembro de 1977, indicou a necessidade não apenas de organização da comunidade e mobilização dos movimentos de base, mas também de controle comunitário. Nos anos subsequentes, os espaços de organização e mobilização comunitária multiplicaram-se por toda a África do Sul, culminando no nascimento da United Democratic Front (UDF) [União da Frente Democrática] , em 1983. A UDF defendeu a organização de espaços contra o *apartheid* por toda a África do Sul, apoiando as formas comunitárias de lutas libertárias nas ruas e nos níveis distritais, em nome, frequentemente, dos movimentos de libertação que tinham sido banidos, como o Congresso Nacional

[2] Este capítulo baseia-se em um trabalho desenvolvido no Cabo Ocidental, entre 2003 e 2005, valendo-se de uma mistura de métodos de pesquisa de campo e de entrevista. Além disso, foram utilizados os resultados de uma investigação de opinião pública, em 2003, sobre a participação comunitária na prestação de serviços de saúde na Cidade do Cabo (Mabuya, 2003).

Africano. De 1984 a 1989 a luta contra o *apartheid* intensificou-se, expandindo-se das arenas locais às internacionais, resultando numa cadeia de campanhas e boicotes culturais. Esse período criou espaços de não-governabilidade por toda a África do Sul. O período de 1990 a 1994 presenciou o reconhecimento dos movimentos libertários e o início das políticas consensuais de negociação, levando à superação e ao fim do controle da minoria branca.

A partir de 1994, o período foi de "transição de governo", envolvendo a negociação de reivindicações de democratização e profunda mudança social. Nesse contexto, a participação comunitária tornou-se, literalmente, sinônimo de governo legítimo. Isso começou com a negociação do acordo para a criação de uma cadeia de espaços provisórios de participação, como o Programa de Reconstrução e Desenvolvimento, de 1994, e a Constituição da África do Sul, de 1996; o primeiro, como resultado da participação comunitária, e o segundo, estabelecido sobre o direito de participar dos programas de planejamento dos governos locais. De 1996 a 2000 a necessidade de formas de transformação social, visíveis e experimentalmente significativas, suscitou vários tipos de parcerias para o "desenvolvimento", mediadas por relações histórico-sociais de poder e confiança, resultando em espaços amplamente truncados de participação. Desde 2000, tem havido uma variação manifesta, da euforia ao desapontamento, da esperança procriadora ao desespero existencial, num ritmo lento de mudança. Ainda assim, esse desespero também ensejou novos espaços de transformação, como a Treatment Action Campaign (TAC) [Campanha de Ação e Tratamento], Jubileu em 2000, e uma miríade de outras iniciativas locais que buscam democratizar espaços politicamente independentes. No momento, a participação comunitária ocupa um lugar de destaque nas retóricas do governo, embora com resultados heterogêneos, uma vez que as arraigadas relações de poder moldam a possibilidade de essa participação ser significativa.

Essas dinâmicas resultam em políticas locais de governo. Até o começo de 1990, o governo local não tinha nenhuma garantia constitucional, já que era visto como uma extensão estrutural do Estado e uma função do governo provincial. Com o início do fim do *apartheid*, em 1990, o governo local assumiu um papel importante na transformação institucional. Assim, com o propósito de assegurar um plano de desenvolvimento ascendente, humanista e integrado aos movimentos de base, a Constituição Sul-africana afirma que "o objetivo do governo local é encorajar o envolvimento de comunidades e organizações comunitárias nas questões do governo local" (RSA, 1996: inciso 152e). Esta é uma postura radical, que encontra, no entanto, profundas limitações estruturais nos entremeios das instituições burocráticas e nas ásperas relações de poder.

Há razão para a preocupação de que na África do Sul, os cidadãos comuns sirvam apenas para endossar programas de planejamento preestabelecidos e como objetos de manipulação administrativa, em que as elites burocráticas impõem sua própria versão distorcida da "participação comunitária" às comunidades. O consenso para a governança não é obtido por meio de rigorosos debates políticos relativos aos méritos e deméritos de programas sociais específicos. Antes, a aquiescência política é manufaturada mediante a habilidosa manipulação de vários *think-tanks*, de autointitulados especialistas, de pesquisas de opinião e comentaristas da mídia. De fato, a participação comunitária é forjada por um número grande de agências consultoras a favor de programas de planejamento preestabelecidos e tendenciosos, que, claramente, não estimulam a autonomia e o poder de decisão das comunidades locais.

Quais possibilidades existem, então, para espaços de participação significativos? Algumas das limitações desses espaços, bem como de suas possibilidades, são evidentes nas HFBs, que pretendem contribuir para uma transformação institucional dos hospitais, ainda que moldados e constrangidos pelos complexos legados de exclusão e racismo. A seguir, considero a operação de duas HFBs, uma no Hospital Heimwee, uma instituição de periferia, e outra no Hospital Vorentoe, na região rural. Ambas revelam os desafios enfrentados pelos espaços de participação pública, bem as tentativa para superar esses desafios.[3]

Health Facilities Boards

O Ato de 2001 das Health Facilities Boards estabeleceu essas instituições como veículo de transformação social – uma forma de garantir uma maior participação comunitária no planejamento dos serviços de saúde no nível dos movimentos de base (Ato 7 de 2001, seções 9 e 10). As HFBs têm grande autoridade: são responsáveis pela aprovação da missão, da visão e dos valores do hospital; por participar da sua administração; pelo planejamento estratégico; pelo monitoramento do desempenho; pelo atendimento às queixas dos pacientes; pela angariação de fundos; e pela inspeção (RSA, 2001). O Projeto de Lei Médica da África do Sul, de 2003, reforça esse controle do sistema de saúde por parte das comunidades. O Ato das Health Facilities Boards (seção 6, inciso

[3] Demos nomes fictícios aos dois hospitais.

4) torna explícito que os representantes da comunidade devem corresponder a pelo menos 50% de uma HFB. Teoricamente, isso significa, pelo menos, que as comunidades são agora capazes de influenciar na formulação, implementação, revisão e monitoramento dos planos administrativos dos hospitais, no quadro de funcionários e na qualidade dos serviços do hospital.

As HFBs funcionam como veículos da participação popular não apenas por causa de sua autoridade e composição, mas por seu vínculo com as Transformation Units (TUs) [Unidades de Transformação]. As TUs foram estabelecidas pelo Departamento Nacional de Saúde no fim de 1990, em diferentes níveis governamentais. A associação das TUs com as HFBs muitas vezes se sobrepõe, embora isso não seja uma exigência oficial. Substituídas em 2003 pelos Quality Care Committees [Comitês de Controle de Qualidade], as TUs tiveram um importante efeito institucional. O diretor interino de Recursos Humanos e Transformação no Cabo Ocidental sugere que as TUs foram bem-sucedidas ao fazer que a administração do hospital se conscientizasse do princípio *Batho Pele* [Primeiro as Pessoas], estabelecendo algumas relações cooperativas com determinados hospitais, como o Vorentoe, e, em menor proporção, trazendo as pessoas juntas para além de suas diferentes etnias para, ao menos, falar sobre as mudanças institucionais nos hospitais.

Contudo, olhando as HFBs mais de perto, vemos até que ponto os espaços de transformação permanecem reféns de seu próprio contexto, incluindo a história da instituição, as relações associadas de poder, as restrições de recurso/capacidade, as maneiras de compreender a cidadania, as normas e expectativas dos serviços de saúde e as condições materiais da população adjacente. As HFBs operam num contexto de divisões profundas e de desigualdades materiais evidentes, não apenas entre negros e brancos em geral, mas também entre os trabalhadores brancos e negros dos sistemas de saúde.

Disparidades demográficas

Os estudos demográficos no Hospital Heimwee mostram até que ponto as heranças do *apartheid* moldam as condições contemporâneas. O perfil étnico dos pacientes é 5% de "brancos", 1% de "índios", 29% de africanos "negros" e 65% de "mestiços". Os altos cargos administrativos, em comparação, constituem-se de 66,6% de "brancos" e 33,3% de "mestiços". Os cargos administrativos de patamar médio estão bem próximos da representação da população mais ampla: 13% de "brancos", 3,4% de negros africanos e 82% de "mestiços".[4] Essas disparidades entre a gerência administrativa do hospital e os dados demográficos do entorno comunitário ecoam em Vorentoe, onde o responsável pela administração municipal anterior comenta incisivamente:

> As finanças poderiam estar em ordem, como nos dias do *apartheid*, mas onde está o plano de transformação deles? Quantos médicos negros eles têm? Quantos negros, membros do quadro de funcionários, eles pretendem indicar para os próximos anos, obedecendo às exigências do governo de "representatividade demográfica" nas instituições públicas? É uma nova África do Sul! Não pode ser apenas um negócio como outros, porque, sob disfarce de "competência e experiência", o *apartheid* continua de outros modos.[5]

Seguindo esse raciocínio, constatamos que o Hospital Heimwee e o Vorentoe não tinham nem sequer um médico negro.

As HFBs foram criadas como veículos participativos para a transformação institucional, mas a sub-representação dos negros na administração do hospital espelha-se nas próprias HFBs. A população local de Heimwee é de 19,6% de "brancos", 30% de "mestiços" e 50,3% de "negros", ainda assim a HFB, composta de dez membros, é 40% "branca", 50% "mestiça" e 10% "negra".[6] Os membros têm entre 50 e 60 anos, e há quase duas vezes mais homens que mulheres. Em Vorentoe, há catorze membros no conselho – quatro mulheres e dez homens, entre 45 e 55 anos. Todos são brancos, exceto um padre, representante de uma comunidade pastoral no povoado de Klawer (aproximadamente a 25 quilômetros de Vorentoe). Não obstante, apenas 20,6% da população da região é constituída de "brancos", enquanto 70,5% são "mestiços" e 8,9% são negros africanos. A associação dos membros da HFB é deturpada em favor da administração do hospital: tanto em Heimwee quanto em Vorentoe, enfermeiras e médicos, que constituem maioria nas HFBs, fazem parte também das estruturas administrativas do hospital.

O recrutamento das HFBs é feito por meio de anúncios na *Government Gazette*, que pede que a nomeação seja feita a partir de organizações comunitárias. Qualquer nomeação tem de estar acompanhada da cópia autenticada do estatuto da organização nomeada. Esses procedimentos favorecem as comu-

[4] Fonte: Hammers, Garfield, informação concedida por solicitação, 2004.

[5] Entrevista, 9 jul. 2004.

[6] Fonte: Hammers, Garfield, informação concedida por solicitação, 2004.

nidades brancas, historicamente bem-integradas, e excluem as desprovidas de regulamentos, como as organizações de jovens negros em Vorentoe e Heimwee. A ausência de regras que obriguem a nomeação de mulheres, bem como o patriarcado historicamente arraigado, que apenas há pouco tempo passou a ser enfrentado, asseguram uma proporção relativamente baixa de mulheres.

As implicações de se contar com um perfil enviesado de associados sobre a conduta das HFBs aparecem, de modo evidente, nos comentários de um negro (enfermeiro-chefe), no Hospital Heimwee, que lamenta a ausência de possibilidades transformadoras nas HFBs: "Embora os atos relativos à saúde, depois de 1994, sejam muito progressistas, surgem problemas que dizem respeito à garantia dos direitos das comunidades participarem dos programas de distribuição dos serviços de saúde". Uma explicação importante para isso, sugere ele, é o relativo privilégio econômico dos integrantes do quadro de funcionários, o que os afasta de um entendimento dos problemas de distribuição de serviços:

> Quando você vê os membros da HFB do Hospital Heimwee, a maioria dos membros, com a exceção de um ou dois, não usa os serviços do hospital porque já dispõe de um auxílio médico que lhe proporciona acesso a serviços de saúde privados. Isso, com efeito, significa que o seu conhecimento dos serviços prestados, o motivo dessa prestação e até que ponto eles são prestados, é muito deturpado. Assim, a compreensão que eles têm sobre o fluxo de pacientes no hospital é também suspeita. Não tenho certeza se eles têm uma compreensão clara de seu papel e função nos serviços de atendimento.

O enfermeiro oferece um retrato de uma HFB que é estritamente ligada à administração hospitalar: opaca em relação a outros grupos que usam os serviços hospitalares e desvinculada das perspectivas e das necessidades dos movimentos de base:

> Os funcionários nunca foram apresentados aos membros da HFB e as atas dos encontros nunca foram divulgadas. Nunca houve uma sugestão ou exame por parte da HFB para melhorar algum aspecto do serviço de atendimento. Por exemplo [...] ninguém nunca perguntou o que poderia ser feito para melhorar o tempo de espera dos pacientes [...] A administração do hospital poderia dar respostas satisfatórias à HFB nos seus encontros mensais. No entanto, a falta de respostas pode significar também que as questões nunca foram feitas por causa da falta de reflexão por parte da HFB. A saúde é sempre um tema muito conflitante. Portanto, sempre há uma miríade de questões, mesmo por parte das pessoas menos esclarecidas, e a HFB supostamente deve representar o povo, ser o seu porta-voz,

> de modo que suas vozes possam ser ouvidas em um espaço que poderia dar alguma validação às suas demandas. Infelizmente não parece ser o caso [...] muitas pessoas nem sequer sabem da existência das HFBs.[7]

Um caso em questão é a presença no Hospital Vorentoe de uma companhia seguradora de proprietários brancos, indicada por um administrador branco do quadro de funcionários do hospital, que controla o horário de visitas dos pacientes predominantemente negros. De acordo com o único conselheiro negro da HFB, essa companhia frequentemente impede as famílias negras de visitar seus parentes enfermos, fazendo que eles lhe telefonem no meio da noite para manifestar suas frustrações. Nas palavras do próprio conselheiro: "por que eles têm de fazer isso com as pessoas pobres? Onde está o respeito deles pelos direitos básicos dos pacientes e de seus familiares? Por que as famílias têm contornar essa forma de poder, de controle e de abuso totalmente desnecessária?"[8]

Durante as entrevistas, ficou bem claro que os cidadãos negros querem participar das HFBs, já que, em sua maioria, são mais pobres e dependentes dos serviços de saúde públicos, ao passo que grande parte dos brancos tem acesso a planos de saúde privados. Portanto, para que os interesses das comunidades compostas essencialmente de cidadãos negros e pobres avancem, é necessário influenciar as HFBs, suas pautas, suas decisões, seus programas e suas atividades diárias.

Sustentando o *status quo*?

Não é apenas a composição das HFBs que vai contra a possibilidade de elas serem agentes de transformação institucional. Sua cultura e desenho servem também para perpetuar a dominação dos brancos e apoiar as hierarquias existentes de poder e privilégio. Um primeiro aspecto dessas características das HFBs diz respeito às regras para o ajuste e o controle formais dos tópicos a serem discutidos: a secretária da comissão elabora a agenda, embora todos os membros possam nominalmente introduzir temas. O diretor da comissão é do mesmo modo influente em determinar a extensão com que esses temas são discutidos, ou se eles devem ser imediatamente encaminhados a uma subcomissão para maiores avaliações.

7 Entrevista, 24 maio 2005.

8 Em geral, a seguradora cede a partir da intervenção de conselheiros, isto é, permite que os negros visitem os seus familiares doentes.

Um segundo aspecto envolve as dinâmicas de autoridade e deferência. Parece que, normalmente, os temas não são discutidos com o rigor necessário por medo de ofender pessoas do conselho que têm uma posição social importante. Além disso, os membros da HFB participam como típicos receptores de informação: eles ouvem o que foi decidido ou ficam a par do que já aconteceu. Sem maior discussão, anunciou-se, por exemplo, que a ala C do Hospital Vorentoe tinha sido privatizada para atender às necessidades dos pacientes que podiam pagar pelos serviços médicos.

Um terceiro aspecto refere-se aos procedimentos e protocolos inflexíveis e ritualizados das HFBs. Na reunião de abril de 2002, a senhora Archer, uma enfermeira-chefe, falou de maneira eloquente sobre o caráter restritivo dos protocolos desses encontros:

> Essa é a maneira como falamos.
> Essa é a maneira como olhamos,
> Essa é a imagem que queremos projetar,
> Isso para nós é tabu,
> Isso nós não toleramos.[9]

A cultura das HFBs condiciona não apenas os tópicos que vão surgindo (o que pode e o que não pode ser dito), mas também a maneira como eles são tratados. Introduzir um assunto com um senso de seriedade ou serenidade influencia a sua trajetória. Por exemplo, a questão do festival musical *Vorentoe October* foi introduzida casualmente à comissão, ocultando o fato de que se trata de um evento questionável no calendário, pois é considerado ilegítimo pela maior parte da comunidade negra.

Avaliando a contribuição das HFBs

A composição, a estrutura e o desenho das HFBs agem conjuntamente para limitar as suas realizações. O seu objetivo aparente era tornar os serviços hospitalares mais sensíveis às necessidades das comunidades adjacentes, concedendo a elas um papel ativo e participativo na formulação das políticas públicas. Ainda assim, houve muito pouca mobilização por parte dos hospitais de responder às carências dos grupos mais empobrecidos e marginalizados. A necessidade

[9] Fonte: Registros de arquivos – Atas da Health Facilities Boards, 11 abr. 2002.

de cuidados médicos dos moradores negros de Heimwee e Vorentoe, que enfrentam níveis de desemprego e pobreza que variam de 50 a 70% em algumas comunidades,[10] é enorme, incluindo má nutrição e doenças relacionadas. A atenção das comissões, entretanto, volta-se para questões muito distantes das prioridades mais prementes da comunidade. A HFB de Heimwee, por exemplo, indicou dois psicólogos a um hospital onde nenhum paciente tem problemas comportamentais. Nas palavras da enfermeira-chefe negra: "Seria bom ter um psicólogo aqui, mas certamente é uma extravagância ter dois!"[11]

A orientação geral das HFBs está voltada estritamente para os objetivos administrativos preestabelecidos, e particularmente para os da disciplina fiscal. Com efeito, o Hospital Vorentoe orgulha-se de ser um dos poucos no país que regularmente registra suas obrigações financeiras conforme as exigências estatutárias de um governo sensato. Contudo, o seu modelo de eficiência administrativa falha, pois não apenas o poder de decisão no hospital permanece desvinculado das comunidades a que servem, como também a sua eficácia é avaliada sem quase nenhuma referência à comunidade negra, que constitui a maioria de seus pacientes. Uma enfermeira negra em Vorentoe comenta: "Até certo ponto a HFB serve a um propósito, mas na verdade eles não trazem nenhuma contribuição para a sociedade como um todo. Eles não vão até as pessoas para perguntar o que elas querem. Eles apenas implementam coisas que acreditam que a comunidade precisa". Tanto no Hospital Heimwee quanto no Vorentoe parece haver uma atitude de "caridade" por parte dos membros brancos da HFB que serve para reduzir o conceito de participação pública a um modelo de eficiência administrativa de finanças.

Quem se manifesta? Questões de inclusão e representação

Um dos desafios mais prementes que surge nesse contexto é o de compreender a dramática sub-representação dos negros nas HFBs. Estudos anteriores, bem como a pesquisa em que este capítulo se baseia, indicam uma tensão entre a aparente eficiência dos serviços de saúde e as atitudes racistas residuais, a ausência de comunicação e, de fato, a falta de oportunidades para a participação nas HFBs.

10 Respectivamente: Planos de Desenvolvimento Integrado em Stellenbosch e Vorentoe, 2004-2005, baseados em entrevistas com conselheiros dessas municipalidades.

11 Entrevista, 23 ago. 2005.

Outras dimensões aparecem quando diferenciamos a representação negra da comunidade em geral e da comunidade de trabalhadores do setor de saúde.

A comunidade em geral

Ainda que a comunidade de Athlone, em que predomina uma classe média de subúrbio na Cidade do Cabo,[12] defenda em geral a participação na prestação dos serviços de saúde, nenhum dos entrevistados conseguiu citar um exemplo em que eles tivessem sido consultados pelos funcionários dos serviços de saúde, ou um encontro de comitê que os vinculasse com as questões de prestação de serviços. Em vez disso, os membros da comunidade de Athlone, surpreendentemente, não reconheciam as HFBs como veículos para uma possível participação. De fato, um estudo que iniciamos sobre as atitudes dos pacientes para com as HFBs foi redirecionado para o serviço de enfermagem, visto que descobrimos que os membros de nossa amostra inicial de pacientes do Hospital Heimwee nem sequer sabia que a HFB existia. Supusemos, então, que, se os próprios pacientes não sabiam da existência da HFB, era provável que as comunidades em Heimwee, especialmente as historicamente marginalizadas, a desconheciam por completo; e que em Vorentoe e outros lugares no Cabo Ocidental a situação era provavelmente similar. A ausência de uma comunicação eficiente, relativa à existência das HFBs nessas áreas, contribuiu claramente para a falta de participação das comunidades negras nessas instituições.

Nosso estudo em Athlone mostrou que os membros da comunidade conseguiam informar-se sobre os serviços de saúde por meio de uma complexa rede de comunicação. Quase um terço (32%) dos moradores indicaram obter informação sobre o serviço de saúde por intermédio de seus familiares; 30% por meio de profissionais da saúde; 26% por meio da comunidade e 12% por meio de amigos. Os jornais e as emissoras de rádio pareciam muito menos eficientes em comunicar as informações sobre os serviços de saúde, ainda que tenham sido estes os caminhos empregados para divulgar as HFBs.

A criação das HFBs foi precedida de programas de conscientização por meio de anúncios publicados em periódicos e jornais comunitários, e de informes

[12] A Cidade do Cabo não tem uma HFB, mas um diretor de serviços médicos, que é responsável pelos serviços de saúde dos Planos de Desenvolvimento Integrado. A participação comunitária se dá por meio de *Municipal Systems Act* [Ações de Sistemas Municipais], Ato 32 de 2000, que regula o Plano de Desenvolvimento Integrado.

transmitidos pelas estações de rádio públicas. De acordo com o diretor interino, consultor jurídico do Departamento de Saúde da Administração Provincial do Cabo Ocidental, a resposta das comunidades negras era "pateticamente baixa", especialmente em regiões como Vorentoe. Em sua opinião, as áreas urbanas como a Cidade do Cabo tinham um índice de retorno muito melhor, que se refletia no maior "equilíbrio étnico" encontrado nas HFBs da Cidade do Cabo metropolitana.

As limitações dos jornais como veículos que despertam a consciência para as HFBs em um alcance comunitário maior são reiteradas por um padre anglicano que viveu na área por mais de trinta anos:

> Os negros de Vorentoe são muito pobres e não podem comprar esses jornais. Do mesmo modo, a herança da mentalidade do *apartheid* em Vorentoe é ainda muito forte. Portanto, os brancos não se comunicam com os negros em pé de igualdade. De fato, é necessário envolver as organizações da sociedade civil e, particularmente, as igrejas para chamar a atenção das pessoas para o seu direito constitucional de participar no planejamento dos serviços de saúde em suas comunidades. As pessoas vão realmente participar assim que lhes for dada a oportunidade para isso.[13]

A combinação de mecanismos de publicidade inadequados com a divisão no interior da comunidade e a falta de confiança, excluí os negros da participação na HFBs, é fundamentada pelos comentários do diretor interino de Recursos Humanos e Transformação em Malmesbury, região da costa oeste de Winelands:

> Os negros são geralmente muito pobres e não podem comprar jornais. Consequentemente, não sabem das solicitações para comparecem na HFB. Não há nenhuma outra forma de comunicação com as comunidades de base. Isso significa que os brancos são capazes de dominar a nomeação/eleição da HFB. E porque os negros e os brancos não conseguem interagir, senão em uma relação entre senhor e servidor [empregados domésticos/criadas], a eleição na HFB não é divulgada para os setores mais pobres, especialmente a comunidade negra. Não podemos esquecer que as divisões feitas pelo *apartheid* ainda existem, e o único contato que os brancos têm com os negros se dá ainda por meio desses serviços domésticos, o que certamente não é uma boa medida para a potencial liderança dos negros educados e politicamente instruídos. Mais importante ainda, talvez, é

[13] Entrevista, 20 maio 2005.

> que tanto em Vorentoe quanto em Heimwee os negros simplesmente não confiam nos brancos! [...] Falar sobre cooperação ainda é meramente uma conversa.[14]

O papel do racismo internalizado, que reforça a exclusão dos negros das HFBs, revela-se a partir de comentários de uma jovem executiva negra de Vorentoe, que descreveu a não-participação negra em termos histórico-sociais e psicológicos:

> Os negros não participam porque se sentem inferiores aos brancos. A participação requer um conhecimento especial, e os negros não têm o conhecimento necessário para se comprometerem com os brancos em questões de saúde. Essa autodepreciação é reforçada pelo fato de negros e brancos não se misturarem. Em suma, negros e brancos não confiam uns nos outros. Mesmo assim, se os negros conseguirem a oportunidade de participar na HFB, provavelmente participarão.[15]

A exclusão dos negros das HFBs pode também estabelecer-se por meio de formas de racismo mais diretas e propositais, conforme revela essa narrativa de um conselheiro municipal de Matzikama, na HFB de Vorentoe:

> É um erro considerar que o *apartheid* acabou. Não é verdade... Quando as nomeações foram anunciadas para a HFB atual, eu fui nomeado para o cargo de diretor. Os brancos souberam de minha nomeação e não gostaram disso. De fato, eles consideravam o hospital como uma propriedade sua. Então eles fizeram um *lobby* com as Igrejas Holandesas Reformistas – das quais havia duas em Vorentoe. E, em virtude de seus recursos e influência, a comunidade branca conseguiu reeleger Van der Spuy como diretor, pelo décimo quinto ano consecutivo!

Curiosamente, nosso estudo em Athlone revela um alto nível de satisfação com os serviços de saúde: 92% dos entrevistados consideraram adequados os serviços de saúde, e apenas 8% discordaram. Entretanto, isso não significa satisfação com a abrangência dos serviços. Durante as entrevistas subsequentes com alguns participantes, expressou-se a necessidade de uma abordagem holística nos cuidados médicos e nos serviços especializados. Sugeriu-se, por exemplo, que os pacientes pobres com tuberculose precisavam de refeições, bem como de observação médica e cuidados clínicos.

[14] Ibid.

[15] Ibid.

As pessoas entrevistadas claramente apoiavam a participação comunitária: 46% dos entrevistados indicaram que a comunidade deveria ter a palavra final nas decisões que afetam a prestação dos serviços de saúde, ao passo que exatamente a mesma proporção disse que os profissionais da saúde deveriam ter a palavra final. Alguns (18%) disseram que a tomada de decisão deveria ser uma parceria entre os agentes de saúde e a comunidade, e apenas 6% responderam não saber. Quando chegou a vez de "o que significa participação", houve mais unanimidade: 80% dos entrevistados disseram que a participação comunitária significa envolvimento na tomada de decisões relativas aos tipos de serviços de saúde.

O fato de ter havido visões opostas sobre a participação comunitária nos serviços de saúde sugere que a comunidade de Athlone não é monolítica, mesmo que seja constituída de uma grande classe média "mestiça". Os participantes variam não apenas em gênero, passado étnico, uso de linguagem, filiação religiosa e base de conhecimento, por exemplo, mas também têm um acesso diferente à informação e à capacidade de dar sentido a ela. Essas diferenciações conformam compreensões e perspectivas distintas sobre a participação comunitária. Alguns cidadãos da classe média podem, por exemplo,pensar que, como pagam impostos, têm direito a bons serviços de saúde, sem que devam dispender esforços adicionais participando da administração desses serviços. As disparidades sociais aqui mencionadas também influenciam as possibilidades de a participação ser efetiva em garantir um bom serviço de saúde, especialmente entre as comunidades negras. Uma enfermeira-chefe de Heimwee apontou a falta de acesso aos recursos financeiros, por parte de algumas comunidades, como uma razão maior para a falha de uma parceria da iniciativa privada com a comunidade nos serviços de saúde:

> Numa comunidade de classe média baixa, predominantemente composta de pessoas mestiças, situada em Eerste River, a 25 quilômetros da Cidade do Cabo, tentou-se introduzir serviços privados de saúde, baseados numa parceria da iniciativa privada com a comunidade. Pouco tempo depois, entretanto, surgiram problemas de controle de caixa e essa comunidade teve de abandonar a parceria [...] encaminhando seus pacientes ao Hospital Tygerberg [...] Se você não está bem conectado com os recursos, na sua maior parte proveniente dos brancos, como é o caso da organização de caridade Grupo de Ação, sediada no Hospital Heimwee, que consegue dinheiro para o hospital, quaisquer parcerias a que se lance estão destinadas ao fracasso. Por razões históricas, há [...] uma relação muito forte entre capital privado, serviço de saúde adequado e parcerias públi-

cas/privadas sustentáveis [...] Infelizmente, hoje em dia, o capital oriundo dos brancos ainda controla a forma e a substância dessas parcerias. Esse é também o caso de Vorentoe, onde a Ala C foi privatizada para uso dos pacientes particulares, negros e brancos.[16]

Os profissionais da saúde

As HFBs incluem a representação da comunidade em geral e dos membros do hospital. A discussão acima revela como a publicidade ineficiente, a exclusão formal e informal e o racismo internalizado desempenham papéis que mantêm os membros negros da comunidade fora da participação nas HFBs. Que dizer dos negros pertencentes ao quadro de funcionários dos hospitais?

Em Heimwee, vinte enfermeiras (dezenove negras e um branca) foram consultadas a respeito do que elas sabiam sobre as HFBs, a disposição delas em participar e a opinião geral sobre as HFBs. O conhecimento sobre as comissões era amplo: com exceção de uma enfermeira, todos sabiam da existência da HFB. Entretanto, houve um nível relativamente baixo de disponibilidade incondicional para participar na HFB: 25% das enfermeiras disseram que participariam, 20% participariam condicionalmente; 35% não participariam e 20% delas disseram não saber.

As razões para querer participar incluíam a possibilidade de influenciar a pauta e o programa de atividades da HFB. Os motivos da relutância em participar incluíam desde trabalhos que ocupavam a maior parte do tempo em um contexto de escassez de funcionários, e dúvidas quanto à capacidade das HFBs em influenciar as prioridade do hospital ou as condições de trabalho. Uma enfermeira entrevistada apontou a União como um campo potencialmente mais eficiente para negociar a política de prestação de serviços, as horas de trabalho e o apoio na carreira profissional.

Perspectivas de mudança?

A análise acima oferece um retrato pessimista das HFBs. Não obstante sua ampla autoridade para a transformação institucional dos hospitais, as comissões tenderam a enfatizar uma combinação de temas triviais com preocupações administrativas, embora pouca atenção tenha sido dada às necessidades prementes

[16] Entrevista, 23 ago. 2005.

dos serviços de saúde de uma grande parte da população, especialmente a dos negros. Nossa análise procura sugerir que a falha das HFBs, em agirem como instituições transformadoras, está vinculada às restrições estabelecidas para seus associados, com uma parcela de negros dramaticamente sub-representada e a parte administrativa do hospital super-representada.

Mas a história não é totalmente negativa: desde sua criação, as HFBs conseguiram aprovar mudanças positivas que proporcionaram bases para esperança. A implantação dos direitos fundamentais na Constituição da África do Sul e a ampliação dos movimentos sociais e políticos para uma mudança institucional fizeram que as HFBs entrassem em consonância com a necessidade de transformação, o que resultou na criação de uma Transformation Unit em alguns hospitais, como no de Vorentoe. Nessa cidade, o hospital representante já havia realizado vários *workshops*, tendo como resultado o estabelecimento, por parte da administração, de contatos com outros hospitais que experimentavam desafios semelhantes. Redes de comunicação foram formadas com o governo local, interiorano e nacional, por exemplo, em Malmesbury, Heimwee e Cidade do Cabo. A abordagem conferida ao serviço de saúde mudou de uma natureza curativa para algo fundamentalmente holístico, voltando-se para os impactos dos problemas socioeconômicos, como o desemprego e a pobreza em relação aos ricos da comunidade. Vorentoe, por exemplo, dá hoje em dia suporte a um programa de clínica rural.

As atas das reuniões da HFB estão também se tornando consideravelmente mais detalhadas, o que proporciona uma interpretação mais compreensiva das atividades das comissões. Isso pode refletir um movimento em direção a um comprometimento mais democrático. Além disso, a presença de *qualquer* membro da comunidade negra na HFB é uma lição para os participantes brancos: ao partilharem um espaço institucional com sua – historicamente separada – contraparte "branca" (predominantemente de classe média), os negros demonstram ao intolerante racial que é possível a cooperação entre negros e brancos em nível local, não obstante as HFBs façam pouco em relação às preocupações prementes da comunidade negra.

A sub-representação de negros nas reuniões da HFB é também oficialmente reconhecida como uma problemática reiteração de padrões históricos de exclusão: o Departamento de Saúde está preocupado no momento em construir e apresentar programas públicos de participação nos hospitais sob sua jurisdição.

Para uma representação mais inclusiva

A questão principal, então, é como os associados das HFBs podem vir a representar uma comunidade mais ampla, de modo que o intento participativo e transformador desses espaços democráticos possa ser realizado de maneira mais satisfatória. Há uma visão geral, articulada em muitas das narrativas estudadas, de que haveria, sob determinadas condições, uma forte disposição por parte dos negros de participar das HFBs. Conforme uma jovem executiva negra em Vorentoe afirmou: "Se houver uma oportunidade para os negros participarem dessas comissões, com certeza eles o farão".[17] Essa convicção encontra apoio na bibliografia; Patterson (2000), por exemplo, sustenta que a não-participação nos espaços comunitários representativos não significa necessariamente apatia em relação ao processo democrático. Pelo contrário, o fato de entrar num desses espaços como um subordinado, que desconhece as formas e os significados do discurso deliberativo e das transcrições obscuras, compromete a participação e a prática racional, aberta e democrática.

Nossa análise revela várias mudanças que poderiam encorajar a participação de membros marginalizados de comunidades e de funcionários de hospitais em HFBs. Vimos as limitações das formas convencionais de publicidade na divulgação das HFBs como espaços franqueados: as comunidades pobres não podem comprar jornais em razão de seu alto custo, tendo ainda acesso limitado aos rádios e à televisão. Divulgar para a população que as HFBs são meios de participação transformadora requer outras formas de comunicação mais eficientes e acessíveis, incluindo reuniões, panfletos, visitas de porta em porta, entre outras. Esse ensinamento coaduna-se com uma reivindicação mais ampla de que nas comunidades pobres as estratégias de comunicação informal (como o teatro de rua) podem servir para conscientizar e informar o marginalizado sobre os problemas comunitários e seus direitos perante as instituições públicas (Bratton e Alderfer, 1999).

Nossa análise mostra como as formas sutis e abertas de racismo, bem como o racismo internalizado, moldam a habilidade e a propensão dos negros de servir nas HFBs. Essa dinâmica tende a se agravar em virtude da ligação dos cuidados médicos com a prestação de serviços de caráter caritativo e paternalista – quando, na verdade, os serviços de saúde estão firmados na Constituição da África do Sul como um direitos legais (seção 27; RSA, 1996). Tratar os serviços

[17] Entrevista, 20 maio 2005.

de saúde e a participação nas HFBs como direitos (que devem ser defendidos e usados) pode constituir um veículo importante para encorajar e garantir uma maior participação dos negros.

O domínio das elites privilegiadas na operação atual das HFBs é reforçado pelos aspectos da cultura e do desenho desses espaços, o que inclui o arbítrio dos secretários e diretores sobre a pauta, a dinâmica de autoridade e deferência, os procedimentos e os protocolos inflexíveis e ritualizados e o caráter geral que circunda o tratamento dos tópicos. Para que as comunidades pobres e historicamente marginalizadas participem das HFBs, as relações de poder que subjazem nesses espaços franqueados devem estar abertas à crítica, e os procedimentos devem se tornar suficientemente flexíveis para acomodar uma escala maior de participantes e de tópicos.

Essas etapas devem ser seguidas para assegurar que as HFBs, como espaços franqueados, não sejam dominadas pela classe média articulada e pelos membros conscientes da comunidade, e que os eleitores da classe trabalhadora estejam diretamente envolvidos na formação dos espaços comunitários participativos. Para tanto, são necessárias mudanças nas regras de representação. A prática corrente de nomeação de organizações registradas deve ser substituída pela eleição de representantes entre todos os usuários, com cota de vagas para as mulheres e para os negros. É necessária uma ampla publicidade para garantir que uma parcela maior da comunidade tome conhecimento das HFBs e do seu papel, e para que se sintam capazes de se lançar como candidatos. Esforços proativos são necessários para mudar o equilíbrio racial, buscando organizações comunitárias negras, como a associação de taxistas e de contribuintes, fóruns de políticas comunitárias e grupos de jovens em Heimwee. Em Vorentoe, onde virtualmente não havia organizações da sociedade civil nas áreas de habitantes negros, os partidos políticos e a Farm Worker's Advice Office [Assessoria para Trabalhadores do Campo] poderiam funcionar como catalisadores, que organizam e mobilizam as pessoas pobres para reivindicar o seu direito constitucional de representação nas HFBs.

As etapas descritas acima para a transformação da sociedade e dos procedimentos das HFBs podem ser estimuladas à medida que as organizações comunitárias sirvam como intermediárias entre as comissões e os membros de comunidades maiores. Lembremo-nos da consideração do diretor interino de Recursos Humanos e Transformação, na região da costa oeste de Winelands: o hiato entre negros e brancos perpetua a exclusão nas HFBs. Ele prossegue:

Deve-se continuar tentando reunir esses dois grupos. Em minha opinião, isso pode dar certo por meio de redes de juventude. Nesse sentido, as igrejas das áreas rural e urbana estão começando a desempenhar seu papel. De fato, a construção de relações sociais baseadas na confiança e na solidariedade humanas, mesmo que feitas primeiramente pelas igrejas, é talvez o único meio genuíno para afastar o racismo branco e a opressão negra. Com o passar do tempo, essas novas relações afetarão o modo como as instituições na África do Sul são coordenadas, incluindo a composição e a administração das HFBs.[18]

Conclusão

Este capítulo identificou três possíveis razões para o perfil racial enviesado identificado nas HFBs: a dominação histórica dos brancos nas instituições do governo; os procedimentos de seleção eleitorais que favorecem os mais instruídos e influentes; e a cultura de deferência para com as autoridades profissionais que põe em xeque o diálogo.

Assinalou, também, os motivos para se ter esperança: estruturas mais representativas e menos hierarquizadas nas HFBs poderiam servir como redes dinâmicas de diálogo e comprometimento, desencadeando sentimentos de identificação, confiança e autoconfiança, em contraposição ao paternalismo histórico nos serviços de saúde e à infantilização em geral dos negros. Há sinais nascentes de uma emergente confiança, que assumem três formas: identificação com a necessidade de participação; desenvolvimento da solidariedade e do comprometimento coletivo ante os problemas; e aumento da autoconfiança e das realizações, o que pode induzir as pessoas a assumir seriamente a participação pública – contanto que haja oportunidade para participar.

Levado isso adiante, os espaços participativos constituiriam, de fato, redes comunitárias de comprometimento, reflexão e transformação. Mais de 350 anos de atitude caridosa para com a participação dos negros em instituições do governo precederam a formação das HFBs no final do século XX. Assim, apenas o futuro dirá se os negros conseguirão ou não se tornar, de fato, co-formadores e senhores de suas vidas por meio das HFBs, não apenas no projeto político, mas na prática.

[18] Ibid.

Referências bibliográficas

BRATTON, M.; ALDERFER, P. The effects of civic education on political culture: evidence from Zambia. *World Development*, v. 5, n. 27, p. 807-824, maio 1999.

HEIMWEE HOSPITAL BOARD MINUTES, Archives.

MABUYA, G. D. *Community participation in the delivery of primary health care services in the city of Cape Town: an evaluative study of the Athlone health district*. 2002. 58 f. Tese - University of Western Cape.

PATTERSON, P. M. Nonvirtue is not apathy – warrants for discourse and citizen dissent. *American Review of Public Administration*, v. 3, n. 30, p. 225-251, 2000.

RSA (Republic of South Africa). Constitution of the Republic of South Africa. *Act 108 of 1996*. Pretoria: Government Printers, 2000.

______. Local Government: Municipal Systems Act. *Act 32 of 2000*. Pretoria: Government Printers, 2000.

______. The Western Cape Health Facility Boards. *Act 7 of 2001*. Pretoria: Government Printers, 2001.

6
ORGANIZAÇÕES CIVIS E REPRESENTAÇÃO POLÍTICA EM INSTITUIÇÕES PARTICIPATIVAS NO BRASIL*

Graziela Castello,
Adrián Gurza Lavalle
e Peter P. Houtzager

É visível o fato de que organizações da sociedade civil, como ONGs de defesa de direitos, associações e organizações comunitárias, tornaram-se representantes, *de facto* e *de jure*, de segmentos e interesses específicos da população na definição, na implementação e no monitoramento de políticas públicas. Os governos têm, por diversas razões, convidado esse conjunto de atores coletivos para participar de espaços institucionais voltados à formulação de políticas públicas, a fim de desempenharem papéis tanto consultivos quanto deliberativos. Inversamente, muitas organizações da sociedade civil têm pressionado os governos a criar esses espaços, objetivando conquistar o acesso aos centros de formulação das políticas públicas. As instituições criadas nos últimos vinte anos com o objetivo de vincular esses atores aos formuladores de políticas públicas, como os sistemas de conselhos deliberativos de desenvolvimento na Guatemala e os conselhos de políticas públicas no Brasil, são com frequencia parte de processos de descentralização e democratização mais amplos, que, ao menos formalmente, pretendem redistribuir o poder dentro do Estado e entre o Estado e a sociedade civil (Heller, 2001; Grindle, 1999).

Estudiosos dessas novas instituições de participação e do papel nelas desempenhado por organizações da sociedade civil não consideraram a questão

* Este capítulo baseia-se em Gurza Lavalle et al., 2005. Um suporte empírico mais sistemático para as afirmações feitas aqui pode ser encontrado neste artigo e em Houtzager et al., 2003. Disponível em: <www.ids.ac.uk/gdr/cfs/research/Collective%20Actores-pubs.html>.

da representação política importante, porque esta é mascarada pela ênfase colocada na "participação do cidadão", vista como o fundamento dos processos contemporâneos de democratização. Instituições, como os conselhos no Brasil, são frequentemente vistas como espaços para a "participação do cidadão", ainda que na maior parte das vezes elas coloquem atores coletivos (e não cidadãos individuais) em contato com autoridades públicas (Gurza Lavalle et al., 2005). Não estamos testemunhando apenas um aumento de oportunidades para a participação do cidadão, mas um processo mais amplo de *reconfiguração da representação política*, no qual as organizações da sociedade civil desempenham um papel central.

A contribuição dessa reconfiguração para uma maior democratização e inclusão política depende, em parte, de como o dilema da *representatividade* das organizações civis é resolvido. Acreditamos, por um lado, que à medida que as ONGs de defesa de direitos, as associações e as organizações comunitárias assumam um novo papel de representação política, o processo atual de reconfiguração da representação em torno do Poder Executivo pode convergir em direção a uma democracia mais inclusiva. Assim como o surgimento de partidos políticos de massa, que contribuíram para a expansão das instituições de representação política e da própria democracia nas primeiras décadas do século XX, as transformações atuais nas formas de representação política envolvem mudanças no funcionamento das instituições tradicionais de representação dos governos e uma expansão do *locus* e das funções da representação política.

Por outro lado, as consequências dessa reconfiguração para a democratização e a inclusão política dependem em certa medida das respostas dadas a duas questões: Quem essas organizações da sociedade civil representam quando atuam como representantes políticos, e em que termos é construída essa representação? A maior parte das organizações engajadas na representação política não tem mecanismos eleitorais para definir os seus representantes – isto é, para construir um mandato e assegurar a responsabilidade – e muitas não se organizam a partir da adesão voluntária. Ademais, além desses dois mecanismos clássicos, não existem modelos bem estabelecidos ou amplamente aceitos sobre como as organizações civis podem estabelecer sua representatividade, o que significa que para estabelecê-la devem enfrentar um desafio importante.

Este capítulo explora alguns dos esforços para enfrentar esse desafio, utilizando as descobertas de um levantamento junto a 229 organizações civis – isto é, associações de bairro ou comunitárias, associações, ONGs e coordenadores de redes destas organizações – na cidade de São Paulo (10 milhões de habitantes, dentro dos limites do município). O levantamento foi realizado em 2002 e deu preferência a organizações que estivessem trabalhando ativamente com (ou em nome de) a classe média baixa, a classe trabalhadora e os pobres.[1] Em razão de esse universo de organizações trabalhar com ou para grupos sociais que são considerados marginalizados das instituições de representação clássicas e dos centros do poder político, seu papel enquanto de representante é especialmente relevante para os debates sobre a direção da democracia contemporânea e se uma maior inclusão política está em curso.

São Paulo é "precursora" de algo que possivelmente reflete o horizonte da democracia. A cidade é a maior e mais politicamente diversa do Brasil, um país que desde sua transição democrática, em 1985, tornou-se um enorme laboratório de experiências democráticas. O país tem uma tradição de conselhos vinculados a atores de esquerda; tem experiências com a realização do orçamento participativo e com outras instituições de participação; e tem a presença já antiga de atores sociais ligados a setores populares, como os movimentos de saúde e moradia. Organizações civis em São Paulo e em outros lugares do Brasil têm ainda exercido uma influência notável em vários setores de políticas públicas desde o fim da ditadura militar em 1985 e, particularmente, desde a Constituição de 1988. Como sugere a agenda de pesquisa sobre a democratização da democracia, com o seu foco empírico no Brasil e em outros países de nível de renda baixo e médio, talvez, pela primeira vez, a democracia e as reformas democráticas estão sendo imaginadas e construídas no hemisfério sul.

Organizações da sociedade civil, representação e democracia

O processo de reforma do Estado que tem se desenrolado em anos recentes e, em particular, a onda de inovações institucionais, que criaram novas oportunidades para a participação dos cidadãos em processos de elaboração de políticas públicas, intensificaram o protagonismo político de organizações da sociedade civil. No caso de São Paulo, quase dois terços de nossa amostra de organizações que trabalham com ou para os pobres de áreas urbanas está envolvido em pelo menos uma das novas estruturas de participação institucional, a saber: o orçamento participativo e os conselhos políticos (Houtzager et al., 2004). Além disso,

[1] A amostra foi elaborada por meio da técnica de bola de neve, particularmente útil para acessar populações "ocultas" (Atkinson e Flint, 2003). Para maiores detalhes, ver Houtzager et al., 2003.

os atores têm um compromisso representativo amplo em São Paulo – quase três quartos afirmam explicitamente representar os grupos sociais que tomam parte em ou se beneficiam de suas atividades. E quando consideramos as diferentes formas de representação política que estão ao alcance desses atores, vemos que afirmações de envolvimento na representação política estão associadas a práticas políticas efetivas, nas quais a representação tem chances de ocorrer de fato. A relação inversa é igualmente consistente: organizações da sociedade civil que realizam poucas ou nenhuma prática de representação tendem a *não* definir a si mesmas como representantes de seus públicos.

Essa habilidade que algumas organizações da sociedade civil possuem de formular e potencialmente representar interesses de setores mais pobres em diferentes arenas de formulação de políticas públicas e na vida política em geral – das quais esses interesses estão frequentemente ausentes – é também uma razão importante para que se preste atenção ao nexo entre as esferas política e social e sua sedimentação institucional. No caso de São Paulo, a alegação de uma organização da sociedade civil de ser ou não representante de seu público está estreitamente vinculada à sua relação com as estruturas políticas tradicionais. Mais precisamente, o apoio ou não de um ator a candidatos políticos é de longe a melhor forma de predizer sua auto identificação como representante, seguida a certa distância por duas outras características: registro como uma organização de utilidade pública ou mobilização; e formulação e encaminhamento de demandas para autoridades públicas.

Não há nenhuma garantia *a priori* de que a representação pública potencial, fornecida por organizações da sociedade civil, vá de fato ser representativa, simplesmente porque essa forma de representação é construída no interior de uma esfera "societal", e não política. Se funcionarem como novos canais de mediação efetivos entre a população e os processos eleitorais ou, como ocorre no Brasil, entre a população e os administradores públicos na concepção e implementação de políticas, as organizações da sociedade civil poderão contribuir para a democratização da democracia, apenas se forem representativas ou capazes de manter a tensão essencial presente na relação entre representantes e representados. Clientelismo e patrimonialismo de vários tipos, por exemplo, também ocorrem nesse nível "societal" de atividades organizacionais.

Paradoxalmente, o dilema crucial do potencial de representatividade de organizações civis que assumem a representação – quem exatamente representam, e por meio de quais mecanismos se estabelece a relação entre representantes e representados? – não foi abordado pela literatura que trata seja da reconfiguração da representação, seja da democratização da democracia. Em nenhum dos casos explorou-se empiricamente e de forma sistemática essa nova forma de representação, ou as suas implicações para a democracia e para a teoria da democracia. Trabalhos anteriores sobre o modelo existente de legitimidade da representação – o mandato de representação por eleição –, que foi historicamente inspirado por um conjunto de atores que desempenharam papéis específicos, não cabem de forma alguma no perfil das organizações da sociedade civil ou nos papéis políticos que estas desempenham. Por sua vez, pesquisas mais recentes sobre a democratização da democracia não abordam em momento algum a questão da representação.

Estudos sobre a democratização da democracia têm dirigido sua atenção a inovações institucionais que abrangem várias formas de participação, em estruturas institucionais, para a elaboração e implementação de políticas públicas.[2] No entanto, esse amplo campo de pesquisa – composto por trabalhos sobre aprofundamento da democracia, responsabilização social, *empowered participation*, democracia deliberativa e sociedade civil – não reconhece a questão da representação política por organizações civis, porque ela está (nesses estudos) mascarada pela ênfase colocada na "participação do cidadão" e na "sociedade civil", que são consideradas os fundamentos da democratização contemporânea. Nessa literatura há, obviamente, diferentes ênfases, focos e categorias analíticas. No entanto, a maioria dos estudos compartilha de duas características que têm o efeito de bloquear a capacidade de conceber o papel que as organizações da sociedade civil podem desempenhar na representação política. Primeiro, em maior ou menor grau, eles valem-se de concepções estilizadas dessas organizações, frequentemente agrupadas sob o título de "sociedade civil", assumindo assim uma lógica particular e unificadora. Esse passo conceitual e normativo elimina as diferenças internas altamente relevantes entre os atores sociais e a interação que se dá na interface de instituições políticas e organizações da sociedade civil. A sociedade civil, supostamente, racionaliza a ação pública e democratiza as decisões políticas porque é guiada pelo diálogo e possui capacidades e convicções que estão previamente definidas por emanarem de raízes

2 Para bibliografia sobre aprofundamento da democracia, ver Fung, 2004; Fung e Wright, 2003; Santos Boaventura, 2002. Para abordagens de responsabilização social, ver Peruzotti e Smulovitz, 2002. Para *empowered participation*, ver Fung e Wright, 2003. Para perspectivas sobre democracia participativa, ver Habermas, 1993, 1996; Bohman e Rehg, 2002; Elster, 1998. Sobre sociedade civil, ver Keane, 1998, mas especialmente Cohen e Arato, 1992; Costa, 2002; Avritzer, 1994, 1997, 2003; e Panfichi, 2003.

genuínas e pré-políticas do mundo da vida. Assim, a continuidade ou conexão natural entre um grupo de atores sociais e a sociedade, ou alguns segmentos sociais – isto é, entre sociedade civil e sociedade –, é pressuposta, minando as investigações a respeito dos processos de representação que vinculam uma à outra. Vale lembrar a observação de Pitkin (1967: 60-91) de que a representação, por definição, pressupõe diferença e não identidade entre representantes e representados.

Segundo, as agendas de pesquisa e de intervenção política preocupadas com a democratização da democracia estão fortemente ligadas à ideia de participação, seja ela na forma de presença direta dos potencialmente afetados ou beneficiados por decisões públicas ou deliberação face a face. O debate a respeito da representação política é incompatível com a crítica radical da democracia representativa, que denuncia as distorções inevitáveis e as tensões, frutos da relação entre representantes e representados, e que, de maneiras diversas, advoga a democracia direta. De fato, enquanto a democracia direta operar por meio da autorepresentação, a problemática da representação será eliminada por completo (ver, por exemplo, Tenzer, 1992; Keane, 1984). A participação direta daqueles setores da sociedade considerados sub ou mal representados em instituições de representação clássicas é vista como uma forma crucial para melhorar a qualidade das instituições democráticas, tornando-as mais inclusivas. Se por vezes a própria ideia de participação parece sobrecarregada por causa das expectativas em relação aos seus efeitos positivos sobre a qualidade da democracia, a ideia, no entanto, também parece cognitivamente empobrecida quando consideramos que em lugares como o Brasil instituições de participação inovadoras – independentemente de terem ou não estimulado o envolvimento direto dos cidadãos – têm dado lugar à intensa "participação" de organizações civis.

Estudos que exploram a reconfiguração da representação política, por sua vez, oferecem interpretações da transformação em andamento no nível do sistema partidário, no qual o relacionamento entre representantes eleitos e cidadãos representados é considerado fluente (Manin, 1997; Novaro, 2000; Miguel, 2003a, 2003b; Roberts, 2002; Hagiopian, 1998). Nesses estudos, a representação reside fundamentalmente no processo eleitoral, e por essa razão não há necessidade de nem mesmo considerar se as organizações da sociedade civil estão adquirindo um papel na representação política em democracias contemporâneas. Considerando que organizações da sociedade civil não têm representatividade, seja por não disporem de nenhum mecanismo identificável para estabelecer um mandato ou autorizar a representação – eleições –, seja por não terem nenhum mecanismo de responsabilização, esses estudos esvaziam mais do que iluminam a problemática explorada neste capítulo. O papel possível das organizações da sociedade civil na reconfiguração da representação é considerado *a priori* irrelevante (ver Przeworski, 2002; Chandhoke, 2003).

Há boas razões para algum ceticismo a respeito da representatividade de organizações da sociedade civil. Além da falta de mecanismos claros e obrigatórios de responsabilização, entre os atores e os setores sociais que representam (Przeworski, 2002), o limite entre os papéis público e privado dessas organizações é definido de forma ambígua. Como resultado, diversos autores apontam para o papel funcional que essas organizações desempenham na lógica de privatização e de redistribuição de responsabilidades entre a sociedade, o Estado e o mercado (Houtzager et al., 2002; Cunil, 1997; Dagnino, 2002). Há outras ressalvas importantes, como a possível proliferação de alegações baseadas na representação substantiva, como raça e gênero, que são alheias à lógica formal e universal da representação política moderna; o enfraquecimento da capacidade das organizações civis de se comportarem como agentes de protesto social e de disputarem a agenda política à medida que seu envolvimento em programas estatais ou em instituições de participação aumenta; ou até mesmo a falta de reconhecimento e de expectativas do público em relação às organizações da sociedade civil (Chandhoke, 2004).

Acreditamos, no entanto, que é bom evitar conclusões baseadas em tais reservas, uma vez que a maioria delas pressupõe uma configuração tradicional da representação política ou do mandato de representação como ponto de partida. Organizações da sociedade civil não são, nem podem ser, dotadas de mandatos desse tipo, isto é, como as autoridades públicas, eleitas segundo o princípio de sufrágio universal. Julgá-las segundo esses padrões pode se revelar um exercício pouco produtivo. De fato, os limites, conquistas e empecilhos das noções existentes de representação dentro do universo das organizações da sociedade civil são hoje objeto de grande disputa política. Deixar de lado as reservas mencionadas acima nos permite continuar a refletir a respeito do desafio analítico colocado. Os próprios atores não esperam que os teóricos descubram ou compreendam o seu novo papel político. Nas organizações civis é possível encontrar hoje diversas noções parcialmente construídas de representação que são usadas para defender publicamente sua representatividade. O conteúdo de algumas dessas noções é compatível com a expansão da democracia, enquanto o de outras claramente não é.

Organizações da sociedade civil e representação presuntiva

Na ausência de modelos históricos ou teóricos para examinar a representação política das organizações da sociedade civil, defendemos uma estratégia analítica que é indutiva, mas guiada, por um lado, pela dualidade constituída pelo conceito de representação, e, por outro, pela importância do compromisso genuíno (subjetivo) dos representantes com os interesses dos representados (Burke, 1949). A estratégia consiste em mudar o foco da questão da representatividade do nível real para o simbólico, centrando a atenção no compromisso dos representantes com a representação, ou em sua identificação com os representados, e, em termos sociológicos, na própria percepção de sua representatividade. Isso implica levar a sério as autodefinições das organizações da sociedade civil como representantes: a aceitação ou rejeição pública da ideia de serem representantes, com as justificações ou argumentos de congruência usados por elas para defender publicamente o caráter genuíno de seu compromisso de representar.

A dualidade constitutiva da representação política é composta, de um lado, da autonomia do representante e, de outro, do mandato conferido pelos representados (Pitkin, 1967). A existência da representação não garante representatividade – correspondência com a vontade dos representados – e a força da representação não pode ser realizada pela remoção da autonomia dos representantes. Como Sartori (1962) e Pitkin (1967) mostraram de forma meticulosa, manter analiticamente apenas um dos dois pólos dessa dualidade é a maneira mais rápida de esvaziar a representação política de significado – ou ela perde seu sentido substancial de agir no interesse dos representados, ou perde sua natureza política como cristalização institucional para governar a sociedade.

A representação publicamente presuntiva não é equivalente à representação efetiva, mas o compromisso com os interesses dos representados é um componente vital da representação. No final das contas, defende Burke (1949), a melhor garantia de representação autêntica – isto é, de representatividade – é a existência de um compromisso de representação genuíno. Dada a natureza contingente desse fator subjetivo, mecanismos institucionais formais são tão necessários quanto desejáveis para garantir que o compromisso de representação não se perca. Apesar de a dimensão subjetiva da representação ter se desvalorizado sistematicamente nas teorias da democracia, regras e desenhos institucionais tornam-se impotentes quando os representantes não são estimulados ou movidos por um "sentimento de representação". Mais precisamente, se a representação não pode ser reduzida à mera representação presuntiva, a representatividade não pode se desfazer do compromisso de representação, e esse compromisso está amplamente presente nas organizações da sociedade civil.

Seis noções de representação

A ideia de "representação presuntiva" nos permite evitar a pergunta se a representação de fato ocorre, assim como sobre a representatividade de um ator. Ela introduz distinções que ajudam a explorar a problemática da representatividade das organizações da sociedade civil de uma forma diferente – como justificação associada à representação presuntiva. Justificações são partes inerentes à representação presuntiva. O leque de argumentos que um ator pode invocar para defender sua alegação de representatividade em relação a um público torna explícita a base de autenticidade dessa autodefinição – da perspectiva de um ator, claro. A tipologia de argumentos de convergência condensa esse leque amplo e categoriza seus elementos-chave. O que é considerado aqui são os motivos e as razões realmente fornecidas pelas organizações da sociedade civil para tratar da questão espinhosa de sua representatividade, uma vez que elas assumiram a posição de representantes de seu público. Consequentemente, a tipologia é resultado da pesquisa. Ela negligencia elementos conceituais normativos e não diz qualquer coisa sobre a maneira como as organizações da sociedade civil *devem* interpretar seus papéis de representação política, ou sobre os mecanismos apropriados de responsabilização que vinculariam essas organizações àquelas finalmente representadas.

Seis argumentos de congruência prevalecem nas organizações da sociedade civil (Tabela 1). São eles: clássico-eleitorais, proximidade, serviços, mediação, associação formal e identidade. Cada argumento é composto pelos mesmos elementos, apesar destes estarem relacionados entre si de formas diferentes. Em geral, a representação combina três elementos: *os representados*, pessoas cujas vontades estão ligadas de forma mais ou menos direta e concreta (voto, demanda, petição) ou de maneira indireta e abstrata (nação, tradição, bem comum); *os representantes*, mediadores e guardiães de interesses dos representados, cujo papel está vinculado a diversos níveis de institucionalização, autorização e obrigação para com os representados; e o *locus*, que é simultaneamente a jurisdição na qual a representação é exercida e os interlocutores a quem é dirigida. Nesse caso, em que as figuras da representação tradicional se mostram inadequadas, os representados tendem a coincidir com o público das organizações, geralmente caracterizado de forma bastante ampla como "os excluídos", "os pobres", "a comunidade" e os "cidadãos". Os representantes correspondem à organização civil que é legitimada pela autodefinição, e o *locus*, apenas implicitamente especificado na maioria dos casos, é via de regra centrado na autoridade pública e menos frequentemente em outras instituições sociais e diante de outros interlocutores sociais.

Apesar de os três componentes estarem presentes em todos os argumentos de congruência, em cada argumento os componentes se relacionam uns com os outros de maneiras específicas, cujas marcas distintivas estão na ênfase colocada pelos atores na parte e no conteúdo daquelas relações que são por eles utilizadas como prova da autenticidade de sua suposta condição de representantes.

Os resultados revelam que os argumentos de congruência apresentados pelas organizações da sociedade civil justificando sua representatividade parecem estar cristalizados em torno de um número pequeno de noções de representação. Dos seis argumentos apresentados pelas organizações da sociedade civil, os que mais receberam atenção em estudos acadêmicos – os argumentos de identidade, os eleitorais e os de associação – são surpreendentemente raros. Eles respondem por apenas 16% dos atores que alegam ser representantes de seus públicos. Em contraste, mediação, proximidade e prestação de serviços são de longe os argumentos mais comuns (sendo utilizados por 31 a 23% dos atores).

Tabela 1
Tipologia de argumentos de congruência

Argumentos de congruência	Frequência n. (%)	Ênfase no relacionamento	Dimensões do argumento	Exemplos
Clássico-eleitoral	8 (4,2)	*Vertical*: dos representados aos representantes	Processo eleitoral	"Porque somos eleitos para responder politicamente por essa população..."
Organização formal	13 (6,8)	*Interno*: Dos representantes aos representados	Associação formal	"Porque fazemos parte do movimento na condição de membros..."
Identidade	9 (4,7)	*Interno*: dos representados aos representantes	Identidade / substantivo	"Fazemos parte do grupo; por isso falamos."
Mediação	60 (31,1)	*Vertical*: dos representantes ao *locus*	(a) Defesa (b) Mediação	(a) "Porque lutamos pelos direitos das crianças..." (b) "Porque temos sido sua voz antes mesmo das autoridades públicas..."

Argumentos de congruência	Frequência n. (%)	Ênfase no relacionamento	Dimensões do argumento	Exemplos
Proximidade	52 (27,1)	*Horizontal*: dos representantes aos representados	(a) Mediação (b) Abertura (c) Compromisso	(a) "Porque nós criamos as condições para que esse grupo desenvolva uma consciência política..." (b) "Porque trabalhamos em parceria com essa gente..." (c) "Porque os objetivos da organização estão centrados nesse grupo, apoiando o seu desenvolvimento..."
Serviços	45 (23,4)	*Vertical*: dos representantes aos representados	Serviços sem fins lucrativos	"Porque procuramos oferecer alguma estrutura para as famílias: distribuição de leite, itens básicos..."
Outros	5 (2,6)			
Total	192 (100)			

Quem faz uso desses argumentos de congruência, e como eles se relacionam com o exercício potencial da representação? O fato de que atores fazem uso, geralmente, de um único argumento sugere que eles estão construindo argumentos de forma consciente e proposital para justificar sua representatividade. Apenas 1% utiliza três argumentos para justificar sua representatividade, 13% usa dois, e 86%, apenas um. Dos seis argumentos, os mais adotados são os da mediação (31%) e da proximidade (27%), seguido pelo de serviço. Em contraste, associação, identidade e mecanismos clássico-eleitorais são evocados com pouca frequência.

Existe uma afinidade eletiva entre certos argumentos de congruência e tipos específicos de organização, refletindo a própria lógica dos argumentos (Tabela 2). Organizações prestadoras de serviços sem fins lucrativos não citam o argumento clássico-eleitoral, associação ou identidade nem ao menos uma vez, enquanto o argumento de serviço é utilizado frequentemente. Associações locais empregam acima de tudo o argumento de proximidade, e não o de associação. Junto com os grupos de coordenação, as associações locais são os únicos atores a utilizar o argumento clássico-eleitoral. Os grupos de coordenação, por sua vez, respondem por quase todos os casos de argumentos de associação citados, concentrando as razões para sua representatividade no argumento de mediação. ONGs de defesa de direitos também lançam mão do argumento de mediação mais frequentemente, seguido de perto pelo argumento de proximidade, embora, diferentemente dos grupos de coordenação, descartem totalmente o argumento clássico-eleitoral.

Existe uma relação entre as práticas de representação política – (i) novas formas de representação no Poder Executivo; (ii) mediação direta de demandas *vis-à-vis* agências públicas específicas; (iii) proselitismo político por meio de agregação de interesses; e (iv) proselitismo político – e os diferentes argumentos de congruência? A Tabela 3 mostra que os argumentos clássico-eleitorais e de associação, que obedecem a estruturas de representação aceitas em democracias de massa, são usados por organizações que de fato praticam recorrentemente uma das quatro atividades associadas à representação política. O argumento de identidade, por sua vez, tem desempenho semelhante, ainda que um pouco inferior. A grande maioria das organizações que cita esses argumentos realiza pelo menos três das atividades consideradas nas análises. Por outro lado, os argumentos de mediação e de proximidade são citados apenas por um pequeno grupo de organizações que não executam pelo menos uma das atividades ligadas à representação política. O argumento de congruência baseado na prestação de serviços tem a relação mais fraca com atividades de representação – é usado por atores que em sua maioria (70%) realizam no máximo duas daquelas atividades.

Tabela 2

Argumentos para representação presuntiva em organizações da sociedade civil (%)

Argumentos de congruência	ONGs de defesa de direitos	Associações locais	Serviços sem fins lucrativos	Grupos de coordenação	Outros
Clássico-eleitoral	0,0	8,3	0,0	8,5	0,0
Associação	6,7	0,0	0,0	23,4	0,0
Identidade	6,7	6,3	0,0	4,3	0,0
Mediação	33,3	27,1	25,9	36,2	42,9
Proximidade	30,0	29,2	14,8	19,1	21,4
Serviços	16,7	27,1	55,6	6,4	35,7
Outros	6,7	2,1	3,7	2,1	0,0
Total	100	100	100	100	100

Esses resultados relativos a São Paulo sugerem uma afinidade surpreendente entre noções e ações de representação e questionam, de forma precisa e múltipla, alguns dos pressupostos centrais das agendas de pesquisa a respeito da reconfiguração da representação e da democratização da democracia. Por exemplo, 73% das organizações alegam representatividade, e para elas a relação com instituições políticas tem importância central para suas alegações de representatividade. O melhor indicador de sua propensão a assumir a representação dos públicos para os quais ou com quais trabalham é se a organização apoiou candidatos políticos em eleições. Além disso, aqueles que alegam representatividade estão mais propensos a se envolver em atividades reais de representação do que aqueles que afirmam que não são representantes. Ao contrário do que pressupõem as duas agendas de pesquisa, esse fato sugere não apenas que a maioria das organizações da sociedade civil que trabalha com ou para grupos de baixa renda se envolve de forma assumida com a representação política, mas também que as dinâmicas dessa representação política estão intimamente relacionadas às dos canais tradicionais de participação política. Elas *não* são paralelas aos ou separadas dos canais tradicionais.

Tabela 3
Atividades de representação de acordo com argumentos de congruência

Argumentos de representação	Atividades de representação					Total
	0	1	2	3	4	
Clássico-eleitoral	0,0	0,0	12,5	62,5	25,0	100,0
Associação	0,0	7,7	30,8	61,5	0,0	100,0
Identidade	0,0	0,0	44,4	44,4	11,1	100,0
Mediação	5,0	15,0	25,0	41,7	13,3	100,0
Proximidade	9,6	7,7	25,0	44,2	13,5	100,0
Serviços	13,3	26,7	20,0	33,0	6,7	100,0
Outros	40,0	20,0	40,0	0,0	0,0	100,0

Entre os argumentos de congruência conciliáveis com princípios democráticos, o argumento de *mediação* parece ser o mais promissor. O argumento é apresentado por aproximadamente um terço dos atores – em especial, ONGs, associações comunitárias e coordenadores. Isso sugere que a representação exercida pelas organizações da sociedade civil não é uma alternativa às instituições de representação política, mas sim uma forma adicional de mediação que conecta segmentos da população que de outra forma se veriam sub-representados no Estado e na política eleitoral. Atores que usam principalmente o argumento de mediação envolvem-se em atividades políticas, nas quais a representação efetiva tem chances de ocorrer.

Recentes experimentos em instituições de participação e reforma do Estado no Brasil refletem argumentos de mediação expressos pelas formas de representação presuntiva aqui descritas. Essas mudanças político-institucionais têm alterado a dinâmica da representação das organizações da sociedade civil nas últimas duas décadas e acabaram por fazer essa representação assumir dimensões políticas explícitas. Organizações civis que apresentam o argumento de mediação afirmam seu compromisso com o papel de mediadores que conectam, de um lado, segmentos sub ou mal representados da população ao Estado, e, de outro, à política eleitoral. O que está em discussão, portanto, é um argumento que situa as organizações da sociedade civil como uma nova forma de mediação entre representantes e representados.

Conclusão

Inovações institucionais que trazem organizações da sociedade civil para dentro do processo de definição e supervisão de políticas públicas, estão ampliando os limites da representação política para além do seu *locus* e função originais, em direção ao Executivo. Em São Paulo, cidadãos comuns não são, geralmente, os principais protagonistas nesses novos espaços de participação; na verdade, quem desempenha esse papel são organizações civis legalmente investidas do papel de representantes dos setores da sociedade a que essas políticas se dirigem. Ademais, são as organizações da sociedade civil que ativamente cultivam o apoio e constroem alianças com atores políticos tradicionais, tendo em vista realizar os objetivos ligados à sua condição de representantes de seus públicos.

A confirmação de que as organizações da sociedade civil desempenham um papel importante na reconfiguração da representação em São Paulo não diz nada sobre as consequências positivas ou negativas para a inclusão política ou para a qualidade da democracia. Essas consequências dependem, entre outras coisas, da natureza da representação dessas organizações e de quanto as noções de representação política desses atores vão ao encontro das exigências democráticas.

As evidências examinadas aqui indicam que se deve evitar a elaboração de um modelo único estilizado de representação das organizações da sociedade civil, uma vez que diversos modelos de representação são usados nas justificações públicas de autenticidade da representação. Sem dúvida, um número significativo de organizações concebe a legitimidade de sua representação em termos que têm consequências perversas se projetados na arena política. Mesmo assim, existem argumentos de congruência conciliáveis com as exigências democráticas e eles são utilizados pela maioria dos atores. Entre esses argumentos, a noção de representação que chamamos de *mediação* é explicitamente político e compatível com o processo contemporâneo de reconfiguração da representação.

Referências bibliográficas

ATKINSON, R.; FLINT, J. Accessing hidden and hard-to-reach populations: Snowball research strategies. *Social Research Update 33*. Disponível em: <www.soc.surrey.ac.uk/sru/ SRU33.html>.

AVRITZER, L. Modelos de sociedade civil: uma análise específica do caso brasileiro. In: ______. (org.). *Sociedade civil e democratização*. Belo Horizonte: Del Rey, 1994.

______. Um desenho institucional para o novo associativismo. *Lua Nova*, Cedec, n. 39, 1997.

______. *Democracy and the public space in Latin America*. Princeton: Princeton University Press, 2003.

BOHMAN, J.; Rehg, W. *Deliberative democracy*. Massachusetts: MIT Press, 2002.

BURKE, E. Speech to the electors. In: HOFFMAN, R. J. S. *Burke's politics*. Nova York: Alfred A. Knopf, 1949.

CHANDHOKE, N. *Governance and the pluralisation of the state: implications for democratic pratices in Asia*. University of Delhi, 2003, mimeo.

______. *Revisiting the crisis of representation thesis: the Indian context*. University of Delhi, 2004, mimeo.

COHEN, J.; Arato, A. *Civil society and political theory*. Cambridge MA: MIT Press, 1992.

COSTA, S. *As cores de Ercília: esfera pública, democracia, configurações pós-nacionais*. Belo Horizonte: UFMG, 2002.

CUNIL, G. N. *Pensando lo público a través de la sociedad: nuevas formas de gestión pública e representación social*. Caracas: Nueva Sociedad/Clad, 1997.

DAGNINO, E. Sociedade civil, espaços públicos e a construção democrática no Brasil: Limites e possibilidades In: ______. *Sociedade civil e espaços públicos no Brasil*. São Paulo: Paz e Terra, 2002.

ELSTER, J. (org.). *Deliberative democracy*. Cambridge: Cambridge University Press, 1998.

FUNG, A. *Empowered participation: reinventing urban democracy*. Princeton: Princeton University Press, 2004.

FUNG, A.; WRIGHT, E. O. Thinking about empowered participatory governance. In: ______. *Deepening democracy: institutional innovation in empowered participatory governance*. Londres: Verso, 2003.

GOODMAN, L. Snowball sampling. *Annals of Mathematical Statistics*, v. 32, n. 1, 1961.

GRINDLE, M. S. *Audacious reforms: institutional reform and democracy in Latin America*. Baltimore: Johns Hopkins University Press, 1999.

GURZA LAVALLE, A. HOUTZAGER, P.; Castello, G. In whose name? Representation and civil organisations in Brazil. *IDS Working*, Institute of Development Studies, University of Sussex, Falmer, n. 249, 2005.

HABERMAS, J. La soberanía popular como procedimiento: Un concepto normativo de lo público. In: HERRERA, M. (org.). *Jurgen Habermas – moralidad, ética y política: propuestas y críticas*. México: Alianza Editorial, 1993.

______. Three normative models of democracy. In: BENHABIB, S. (org.). *Democracy and difference: contesting the boundaries of the political*. Princeton: Princeton University Press, 1996.

______. *Between facts and norms: contributions to a discourse theory of democracy*. Cambridge MA: MIT Press, 1998.

HAGIOPIAN, F. Democracy and political representation in Latin America in the 1990s: pause, reorganization, or decline?. In: AGUERO, F.; STARK, J. (orgs.) *Fault lines of democracy in post-transition Latin America*. Miami: North-South Center Press, 1998.

HELLER, P. Moving the state: the politics of democratic decentralization in Kerala, South Africa and Porto Alegre. *Politics and Society*, v. 29, n. 1, 2001.

HOUTZAGER, P., HARRIS, J.; COLLIE, R.; LAVALLE, A. Gurza. Rights, representation and the poor: comparisons across Latin America and Índia. *LSE Working Paper Series*, London School of Economics, n. 2-3, 2002.

HOUTZAGER, P.; LAVALLE, A. Gurza; ACHARYA, A. Who participates? Civil society and the new democratic politics in São Paulo, Brazil. *IDS Working*, Institute of Development Studies, University of Sussex, Falmer, n. 210, 2003.

______; ______; ______. Atores da sociedade civil e atores políticos – participação nas novas políticas democráticas em São Paulo. In: AVRITZER, L. (org.). *Participação política em São Paulo*. São Paulo: Unesp, 2004.

KEANE, J. *Public life and late capitalism: toward a socialist theory of democracy*. Cambridge: Cambridge University Press, 1984.

______. *Democracy and civil society*. Londres: Verso, 1988.

MANIN, B. *The principles of representative government*. Cambridge: Cambridge University Press, 1997.

MIGUEL, L. F. Representação política em 3-D: elementos para uma teoria ampliada da representação política. *Revista Brasileira de Ciências Sociais*, v. 51, n. 18, fev. 2003a.

______. Impasses da accountability: dilemas e alternativas da representação política. Texto apresentado no XXVII Congresso Anual da Anpocs, Caxambu, out. 2003b.

NOVARO, M. *Representación y liderazgo en las democracias contemporáneas*. Rosario: Homo Sapiens Ediciones, 2000.

PANFICHI, A. *Sociedad civil, esfera pública y democratización en América Latina: Andes y Cono Sur*. Fondo de Cultura Económica: Universidad Veracruzana, 2003.

PERUZZOTTI, E.; SMULOVITZ, C. Accountability social: la otra cara del control. In: ______ (orgs.). *Controlando la política – ciudadanos y medios de las nuevas democracias latinoamericanas*. Buenos Aires: Temas, 2002.

PITKIN, F. H. *The concept of representation*. Berkeley: University of California Press, 1967.

PRZEWORSKI, A. Accountability social en América Latina y más Allá. In: PERUZZOTTI, E.; SMULOVITZ, C. *Controlando la política – ciudadanos y medios de las nuevas democracias latinoamericanas*. Buenos Aires: Temas, 2002.

ROBERTS, K. M. Party-society linkages and democratic representation in Latin America. *Canadian Journal of Latin American and Caribbean Studies*, v. 27, n. 53, 2002.

SANTOS, B. de Sousa. *Democracia e participação: o caso do orçamento participativo de Porto Alegre*. Porto: Edições Afrontamento, 2002.

SARTORI, G. A teoria da representação no Estado Representativo moderno. *Revista Brasileira de Estudos Políticos*, ed. Bernardo Álvares, Minas Gerais, 1962.

TENZER, N. *La sociedad despolitizada. Ensayo sobre los fundamentos de la política*. Barcelona: Paidós, 1992.

7
INCLUSÃO E REPRESENTAÇÃO NAS DELIBERAÇÕES DEMOCRÁTICAS:
Lições da Comissão Romanow do Canadá*

Bettina von Lieres
e David Kahane

Nos contextos das regiões Sul e Norte do planeta, afirma-se agora, de uma maneira bastante ampla, que a deliberação leva a uma formulação de políticas mais efetiva e legítima, ao aumento da confiança pública e do capital social, ao cultivo do caráter e do comprometimento dos cidadãos e à redução de controvérsia quando as políticas são implementadas. Contudo, enquanto em muitos contextos do Sul os novos espaços democráticos são frequentemente locais e raramente envolvem um largo espectro da sociedade em deliberações de grande escala, no Norte há uma recente proliferação de amplas consultas deliberativas com cidadãos sobre problemas de importância nacional.[1] Esses exercícios de consulta suscitam diferentes questões sobre cidadania e inclusão, especialmente

* A pesquisa em que se baseia este capítulo foi iniciada pelo esforço exclusivo de Von Lieres. A finalização do capítulo contém contribuições de Kahane e Von Lieres. Gostaríamos de agradecer a Merrick Zwarenstein por chamar a atenção de Bettina von Lieres para os métodos inovadores de consulta da Comissão Romanow. Agradecemos a todos os membros do grupo "Espaços de transformação" do Development Research Centre on Citizenship, Participation and Accountability, do Institute of Development Studies, Universidade de Sussex, pelos seus comentários sobre os esboços iniciais do capítulo. No Canadá, Michel Amar foi extremamente generoso, dispondo seu tempo para responder muitas de nossas questões. A pesquisa inicial foi possível graças à subvenção da Fundação Rockefeller.

1 Esses exercícios de consulta em ampla escala fazem uso de uma variedade de métodos de pesquisa de opinião. Entre eles, destacam-se o "Twenty-First Century Town Meetings", organizado pela AmericaSpeaks, e "Deliberative Opinion Polls", idealizado por James Fishkin. Para uma visão geral de métodos, ver Gastil et al., 2005.

quando se trata da inclusão de grupos marginalizados em processos deliberativos. Este capítulo explora os problemas da inclusão deliberativa ao examinar o papel dos aborígenes nos componentes deliberativos da Comissão Romanow, estabelecida pelo governo canadense, em abril de 2001, com o propósito de deliberar, junto com os cidadãos, o futuro dos serviços de saúde no Canadá.

As determinações da Comissão Romanow incluíam a revisão do sistema de serviços de saúde canadense, o engajamento dos cidadãos num diálogo nacional sobre o futuro desse sistema e a elaboração de recomendações para o aprimoramento da qualidade e para a sustentabilidade do sistema. O percurso das consultas da Comissão foi vasto: autorizaram quarenta relatórios especializados e convocaram nove grupos especializados durante a sua vigência de um ano e meio; estabeleceram parcerias com empresas de comunicação, universidades, grupos comerciais e de defesa, bem como com a comunidade de política de saúde, para um "diálogo nacional dividido em quatro fases"; patrocinaram métodos de consulta explicitamente deliberativos, destinados a "examinar em profundidade não apenas as opiniões dos canadenses", mas também o modo como essas opiniões mudam conforme os cidadãos enfrentam, através do diálogo, difíceis impasses, buscando reconciliar essas opiniões com valores mais profundos (CPRN, 2002: 2). A Comissão recebeu uma ampla doação para essas tarefas: com um quadro de 47 funcionários, a Comissão por fim angariou entre 15 e 20 milhões de dólares canadenses.

Há uma forte tendência na teoria e na prática da democracia deliberativa de tratar a deliberação como algo que envolve cidadãos individuais (genéricos) num diálogo voltado para o bem comum. Segundo esse modelo, a deliberação política exige que os cidadãos assumam uma postura reflexiva sobre seus próprios interesses e vínculos, de modo que as conclusões coletivas estejam baseadas na força de uma razão mais consistente, emergindo de um diálogo desprovido de coerções (Fishkin, 1991; Habermas, 1990). Alguns críticos desse paradigma afirmam, entretanto, que as dinâmicas de deliberação política são densamente condicionadas pelas relações de poder: é menos provável que os grupos marginalizados participem da deliberação, e suas perspectivas têm uma chance menor de influenciar os resultados, mesmo quando esses grupos são especialmente vulneráveis no contexto político sobre os qual se está deliberando (Fraser, 1993; Tully, 1995; Williams, 1998). Do ponto de vista desses críticos – e nos incluímos entre eles – o desafio é desenhar deliberações políticas de modo que criem espaço às perspectivas marginalizadas, permitindo que elas tenham influência nas decisões coletivas.

É grande no Canadá o desafio da potencialização das perspectivas de grupos marginalizados nas deliberações políticas, especialmente quando se trata dos aborígenes. O legado complexo da colonização deixou aos povos canadenses da First Nations, Métis e Inuit péssimos indicadores de bem-estar, que estão refletidos no *status* econômico, na educação, na qualidade de moradia e no estado de saúde. Esse legado também gerou um profundo senso de alienação, de perda do direito de voto e de desconfiança dos povos aborígenes para com o Estado canadense. Uma questão ainda mais complicada é o fato de que os povos aborígenes reivindicam direitos de autogoverno, baseando-se frequentemente em antigos tratados; de modo que há visões conflitantes das unidades políticas que estão envolvidas em diálogos sobre o território chamado "Canadá", bem como sobre a possibilidade de os povos aborígenes estarem particularmente sujeitos ao governo do Estado canadense.

A Comissão Romanow envolveu-se em caminhos complexos e por vezes contraditórios, relativos a questões de inclusão e saúde dos aborígenes. Por um lado, baseado numa consulta cuidadosa feita com os aborígenes, o relatório final da Comissão dedicou um capítulo a questões concernentes à saúde aborígene. Por outro lado, os elementos explicitamente deliberativos do trabalho da Comissão foram feitos com grupos estatisticamente representativos de "cidadãos sem vínculos associativos"; e, mesmo incluindo os aborígenes, essas deliberações não consideraram a questão da saúde aborígene, nem incluíram, abertamente, dispositivos que permitissem que os participantes aborígenes superassem as dinâmicas de marginalização.

A seguir, esboçaremos, primeiramente, o contexto político dentro do qual a Comissão Romanow trabalhou, disponibilizando as controvérsias que definiram os debates atuais sobre o serviço de saúde canadense, bem como a situação peculiar dos povos aborígenes no que diz respeito à saúde. Em seguida, descreveremos as atividades da Comissão Romanow, mostrando como a deliberação cidadã ajusta-se ao trabalho da Comissão como um todo e como a Comissão estruturou um monitoramento à parte para a consulta com os aborígenes. A partir disso, então, atentaremos para o desenho do Diálogo Cidadão e para a jornada do Fórum Aborígene, que foram os espaços mais próximos que a Comissão conseguiu estabelecer para o comprometimento deliberativo com os aborígenes.

Acreditamos que o sucesso e o fracasso da Comissão Romanow, no que se refere à inclusão do aborígene nas deliberações, estão ligados a três aspectos fundamentais do desenho deliberativo:

1. A dimensão *reflexiva* do processo, no sentido de dar aos participantes um pronunciamento deliberativo na definição dos termos de sua participação, dos temas para os quais se voltarão e da forma que assumirá a deliberação.

2. A dimensão *recursiva* do envolvimento público, de modo que a deliberação cidadã situe-se, desde o início, no campo da tomada de decisões.

3. A existência de *espaços separados* em que membros de grupos marginalizados podem refletir sobre as dinâmicas de poder e exclusão, negociando questões de pauta, estratégias e identidades comuns. Esses espaços separados podem assumir diversas formas (de processos deliberativos paralelos a oportunidades para reuniões partidárias no interior das deliberações heterogêneas).

Nossa discussão sobre o processo Romanow reafirma a importância dessas escolhas e mostra sua relevância na capacitação de grupos marginalizados para a negociação de políticas complexas de reconhecimento e representação. O capítulo conclui com lições extraídas do processo Romanow para o desenho de espaços deliberativos em outros contextos.

O contexto da Comissão Romanow

No Canadá, o sistema de saúde é público e unificado. O governo federal financia aproximadamente 50% dos gastos com serviço de saúde, e o restante é provido pelas províncias federativas. A contribuição federal é contigente nessas províncias que seguem os princípios da Canada Health Act (CHA) [Lei de Saúde do Canadá], que estipula que o atendimento deve ser universal, dinâmico, acessível e publicamente financiado. Há, no momento, um conflito entre os governos das províncias e o governo federal sobre as questões de jurisdição e de financiamento, e sobre a flexibilidade que a CHA concede às províncias para experimentos com formas de financiamento e prestação de serviços de saúde (por exemplo, taxas para usuário, serviços de diagnóstico disponibilizados pela iniciativa privada, pagamento para companhias privadas que prestam serviços assegurados pelo governo). Também há no Canadá grandes desafios de sustentabilidade, de aumento de listas de espera, de escassez de profissionais da saúde, de acesso a atendimentos na área rural e regiões remotas, de fragmentação, de pressão para uma maior privatização ou expansão do sistema público, e ainda os desafios da saúde dos aborígenes.

O relacionamento histórico entre os aborígenes e o Estado canadense teve três consequências amplas que obscureceram a discussão sobre políticas de saúde. Em primeiro lugar, a história da colonização contribuiu para que os problemas sociais e de saúde nas comunidades aborígenes se tornassem endêmicos. Em segundo lugar, os tratados e os processos de colonização delegaram responsabilidades federais especiais com relação à questão da saúde dos aborígenes, ainda que se conteste a natureza dessas responsabilidades "fiduciárias". Em terceiro, a conturbada história do relacionamento entre diversos povos aborígenes e o Estado canadense fez que a formulação democrática de políticas voltadas para os problemas dos aborígenes fosse extremamente complexa: "aborígene" é um termo geral, empregado para denominar grupos comunitários e nações com diferenças culturais, linguísticas, econômicas e sociais, incluindo os povos das First Nations, Inuit e Métis.

As péssimas condições de saúde dos aborígenes no Canadá, o *status* constitucional complexo e a construção política dos problemas de saúde dos aborígenes formaram um parte inevitável do pano de fundo do trabalho da Comissão Romanow sobre a saúde dos canadenses. Os problemas dos aborígenes também apareceram de forma ambivalente nas deliberações cidadãs organizadas pela Comissão.

Deliberação e vozes aborígenes na Comissão Romanow

As Royal Commissions [Comissões Reais] são uma parte da herança parlamentar britânica no Canadá: elas são criadas pelos governos para investigar problemas de interesse público (ou, de modo mais cínico, para permitir que os governos adiem a consideração de problemas políticos temerários). Na década de 1990, o apoio público ao sistema de saúde canadense declinou em face de problemas como as longas listas de espera para procedimentos cirúrgicos, a escassez de funcionários médicos treinados e a falta de serviços de saúde nas áreas rurais e mais remotas. Pesquisas de opinião, conduzidas em 1991, 1995 e 1999, mostraram o percentual de canadenses que avaliavam o serviço de saúde como "excelente" ou "muito bom", declinando de 61 para 52% e daí para 24% (Shulman e Raza, 2003: 38). Algumas injeções de recursos do fundo federal no final da década de 1990 diminuíram a ansiedade, mas reconheceu-se de modo profuso que isso propiciaria apenas uma breve folga. Assim, o governo canadense organizou uma comissão para realizar uma pesquisa de opinião que indicasse o que os cidadãos pensavam sobre os serviços de saúde e "garantisse a longo prazo a sustentabilidade de um sistema de saúde público universalmente acessível, oferecendo serviços de qualidade aos canadenses" (Privy Council of Canadá,

2001: 569). A Comissão devia ser conduzida por Roy Romanow, ex-*premier* de Saskatchewan.

O mandato da Comissão se iniciou com a orientação de realizar um levantamento participativo preliminar, seguido de um relatório interino e, então, de um diálogo com o público canadense e outros grupos de interesse, com base neste relatório. É importante notar que em nenhuma parte das determinações oficiais da Comissão menciona-se a questão de saúde do aborígene; de fato, nos primeiros meses de trabalho da Comissão havia bastante incerteza sobre se essa questão estava incluída nas determinações (Forest, entrevista, 2005).

No final, a Comissão Romanow comprometeu-se com um conjunto de mecanismos de consultivos, que Roy Romanow descreve da seguinte maneira:

> Começamos pela análise dos relatórios do sistema de saúde e pela solicitação das propostas dos canadenses e das organizações interessadas. A fim de esclarecer nosso entendimento sobre temas centrais, organizamos mesas-redondas com especialistas e conduzimos visitas de campo, tanto no Canadá quanto no exterior. Onde identificamos lacunas e necessidades de uma nova perspectiva, encarregamos especialistas independentes para conduzir a pesquisa desde o começo. Por fim, reuni-me com os maiores especialistas em políticas de saúde do Canadá para ouvir suas opiniões: eu os desafiei, e eles a mim. Trabalhamos muito também no sentido do comprometimento dos canadenses com nossas consultas porque, em última análise, o sistema de saúde era deles. Estabelecemos parcerias com empresas de comunicação, universidades, grupos comerciais e de defesa, bem como com a comunidade de política de saúde para despertar uma consciência relativa aos desafios do seguro-saúde... Tive também o privilégio de conduzir um dos exercícios de consulta mais elucidativos, inclusivos e bem-sucedidos que nosso país já testemunhou (CFHCC, 2002: xv).

A consulta "inclusiva e bem-sucedida" com cidadãos canadenses assumiu várias formas: fóruns televisionados, audiências abertas ao público e *consultation workbook*. O Diálogo Cidadão, que envolveu todo o país, é o que mais se destaca: nele a Comissão ultrapassou as maneiras convencionais de colaboração cidadã para construir uma forma intensamente deliberativa – algo que buscou mobilizar os participantes para além do desempenho de seu entendimento e de seus interesses formados de antemão, levando-os a um posicionamento informado por de trocas cuidadosas de perspectivas e argumentos.

O Diálogo Cidadão

A Order in Council, que estabeleceu a Comissão Romanow, especificou que o trabalho investigativo deveria incluir um "diálogo com o público canadense"; a Comissão, por sua vez, assumiu seriamente essa orientação. Buscou-se caminhos que levassem o envolvimento do cidadão para além da consulta – ouvindo as opiniões dos cidadãos e dos grupos de interesse –, isto é, para a *deliberação*: comprometendo os cidadãos com um diálogo que desafiasse seus entendimentos prévios, confrontando-os com alguns tipos de escolhas difíceis presentes nas políticas de saúde e incitando-os a definir caminhos, condizentes com seus valores mais profundos, para a reforma do serviço de saúde. A Comissão estabeleceu uma parceria com a Canadian Policy Research Network (CPRN) [Rede de Pesquisa Política Canadense], um *think-tank* com larga experiência em pesquisa e projeto de espaços franqueados para o diálogo de cidadãos.[2] A CPRN, por sua vez, fez parceria com o Viewpoint Learning, uma firma privada de consultoria especializada na construção de estruturas de diálogos tanto no contexto de negócios quanto no de políticas públicas, valendo-se da metodologia *ChoiceWork dialogue*.[3] O processo criado a partir dessa parceria foi o Diálogo Cidadão, voltado para o futuro dos serviços de saúde no Canadá.

O Diálogo Cidadão foi concebido em contraste explícito com dois modelos de envolvimento cidadão empregado pelas antigas Royal Commissions. Um primeiro contraste foi com as audiências públicas, que dão oportunidade para manifestação pública de cidadãos que se autosselecionam, mas "não criam o ambiente em que os cidadãos de nível médio possam apresentar suas opiniões e participar ativamente do debate público" (CPRN, 2002: 15). Um segundo contraste foi com o Fórum Nacional de Saúde, realizado entre 1994 e 1997: essa força-tarefa "estabeleceu, explicitamente, o objetivo de conhecer" os valores cardeais dos canadenses centrais referentes ao serviço de saúde, por meio de grupos focais que discutiram uma série de cenários, apresentando diferentes problemas e situações pessoais. Entretanto, o Fórum não estabeleceu um método que capacitasse os cidadãos a enfrentar as difíceis escolhas que surgem ao longo de um processo de reforma. O Diálogo Cidadão e o emprego da metodologia *ChoiceWorks* foram concebidos para evitar essas armadilhas: "investigar profundamente [...] o modo como essas opiniões evoluem, conforme os cidadãos

[2] Mais informações, ver: <http://cprn.ca>.

[3] Mais informações, ver: <www.viewpointlearning.com>.

enfrentam no diálogo entre si os difíceis impasses, buscando reconciliar tais visões com valores mais profundos" (CPRN, 2002: 2).

O Diálogo Cidadão convocou em escala nacional doze sessões diárias, cada uma delas envolvendo aproximadamente quarenta cidadãos. Os participantes eram selecionados aleatoriamente, embora fossem postos de lado os profissionais de saúde e os administradores, por volta de 18, e aqueles que não podiam tomar parte no diálogo em inglês ou francês. O custo dos diálogos foi estimado em 1,3 milhão de dólares canadenses.

A Comissão elaborou um *workbook*[4] para os participantes, que se concentrava em três desafios característicos com que se confrontava o serviço de saúde canadense: aumentos de custos, insatisfação pública com a qualidade do atendimento e níveis variados de cobertura médica no país. Como um ponto de partida para a discussão, expuseram então quatro roteiros que respondessem a esses desafios:

Investimento maior em médicos, enfermeiros e equipamentos, seja por meio do aumento de impostos ou pela realocação de fundos a partir de outros programas de governo;

Introdução de custos e responsabilidades partilhados (por exemplo, taxas ou co-pagamento do usuário) para desencorajar o uso abusivo do sistema e aumentar a receita do governo;

Ampliar as escolhas por serviços privados através da reestruturação do sistema de saúde que inclui provedores privados

Reorganização do serviço de atendimento (por exemplo, grupos de médico, enfermeiros e outros profissionais trabalhando conjuntamente) para aperfeiçoar a eficiência e reduzir os custos.

As sessões matinais de cada diálogo começavam pela leitura do registro de atividades e preenchimento de um questionário, avaliando a impressão inicial dos participantes a respeito dos quatro roteiros. Os resultados mostraram que nenhuma mudança particular era esmagadoramente apoiada; as impressões favoráveis a cada um dos roteiros (entre 5 e 7, numa escala de 7) aumentaram de 34% (aumento da escolha particular) para 56% (reorganização da prestação de serviços) (CPRN, 2002: 27-28). Na etapa seguinte, cada participante falava brevemente sobre um problema que lhe afligisse. Os problemas levantados

[4] O *workbook* está reproduzido como apêndice no CPRN, 2002.

nessa fase compreendiam universalidade e acessibilidade; disponibilidade e sustentabilidade; ineficiência e abuso; prevenção e educação para saúde; aumento da cobertura de serviços; e privatização de serviços para o aumento da escolha individual.

Em seguida, os participantes trabalharam em grupos *self-facilitaded*, definindo o serviço de saúde que desejavam, e se reuniram em plenária para construírem um objetivo conjunto. O sistema ideal de serviço de saúde definido de manhã "era notavelmente coerente com o espectro dos diálogos empenhados de costa a costa": o acesso é baseado na necessidade, a cobertura é universal; as responsabilizações são claras para todos os atores envolvidos; as necessidades individuais são encontradas num sistema mais centrado no paciente; o bem-estar e a prevenção são enfatizados; o atendimento é integrado, multidisciplinar e conveniente; e o sistema é eficiente e economicamente viável (CPRN, 2002: 27-28).

As sessões vespertinas incitavam os participantes a considerar as escolhas e os *trades-offs* que gostariam de tratar, tendo em conta esses valores e ideais, trabalhando primeiro com seus grupos e, em seguida, na plenária, para identificar uma base comum.

> Os facilitadores enfatizaram a importância do desenvolvimento de uma lista com passos mutuamente consistentes e de baixo custo; prendendo-se com afinco aos passos que deveriam ser dados e ao modo como pagariam isso. E ressaltaram: "se não fizermos escolhas e *trade-offs*, eles os farão por nós, e talvez não sejam as escolhas pelas quais optaríamos..." (CPRN, 2002: 35).

As reformas que surgiram nas sessões vespertinas direcionavam-se à reorganização dos serviços de atendimento; ao aumento do financiamento público (rejeitando um sistema privado paralelo e a ambivalência do co-pagamento para usuários); à construção de uma responsabilização e transparência mais fortes dentro de um sistema (por parte de fornecedores, empresas de medicamento, administradoras e governos).

O passo final consistia em que os participantes preenchessem o mesmo questionário que haviam preenchido no começo do dia. Em geral, o número de respostas indecisas diminuía, o apoio ao *status quo* despencava e a adesão aos quatro roteiros aumentava (os roteiros não eram necessariamente disjuntivos). O apoio para "reorganizar o serviço de atendimento" aumentou de 56% para 79%; o "investimento público maior" de 46% para 61%; a "divisão de custos e responsabilidades" de 45% para 50%; e o "aumento de escolha particular" de 34%

para 39%. Essas mudanças nas prescrições dos participantes para a reforma do serviço de saúde realçaram, aparentemente, o contraste que os elaboradores de espaços obtiveram entre comprometimento deliberativo e tipos de perspectivas trazidas à tona por meio de formas convencionais de consulta pública.

O Diálogo Cidadão mostrou-se importante nas deliberações da Comissão Romanow, desmentindo a visão da elite de que os cidadãos são incapazes de entendimentos nuançados sobre questões de reforma do serviço de saúde e pouco dispostos a elaborar difíceis *trade-offs*. Para Maxwell et al. (2003: 1033), os diálogos contradizem os preconceitos da elite, segundo os quais os cidadãos não se inscreveriam numa primeira rede voltada para saúde; recusariam a ter suas informações pessoais inscritas num registro eletrônico de saúde; não se preocupariam com educação e prevenção de saúde, faltando-lhes visões úteis sobre governança: "Uma importante lição é que as habilidades (e desejos) do público geral no comprometimento com esse caminho não devem ser subestimadas".

O relatório final da Comissão foi influenciado por três elementos-chave traçados no Diálogo Cidadão. Em primeiro lugar, elucidou os valores centrais dos canadenses referentes à saúde, de modo que as recomendações da Comissão foram definidas e formatadas. Em segundo lugar, as inesperadas demandas por transparência e responsabilização que surgiram do Diálogo – a Comissão não tinha percebido isso como valores importantes para os cidadãos – foram incorporadas ao relatório final (Forest, entrevista, 2005). Em terceiro lugar, o Diálogo deu um exemplo de papel ativo para os cidadãos, no que tange à tomada de decisão e à governança dos serviços de saúde, papel esse enfatizado no relatório final da Comissão: "os princípios de participação pública e responsabilidade mútua estavam firmados na proposta do 'pacto' pela saúde entre os governos, os fornecedores e o público canadense. E o relatório recomendou que os diálogos fossem retomados regularmente" (Maxwell et al., 2003: 1033).

Membros da Comissão Romanow falam, com razão para se orgulharem, sobre o Diálogo Cidadão, que conseguiu o comprometimento de um grande número de canadenses com uma reflexão disciplinada sobre questões complexas relativas ao planejamento do sistema de saúde, rendendo julgamentos que proporcionaram subsídios para a recomendação de políticas. Ainda assim, quando entra em cena a inclusão de perspectivas de grupos marginalizados – particularmente dos aborígenes –, é preciso questionar esse sucesso. Embora alguns aborígenes fossem incluídos nos diálogos, nem os desenhos nem os resultados destes incluíram sequer uma pequena menção aos problemas deles com a saúde. Acreditamos que essa ausência resulta de uma falha do Diálogo Cidadão em enfrentar abertamente a complexidade política envolvida em qualquer deliberação pública: trazendo questões sobre quem e quantos precisam sentar-se à mesa; quem é normalmente posto à margem dos diálogos políticos; e como as dinâmicas de exclusão e marginalização podem ser colocadas em questão e conduzidas na deliberação. A nosso ver, um comprometimento sério com a política da representação teria exigido mudanças, uma vez que o processo do Diálogo Cidadão era *reflexivo* (dando aos participantes a possibilidade de deliberarem sobre os termos da sua participação) e *recursivo* (de modo que os participantes tenham possibilidade de falar do início ao fim do processo), compreendendo *espaços separados* para votação e deliberação de grupos marginalizados.

Um primeiro conjunto de escolhas de desenho , que leva em conta o marginalizado, compreende o aspecto *reflexivo* do processo. Afirmaríamos que as questões de inclusão e representação deliberativas são sempre complexas e politizadas, tendo em vista que a finalidade de uma deliberação deve considerar as vozes dos grupos tipicamente em desvantagem nos diálogos políticos. Problemas de inclusão e representação merecem uma atenção mais detida por parte daqueles que organizam esses espaços, antes do exercício da deliberação, mas há razões práticas e normativas para que eles não sejam arranjados de antemão. Na prática, mesmo um grupo que traga organizadores com diferentes perspectivas terá dificuldade de antever o modo como serão tratados os problemas de inclusão e expressão pública durante uma deliberação, nem as questões que surgirão; os espaços precisam existir no interior do espaço deliberativo para que esses problemas possam ser levantados e encaminhados. De um ponto de vista normativo, a própria justificação da deliberação democrática baseia-se em conexões entre legitimidade política e diálogo desprovido de coerções (Habermas, 1990; Bohman, 1996; Chambers, 1996), de modo que há razões para que nos preocupemos quando as elites, que se ausentam do próprio exercício deliberativo, estabelecem o diálogo e as questões a serem encaminhadas.

O Diálogo Cidadão foi designado de cima para baixo: os tópicos e a condução da deliberação foram cuidadosamente estruturados de acordo com essa conjuntura. Essa estrutura predeterminada chamou a atenção dos participantes para aquilo que partilhavam na condição de cidadãos genéricos e individuais. De fato, é uma peça-chave do processo de *ChoiceWorks* o fato de que os diálogos são bem-sucedidos quando os participantes são "cidadãos não-afiliados", em vez de associados que representam alguma identidade particular ou grupos de interesse na sociedade.[5] A linguagem dos *workbooks*, e mesmo da Comissão Romanow mais amplamente, deu ênfase aos valores comuns dos canadenses, de modo que a particularidade dos cidadãos pôde ser reunida num conjunto de objetivos partilhados. Acreditamos que essa orientação para os "cidadãos não-associados" também se exauriu no procedimento de seleção para o Diálogo Cidadão, onde o que mais importava era a obtenção de uma amostra da população; isto contrasta com a seleção de procedimentos voltada para os grupos mais afetados pelas decisões, ou os grupos marginalizados nas discussões de uma determinada área política.

Se houvesse um grau maior de reflexividade por parte do Diálogo Cidadão, os participantes teriam capacidade de deliberar conjuntamente os termos de suas conversas – a sequência e a duração devidas da discussão, os roteiros a discutir, a relativa importância daquilo que é partilhado e do que é divergido. Essa reflexividade teria tornado o Diálogo Cidadão muito menos previsível, fazendo-o significativamente democrático.

As questões referentes ao desenho – quanto deve ser decidido de antemão e quanto durante a própria deliberação – conectam-se também às possibilidades *recursivas* do processo. Nos momentos em que a reflexividade refere-se à habilidade de os participantes considerarem os termos de suas conversas, a recursividade descreve as vias em que a deliberação é tratada como um processo em andamento. Do ponto de vista de cada participante, o Diálogo Cidadão era não-recursivo: cada diálogo consistia num processo único com oito horas de duração. As elites decidiram tanto sobre a estrutura do Diálogo quanto sobre o modo de assimilar os resultados do Diálogo aos relatórios da Comissão.

Podemos imaginar versões muito mais recursivas de deliberação cidadã. Em primeiro lugar, o desenho do Diálogo Cidadão poderia, ele próprio, considerar a deliberação dos cidadãos. Em segundo, há muitas formas a partir das quais os cidadãos poderiam ter desempenhado um papel avançado: eles poderiam, por exemplo, expressar-se sobre o modo como seus dias de trabalho foram ocupados na Comissão, ou sobre a conformidade do relatório final da Comissão.

O Diálogo Cidadão foi ouvido e interpretado por Romanow e sua equipe, e parece ter exercido uma importante influência sobre a Comissão e o relatório final. O seu papel, porém, foi exclusivamente voltado para a consulta: o resultado do diálogo não teve autoridade formal na construção de recomendações e os

[5] Conversa com Dan Yankelovich.

participantes do Diálogo não tiveram nenhum poder de ação na interpretação das sessões. Parece que essa não-recursividade refere-se a uma interpretação particular do papel representativo dos cidadãos, próprio de especialistas e da elite, na produção de conhecimento e recomendações na política de saúde. Não obstante o rigor e a ampla qualidade da deliberação cidadã, ela teve um lugar desprovido de autoridade na Comissão.

Uma terceira dimensão fundamental do desenho deliberativo é a existência de *espaços separados* para grupos marginalizados. Conforme observado, a metodologia *ChoiceWorks*, tomada ao pé da letra, tratou os participantes como indivíduos. Conforme o *workbook* explica, "todos os participantes do diálogo falam por si, e não como representantes de interesses específicos" (CPRN, 2002: 94). Estabelecida essa metodologia, os problemas da marginalização e inclusão dos grupos de base podem ser lidados, no máximo, como questões protocolares, de igualdade de tempo de exposição e admoestações para que se levassem a sério todas as opiniões – por exemplo, "ouvir as opiniões dos outros com empatia: reconhecer que você ouviu o outro *principalmente* quando você discorda" (CPRN, 2002: 94). Essa orientação individualista no desenho do diálogo pode não ter levado suficientemente a sério as formas complexas em que a marginalização pode vir a se perpetuar em espaços deliberativos, por exemplo, privilegiando certos tipos de raciocínio, permitindo a vigência do critério de autoridade e credibilidade, ou favorecendo certos tons e estruturas de argumento (Williams, 1998; Young, 1996).

A participação dos aborígenes no Diálogo Cidadão reforçou alguma dessas preocupações (consideradas as variações demográficas no Canadá, os aborígenes estavam presente em todas as sessões, mas em número muito maior nas sessões da região Oeste). Em geral, os organizadores estavam decepcionados com a capacidade que o diálogo tinha de levar os participantes aborígenes a um comprometimento, pois, uma vez recrutados, não costumavam se expor, mantendo-se muito quietos nas sessões do diálogo. Curiosamente, com o decorrer do diálogo, houve duas tentativas importantes (*ad hoc*) de intervir nessas dinâmicas. Primeiramente, os organizadores agruparam os participantes aborígenes em pequenos grupos de discussão, a fim de estabelecer confiança e voz. Em seguida, precedendo a sessão em Winnipeg, os organizadores buscaram trazer mais aborígenes para o diálogo do que o estabelecido pela metodologia das amostras representativas, ampliando o número de convites por meio do Winnipeg Native Friendship Center [Centro Nativo de Amizade Winnipeg]. Nenhuma dessas inovações *ad hoc* surtiu muito efeito, e poucas vozes aborígenes emergiram no Diálogo Cidadão (Maxwell, entrevista, 2005). Essa experiência revela as dificuldades para se engajar e empoderar membros de grupos marginalizados no interior dos espaços deliberativos franqueados, assim como as limitações que inovações pontuais enfrentam para superá-las. Dar uma voz mais influente aos aborígenes exigiria mudanças na estrutura básica do diálogo, a ponto de tencionar as premissas individualistas do método *ChoiceWorks*.[6]

As duas tentativas *ad hoc* de construção de uma voz aborígene no Diálogo Cidadão buscaram diminuir o isolamento dos aborígenes durante a deliberação, deixando-os trabalhar juntos e aumentando o número de seus integrantes. Os espaços deliberativos *separados* são formas mais ajustadas que dão voz aos grupos marginalizados. Esses espaços capacitam os membros de grupos marginalizados a desenvolver estratégias para nomear e reagir às dinâmicas de exclusão, promover confiança e habilidades, refletir sobre os objetivos e as identificações comuns, consolidando-os, e criar espaços para as diferenças dentro do grupo (Mansbridge, 1993). Os espaços *separados* para participantes aborígenes no Diálogo Cidadão seriam um caminho para mitigar a marginalização de suas perspectivas, levando a sério a especificidade dos problemas na saúde do aborígene num contexto em que os problemas constitucionais e jurisdicionais estão muito presentes.

A criação de espaços *separados* para a deliberação aborígene traria verdadeiros benefícios e custos potenciais. Um primeiro benefício seria oferecer um espaço dentro do qual os valores e as reivindicações dos aborígenes pudessem ser elencados de uma maneira ajustada e deliberativa, sem a necessidade imediata de traduzir e justificar as perspectivas aborígenes para torná-las inteligíveis aos não-aborígenes. Em contextos como esses, os modos culturalmente específicos de comunicação e de autorepresentação podem encontrar expressão e função. Um segundo consistiria no fato de que os espaços *separados* proporcionam uma abertura para a complexidade das perspectivas aborígenes, tratando-as de maneira democrática e deliberativa; em espaços mais heterogêneos, por outro lado, os aborígenes sentem-se pressionados a apresentar uma expressão comum (minimização de diferenças, digamos, entre aborígenes que pertencem ou não à reserva indígena, ou entre as perspectivas de Métis, First Nations e Inuit) de modo a tornar inteligíveis suas vozes para os outros, exercendo alguma influência sobre as deliberações. Um terceiro, os espaços *separados* permitiriam uma

6 Para uma discussão sobre os problemas de amostragem e inclusão, e sobre a "pesquisa de opinião deliberativa" de James Fishkin, ver Kahane, 2002.

maior reflexividade sobre o modo como os problemas são formatados. Isto é particularmente importante quando considerados os problemas jurisdicionais inter-relacionados, como é o caso do serviço de saúde, tendo em conta a contestação da soberania do Estado canadense sobre o aborígene. Os espaços *separados* para deliberação deixam em aberto a questão de os aborígenes serem considerados canadenses, cujas opiniões deveriam ajustar-se num entendimento nacionalmente compartilhado.

A criação de espaços *separados* para deliberação dos aborígenes durante o processo Romanow teria alguns custos. Primeiro, um custo inicial óbvio é que o Diálogo Cidadão, bem como o trabalho da Comissão como um todo, teria de ser conduzido de forma diferente, consumindo muito provavelmente mais tempo e recursos. Segundo, a própria criação de espaços *separados* representaria presunções sobre as identidades individuais e coletivas – tanto no tratamento dos aborígenes como um grupo coeso (ainda que internamente complexo) quanto pelas narrativas de separação ou incomensurabilidade entre crenças e interesses aborígenes e não-aborígenes (Kahane, 2004). Terceiro, se não há nenhum espaço suplementar em que os valores e perspectivas dos aborígenes e não-aborígenes possam ser postos em contato deliberativo, nenhum dos lados pode considerar integralmente os impasses e os sacrifícios que exigem dos outros, nem descobrir como as perspectivas de cada lado poderiam ser mudadas no diálogo com o outro. Reputadas as interconexões densas e inescapáveis entre comunidades aborígenes e não-aborígenes, apenas esse tipo de diálogo comum poderia dar conta da interdependência das decisões políticas sobre a saúde dos aborígenes e dos canadenses.

Se no trabalho da Comissão Romanow esses problemas são os que surgem num nível abstrato, ao considerarmos os diálogos aborígenes e não-aborígenes separadamente, várias outras questões emergem quando constatamos que a Comissão *coordenou* diálogos paralelos: complementando o Diálogo Cidadão, realizou-se um Fórum Aborígene que proporcionou uma contribuição ao Capítulo 10 do relatório final, intitulado "Uma nova abordagem da saúde aborígene".

O Fórum Aborígene

Em 26 de junho de 2002, a Comissão Romanow estabeleceu uma parceria com a National Aboriginal Health Organization (NAHO) [Organização Nacional para Saúde dos Aborígenes] para sediar o Fórum Aborígene em Aylmer, no Quebec. O Fórum representou a peça central do comprometimento da Comissão com os grupos aborígenes. O objetivo geral do Fórum foi moldado pela dra. Judith Butler, presidente do quadro de diretores da NAHO, com a finalidade de partilhar "o sucesso e proporcionar uma oportunidade para os participantes dividirem suas visões sobre o futuro do serviço de saúde" (NAHO, 2002: 3).

O Fórum Aborígene representou uma importante virada nas deliberações da Comissão com relação aos aborígenes. Antes do Fórum, foram feitas tentativas especiais para assegurar a participação aborígene em diferentes espaços de consulta, que destacaram deficiências importantes na estratégia da Comissão para a consulta dos aborígenes. Segundo o diretor do setor de saúde da Inuit Tapiriit Kanatami, organização nacional Inuit do Canadá, o *workbook*, por exemplo, teve muito pouca eficácia com o povo Inuit, tendo em vista que "a cultura Inuit é uma cultura verbal, e para muitos de nós o formato escrito não pode ser traduzido em um diálogo, embora algumas regiões estejam completamente conectadas com Internet de alta velocidade" (Randell, entrevista, 2005). Mas, foi durante as audiências públicas que os desafios reais da participação aborígene tornaram-se evidentes.

As audiências públicas regionais ocorreram durante 21 dias, consistindo em encontros "abertos" em que indivíduos canadenses, grupos de interesses ligados ao serviço de saúde e grupos de defesa apresentaram suas visões sobre o futuro do sistema de serviço de saúde canadense. Muitas organizações aborígenes regionais e nacionais participaram dessas consultas. A despeito da participação deles, tornou-se rapidamente claro que os problemas de saúde dos aborígenes tiveram pouquíssimo destaque. De acordo com Michel Amar, diretor de comunicação da Comissão Romanow, o ministro da saúde de Saskatchewan foi o único ministro regional da saúde a mencionar o tema da saúde dos aborígenes na sua comunicação. O tempo curto das apresentações ofereceu pouco espaço para explorar em profundidade o contexto político da saúde aborígene e os seus desafios específicos. Houve nas apresentações fraco comparecimento das organizações e dos participantes aborígenes, e muitos deles acharam difícil organizar e mobilizar seus membros nas áreas rurais e mais distantes. Grupos importantes, como o Labrador Inuit, não foram representados (Amar, entrevista, 2004-2005).

As apresentações revelaram que a consulta baseada na abordagem "tamanho único" era uma fraqueza na estratégia geral de consultas com os povos aborígenes. Conforme Randell assinalou, havia outras formas de consulta que poderiam ter sido mais eficientes com os grupos Inuit: uma maior quantidade de visitas e excursões da Comissão às regiões do Ártico para ampliar a diversidade da Comissão; uso maior de meios "verbais", como rádio; oportunidades para os povos Inuit telefonarem; e ainda a realização de mais fóruns de base comunitária (Randell, entrevista, 2004). A consulta falhou, particularmente, na comunicação específica de grupos, subestimando as restrições logísticas. Logo ficou claro que havia também importantes desafios de representação política. Na primeira metade da Comissão, a participação aborígene foi estruturada em torno das organizações individuais e dos cidadãos não-associados. Um espaço em que os grupos aborígenes pudessem se reunir separadamente mostrou-se necessário não apenas para discutir desafios específicos à saúde aborígene, mas também para construir processos representativos legítimos e eficientes.

A Comissão, então, pediu a NAHO para cosediar um processo mais eficiente de consulta com os grupos aborígenes. Um processo conjunto de tomada de decisão foi elaborado para identificar o melhor modelo de consulta a fim de garantir um comprometimento apropriado. A Comissão adotou uma abordagem "não-interventiva" destinada ao Fórum. Uma das poucas linhas mestres dadas pela NAHO foi "incluir igualmente todos os principais grupos aborígenes" (Amar, entrevista, 2004-2005). Aproximadamente cem pessoas participaram do Fórum. Os participantes eram profissionais (técnicos de saúde, analistas de políticas públicas), membros de organizações e líderes. Eles se apresentavam como cidadãos associados ou não-associados, alguns dos quais representando as opiniões de suas organizações e outros falando na qualidade de usuários individuais do sistema de saúde destinado aos aborígenes.

O Fórum iniciou com orações conduzidas por anciãos em defesa dos povos das First Nations, Inuit, Métis e dos aborígenes que vivem em região urbana, passando em seguida aos *workshops* específicos de cada grupo, em que os participantes se encontravam para discutir os desafios enfrentados por suas comunidades indígenas específicas. Isso foi considerado por alguns delegados como um elemento positivo do desenho do processo, uma vez que permitiu aos participantes lidar com os desafios específicos do seu grupo. A segunda metade do Fórum apresentou uma interação televisionada em prefeituras em que os indivíduos podiam expor suas preocupações pessoais, ou via ligações telefônicas, diretamente ao comissário Romanow. Cada moderador de grupo sintetizava as discussões ocorridas no período da manhã, que eram entregues a Romanow à tarde.

O Fórum Aborígene foi, sob inúmeros aspectos, bem sucedido enquanto mecanismos de consulta democrática. Ofereceu um contexto em que valores e reivindicações dos aborígenes poderiam ser elencados concertadamente e sem a urgência de torná-los inteligíveis aos não-aborígenes. Modos de comunicação e de autorepresentação culturalmente específicos podem até ter conseguido uma maior expressão; e parece claro que existia um campo de comprometimento partilhado pelos participantes aborígenes. Forneceu igualmente espaço para que as perspectivas aborígenes, na sua complexidade interna, fossem tratadas democraticamente: o Fórum levou em conta uma clara diferenciação dos subgrupos, considerada importante por muitos delegados. Ao verificar o impacto dos processos de consulta da Comissão sobre os diferentes povos aborígenes, como o Inuit, Randell indicou que a Comissão deu às quatro regiões Inuit "um projeto comum", o que "forçou os grupos Inuit a se voltar para uma agenda comum". Ela elogiou Romanow por ouvir as reclamações específicas dos Inuit. "Romanow realmente ouviu. Ele foi o primeiro comissário a mencionar de fato o povo Inuit" (Randell, entrevista, 2004).

Muitos participantes avaliaram de maneira positiva a parceria do Fórum Aborígene com a Comissão Romanow:

> O processo foi bom, sem entendimentos vagos, com parâmetros claros e oportunidade suficiente para um diálogo entre Romanow e os líderes aborígenes... Romanow foi um dos poucos comissários que se engajou em uma parceria com os grupos aborígenes. O formato *reporting-back* da Comissão estabeleceu o padrão para os encontros da instância governamental com os aborígenes (Jock, entrevista, 2004).

O fato de que houve uma "parceria" nos estágios de planejamento e desenho do Fórum foi uma das razões pelas quais o processo de consulta teve êxito para os participantes.

Do ponto de vista da deliberação democrática inclusiva, o Fórum Aborígene também apresentou várias fraquezas. Em primeiro lugar, não está claro o quão "deliberativo" foi o Fórum: ele teve um formato relativamente convencional, com discussões formais altamente estruturadas, especialmente nas sessões da tarde. Isso nos permite questionar se houve de fato espaço para o surgimento de modos de comunicação culturalmente distintos ou apropriados. Em segundo lugar, o fato de que o fórum era um *espaço separado* acarretou certos sacrifícios, uma vez que limitou a deliberação em torno das relações entre os aborígenes e os não-aborígenes. Assim como o Diálogo Cidadão não discutiu problemas de saúde dos aborígenes, não houve nenhuma discussão sistemática no Fórum sobre problemas que fossem *além* da saúde dos aborígenes. Em terceiro lugar, o

Fórum Aborígene – um evento previamente formulado para durar um dia – não foi particularmente *reflexivo*; não houve nenhuma discussão ampla sobre os termos do diálogo do Fórum, nem sobre as pessoas que estavam ou não presentes ali, e assim por diante. O Fórum obviamente não fez concessões à articulação de valores políticos, reivindicações de acordos, nem um aprofundamento dos desafios políticos para a formatação do processo. Em quarto lugar, o Fórum não foi *recursivo*: embora Romanow e seus funcionários possam ter coletado importantes elementos compreensivos a partir do processo das apresentações, os participantes do Fórum não tiveram mais nenhuma contribuição nas deliberações da Comissão, menos ainda uma oportunidade para ter algum efeito coletivo e deliberativo sobre o relatório final da Comissão.

Um outro aspecto da recursividade parece salientar especialmente os problemas da representação aborígene: a habilidade de os participantes dialogarem com a comunidade durante o curso de um processo deliberativo. Dificilmente isso seria possível em um dia de evento; ainda assim, a legitimidade do Fórum como uma representação das perspectivas aborígenes teria sido aprimorada por uma estrutura que permitisse um intercâmbio entre as discussões dos participantes e as conversas destes com as pessoas de suas comunidades.

Depois de Romanow: institucionalizando a participação cidadã

O relatório final da Comissão Romanow recomendou uma nova abordagem ao serviço de saúde aborígene – algo que agarrasse as causas fundamentais dos problemas de saúde dos aborígenes, que atravessasse os limites administrativos e jurisdicionais, voltando-se de modo direto para a melhoria da saúde dos aborígenes. Ações específicas foram recomendadas: fusão do financiamento fragmentado para a saúde dos aborígenes; criação de novos modelos para coordenar e planejar os serviços de saúde, assegurando o atendimento às necessidades dos aborígenes; adaptação de programas e serviços de saúde à exclusividade das circunstâncias culturais, social, econômicas e políticas de acordo com os diferentes grupos aborígenes; e oferecimento de uma possibilidade para que os aborígenes expressassem suas opiniões sobre o modo de concepção e organização dos serviços (CPRN, 2002). Embora seja muito cedo para avaliar o impacto total dessas recomendações, elas alcançaram uma considerável diferença no tratamento dos problemas dos aborígenes relativos ao sistema de saúde canadense. Contudo, não é muito claro se esse progresso real foi resultado dos elementos democráticos deliberativos presentes no trabalho da Comissão, conforme representados pelo Diálogo Cidadão e pelo Fórum Aborígene.

Considerados conjuntamente, o Diálogo Cidadão e o Fórum Aborígene representaram uma importante tentativa para abranger uma coletividade diferenciada de cidadãos num processo de participação pública em ampla escala. Entretanto, ambos os processos foram partes completamente isoladas de um processo grande e complexo, em que a autoridade interpretativa máxima concentrava-se numa elite (Romanow e seus assessores). É fundamental reconhecer quão localizadas foram as experiências dos espaços deliberativos do Diálogo Cidadão e do Fórum Aborígene, uma vez que em seu entorno as decisões e processos são muito menos participativos. O mandato da Comissão foi estabelecido num espaço elitizado do Privy Council do governo canadense; esse mandato foi interpretado por Romanow e seus assistentes, que tinham autoridade para decidir como os cidadãos seriam consultados; as deliberações dos cidadãos no Diálogo estavam sujeitas à interpretação de Romanow, embora não fossem compulsórias; e o relatório final ficou a cargo de Romanow. O êxito do Diálogo Cidadão e do Fórum Aborígene, como espaços deliberativos, precisa ser avaliado não apenas em função dos termos de sua estrutura interna e daquilo que eles permitiram realizar, mas também em função dos termos de sua conexão com um campo maior de espaços que constituíram as atividades da Comissão como um todo.

Assim, as forças e as fraquezas desses espaços deliberativos – que aqui analisamos no que diz respeito às normas de reflexividade, recursividade e de espaços separados – podem apenas parcialmente atingir seu alvo, pois a Comissão Romanow não *pretendeu* ser integralmente deliberativa. Desse modo, nós realmente formamos juízos em um terreno complexo, não apenas porque a dinâmica da deliberação nas esferas públicas heterogêneas é indescritível, mas também porque nossos políticos não são inteiramente democráticos – nem os que concebem os espaços querem que assim sejam; há papéis reservados aos especialistas, às legislaturas representativas, aos interesses arraigados, ao controle judicial, e assim por diante.

Se quisermos uma deliberação democrática, o problema da inclusão dos marginalizados deve ser central. O caso Romanow lança luz em vários problemas subjacentes, suscitados pela incorporação de grupos marginalizados na parte principal dos processos deliberativos. Um ponto importante é o desafio da criação de espaços para cidadãos marginalizados "não-associados" e de processos complexos pelos quais as suas identidades representativas se estabeleçam no curso da deliberação.

Referências bibliográficas

BOHMAN, J. *Public deliberation: pluralism, complexity and democracy*. Cambridge MA: MIT Press, 1996.

CHAMBERS, S. *Reasonable democracy: Jurgen Habermas and the politics of discourse*. Ithaca: Cornell University Press, 1996.

CFHCC [Commission on the Future of Health Care in Canada]. *Building on values: the future of health care in Canada*. Final Report, Ottawa, 2002.

CPRN [Canadian Policy Research Network]. *Report on the citizens's dialogue on the future of health care in Canada*. Ottawa, 26 jun. 2002. Disponível em: <www.hc-sc.gc.ca/english/pdf/romanow/pdfs/Dialogue_E.pdf>.

FISHKIN, J. S. *Democracy and deliberation*. New Haven: Yale University Press, 1991.

FRASER, N. Rethinking the public sphere: a contribution to the critique of actually existing democracy. In: ROBBINS, Bruce (org.). *The phantom public sphere*. Minneapolis: University of Minnesota Press, 1993.

GASTIL, J.; LEVINE, P. (orgs.). *The deliberative democracy handbook: strategies for effective civic engagement in the 21st century*. São Francisco: Jossey-Bass, 2005.

HABERMAS, J. Discourse ethics: notes on a program of philosophical justification. In: NICHOLSEN, S. (org.). *Moral consciousness and communicative action*. Cambridge MA: MIT Press, 1990.

KAHANE, D. Délibération démocratique et ontologie sociale. *La démocracie délibérative*, Special number of *Philosophiques*, v. 29, n. 2, 2002.

______. What is culture? Generalizing about aboriginal and newcomer perspectives. In: KAHANE, D.; BELL, C. (orgs.). *Intercultural dispute resolution in aboriginal contexts*. Vancouver: UBC Press, 2004.

MANSBRIDGE, J. Using power/fighting power. *Constellations*, v. 1, n. 1, p. 53-73, 1993.

MAXWELL, J.; ROSELL, S.; FOREST, P. Giving citizens a voice in healthcare policy in Canada. *British Medical Journal*, n. 326, p. 1031-1033, 2003.

NAHO [National Aboriginal Health Organization]. *Dialogue on Aboriginal health: sharing our challenges and successes*. Draft Proceedings, 26 jun. 2002.

NATIONAL FORUM ON HEALTH. *Canada health action: building on the legacy. Values working group synthesis report*. Ottawa: Health Canada, 1997.

SHULMAN, R.; RAZA, S.N. Canadian health care at a cross-roads: a review of the Romanow report. *McMaster University Medical Journal*, v. 1, n. 1, set. 2003.

TULLY, J. *Strange multiplicity: constitutionalism in an age of diversity*. Cambridge: Cambridge University Press, 1995.

WILLIAMS, M. *Voice, Trust and memory: marginalized groups and the failings of liberal representation*. Princeton: Princeton University Press, 1998.

YOUNG, I. M. Asymmetrical reciprocity: on moral respect, wonder, and enlarged thought. *Constellations: An International Journal of Critical and Democratic Theory*, v. 3, n. 1, 1996.

Entrevistas

AMAR, Michel. Diretor de Comunicações, Comissão Romanow 2002-2003 (nov. 2004; jun. 2005).

FOSTER, Pierre-Gerlier. Diretor de Pesquisa, Comissão Romanow (maio 2005).

JOCK, Richard. Diretor Executivo, Organização Nacional para a Saúde do Aborígene em 2002 (mar. 2004).

MAXWELL, Onalee. Diretor de Saúde, Inuit Tapiriit Kanatami (nov. 2004).

YANKELOVICH, Daniel. Diretor, Viewpoint Learning (jun. 2005).

PARTE II

AS POLÍTICAS DE PARTICIPAÇÃO INSTITUCIONALIZADA

8
A DEMOCRATIZAÇÃO DA ADMINISTRAÇÃO DOS SERVIÇOS DE SAÚDE:
O Caso do Cabo de Santo Agostinho, Brasil*

Andrea Cornwall

O corpo crescente de trabalhos sobre inovações em governança participativa chama a atenção para uma série de condições que contribui para tornar a participação do cidadão significativa: um projeto político abrangente no qual haja um compromisso ideológico explícito com a participação popular; direitos legais e constitucionais de participação; burocratas comprometidos; organizações da sociedade civil fortes e bem organizadas; e desenhos institucionais efetivos que incluam procedimentos que favoreçam a participação ampla de representantes da sociedade civil (Coelho, neste volume; Fung e Wright, 2003). Este capítulo apoia-se em um contexto no qual todos esses fatores estavam presentes. O foco da pesquisa foi o Conselho Municipal de Saúde do Cabo de Santo Agostinho, um município de aproximadamente 150 mil habitantes, localizado no Estado

* Este capítulo deve muitos de seus insights ao projeto de pesquisa sobre participação financiado pelo DFID e conduzido por Silvia Cordeiro e Nelson Giordano Delgado entre 2003 e 2004 (Cordeiro, Cornwall e Delgado, 2004), ao qual dei continuidade em três períodos de trabalho de campo entre 2004 e 2005.

Sou profundamente grata a Silvia Cordeiro por tudo que aprendi com ela sobre o Cabo de Santo Agostinho e o Conselho Municipal de Saúde e por todo o apoio que ela e o Centro das Mulheres do Cabo me ofereceram, e a Nelson Giordano Delgado, com quem realizei várias das entrevistas que fundamentam este capítulo. Eu devo a Surama Lins uma gratidão enorme por toda sua ajuda, assim como aos membros do conselho de saúde. Desejo igualmente expressar meus agradecimentos a Lucy Hayes por seu apoio na pesquisa e a Alex Shankland, Mark Robinson, John Gaventa e David Kahane pelos seus comentários.

de Pernambuco, e as motivações, histórias e experiências pessoais daqueles que integraram o conselho no período entre 2003 e 2005.

Tomando como pontos de partida entrevistas com membros fundadores e membros eleitos para o conselho por um mandato de dois anos em 2003, atas do conselho e observação participante em reuniões do conselho no período de 2003 a 2005, pergunto: o que leva as pessoas a participar dos conselhos de saúde?[1] Quais visões e versões de participação as estimulam? Que tipo de contribuição que elas e os demais participantes são capazes de dar para a democratização e a melhoria dos serviços de saúde no município? E quais desafios que elas enfrentam para, a partir dos conselho, democratizar a administração dos serviços de saúde em Cabo de Santo Agostinho?

Este capítulo procura explorar duas questões que estão no centro dos debates a respeito do potencial democratizante de instituições da esfera participativa. A primeira é se esses espaços podem ou não ampliar e aprofundar a democracia ao servir como cadinhos para a criação de novos sujeitos e subjetividades políticos, realizando uma mudança na identidade desses sujeitos ao transformar clientes e beneficiários de favores em cidadãos dotados de direitos (Tatagiba, 2002; Cornwall, 2004). A segunda é se esses espaços podem ajudar ou não na promoção de novas formas de comunicação, colaboração e entendimento entre os cidadãos e o Estado, o que pode dar início à transformação de certa cultura política persistente e à reconsideração de desigualdades de poder (Abers, 2001; Heller, 2001; Fung e Wright, 2003; Gaventa, 2004). Começo montando o cenário para a análise que segue apresentando a história da institucionalização do Conselho Municipal de Saúde do Cabo de Santo Agostinho. Em seguida, examino as narrativas dos representantes de usuários dos serviços de saúde, dos funcionários e da administração do sistema de saúde municipal. Exploro o que eles têm a dizer a respeito de sua própria participação no conselho e o que consideram ser os principais desafios. Concluo refletindo sobre o que as perspectivas daqueles que participam dos conselhos nos dizem sobre o desafio de democratizar a democracia por meio de instituições da esfera participativa.

[1] Apoio-me aqui em entrevistas com seis administradores do sistema de saúde, incluindo dois ex-secretários municipais; com cinco representantes dos servidores; com quinze pessoas que são ou foram representantes dos usuários; com o representante do setor privado; e com o secretário executivo do conselho. Minha análise também se fundamenta na observação participante em reuniões do conselho e em entrevistas com outras vinte pessoas, incluindo lideranças da sociedade civil, funcionários de ONGs e um político local.

Espaços de transformação?

As ambiciosas inovações democráticas que procuram institucionalizar a participação dos cidadãos na elaboração e no monitoramento de políticas públicas, através tanto de um sistema de conselhos de saúde, quanto de conferências que ocorrem a cada mandato da administração municipal, foram uma conquista de um movimento radical de reforma da saúde, realizado entre 1970 e 1980: o *movimento sanitarista*. Uma das demandas centrais do movimento era por controle social, pela possibilidade de os cidadãos e as organizações da sociedade civil poderem cobrar ações do governo e participar ativamente em deliberações concernentes a políticas, planos, programas e prioridades. Os ideais incorporados ao princípio de controle social foram formulados na Constituição de 1988 e formalizados na Lei Básica de Saúde de 1990, que condicionou o repasse de recursos federais aos Estados e municípios à existência de conselhos de saúde deliberativos e à aprovação, pelos conselhos, de prestações de contas, orçamentos e projetos dos governos (Carvalho, 1998). Os conselhos de saúde são deliberativos, e não apenas consultivos. Vale notar que o termo "deliberativo", nesse caso, tem um sentido diferente daquele utilizado em trabalhos sobre democracia deliberativa nos EUA e na Europa (Bohmn e Rehg, 1997; Habermas, 1996; Fung e Wright, 2003): enquanto a deliberação habermasiana implica em uma procura por consenso comunicativo, a noção brasileira enfatiza decisões que criam obrigações que podem ser tomadas sem haver consenso.[2]

Os conselhos de saúde têm autoridade para monitorar orçamentos da área da saúde pública, aprovar planos, acompanhar sua implementação e cobrar do governo o cumprimento das resoluções das conferências de saúde que acontecem em nível municipal, estadual e federal a cada dois ou quatro anos. Existem hoje aproximadamente 5.500 conselhos de saúde nos 26 Estados brasileiros e 5.656 nos municípios (Coelho, 2004), e os conselhos e conferências abriram espaço para algumas centenas de milhares de cidadãos brasileiros participarem de deliberações a respeito de questões de saúde. Por lei, a representação deve seguir o princípio de paridade entre representantes do governo e da sociedade civil: 50% dos assentos são reservados para representantes dos usuários, 25% para funcionários da área da saúde e os 25% restantes para técnicos da administração do sistema de saúde local e para representantes de prestadores de serviços de saúde privados que têm contratos de prestação de serviços junto ao sistema

[2] Agradeço a Alex Shankland por este ponto.

municipal de saúde. Além dessa exigência, os municípios são aconselhados a viabilizar a participação de grupos de interesses particulares, como pessoas com necessidades especiais ou soropositivas, bem como pessoas que trabalham com grupos sociais vulneráveis. Cada conselho municipal de saúde tem, no entanto, liberdade para formular suas regras de representação e seu regimento interno.

A crescente bibliografia a respeito dos conselhos de saúde brasileiros oferece uma imagem matizada do sucesso dessas instituições em democratizar a administração dos serviços de saúde (ver Coelho, neste volume). Concebidos em um contexto no qual traços de uma cultura política autoritária e clientelista, altos níveis de burocratização e variados graus de organização civil complicam a aspiração democratizante por controle social, poucos conselhos participativos parecem ter atingido independência suficiente dos interesses políticos estabelecidos – e competência suficiente por parte dos cidadãos para lidar com os aspectos técnicos, administrativos e financeiros do sistema de saúde – para servirem como espaços de deliberação genuínos. Três dilemas principais emergem dessas análises. O primeiro é o da autonomia, e de quanto os conselhos são capazes de efetivamente exigir prestação de contas de um Estado com o qual seus membros mantêm vínculos múltiplos e complexos (Hayes, 2004). O segundo é o da representação, e quanto os conselhos refletem genuinamente a diversidade dos atores sociais e de seus interesses (Tatagiba, 2002; Galvanezzi, 2003; Coelho, 2004). E o terceiro é o das desigualdades arraigadas de conhecimento e poder entre cidadãos representantes, funcionários e administradores da área de saúde (Santos, 2000; Dal Poz e Pinheiro, 1998; Ávila Viana, 1998). A legitimidade democrática, assim como o potencial democratizante dos conselhos, depende de sua capacidade de lidar com essas questões. Como esses dilemas se desenrolam no caso do Cabo de Santo Agostinho? E quais lições podem ser aprendidas das perspectivas e experiências de seus conselheiros?

A criação do Conselho Municipal de Saúde do Cabo de Santo Agostinho

O município do Cabo de Santo Agostinho é, em diversos sentidos, um microcosmo do Nordeste brasileiro, com uma população majoritariamente urbana, altos níveis de pobreza, violência e desemprego, uma mistura de doenças infecciosas e desnutrição associadas à pobreza de recursos, e doenças crônico-degenerativas características de sociedades urbanas modernas. Entre 1997 e 2004, o município assistiu a um progresso impressionante nos resultados das ações do sistema de saúde, que pode ser atribuído diretamente a reformas bem-sucedidas. O envolvimento de burocratas de alto nível e um engajamento ativo por parte de funcionários do sistema de saúde e de organizações da sociedade civil bem organizadas contribuíram para fazer do Conselho Municipal de Saúde do Cabo Santo Agostinho um dos mais bem-sucedidos da região. A seguir, monto o cenário para analisar as perspectivas daqueles que participaram do conselho no período entre 2003 e 2005, e descrevo um breve resumo da história do conselho.[3]

O Conselho Municipal de Saúde do Cabo de Santo Agostinho foi inaugurado em 1994, quando as regulamentações exigindo a criação de conselhos como um pré-requisito para o repasse de verbas federais de saúde entraram em vigor. O conselho nasceu em tempos de transição de um governo municipal progressista para a um governo de direita, encabeçado pelo Partido da Frente Liberal (PFL), com pouco interesse na participação popular. Entre 1994 e 1997, o conselho funcionou formalmente, mas havia sido "tomado" por membros indicados pelo governo e servia apenas para ratificar as decisões que o governo encaminhava. Uma pressão intensa de uma coalizão que juntou partes progressistas da Igreja Católica, o movimento feminista, os sindicatos e as associações de moradores, representando o movimento popular, forçou o governo do PFL a realizar uma conferência de saúde e cumprir as obrigações previstas no estatuto, que previam a abertura de espaços democráticos para a deliberação a respeito das políticas públicas de saúde.

Foi apenas em 1998, no entanto, que o conselho passou a ganhar vitalidade institucional, com a eleição para o governo municipal, em 1997, do "pós-comunista" Partido Popular Socialista (PPS), um partido com conexões estreitas com os movimentos sociais e comprometido com a participação popular. A fim de revitalizar o sistema de saúde decadente da cidade, o novo prefeito, Elias Gomes, indicou Cláudio Duarte para levar adiante a sua reestruturação. Democrata radical e enérgico, um dos fundadores do Partido dos Trabalhadores (PT) na região, Duarte trouxe a Cabo de Santo Agostinho um compromisso fervoroso com o envolvimento da população em políticas de saúde, tendo como objetivo criar uma administração municipal mais transparente e acessível. Como muitos médicos de sua geração, Duarte era um veterano do movimento sanitarista. O processo de democratização do sistema de saúde de Cabo de Santo Agostinho que Duarte iniciou continuaria nos anos seguintes.

[3] Para uma análise mais detalhada do processo de institucionalização da participação no conselho de saúde, ver Cordeiro, Cornwall e Delgado, 2004.

Na terceira Conferência Municipal de Saúde, em 1998, uma novo grupo de conselheiros de saúde foi eleito. Entre os dez representantes dos usuários dos serviços de saúde, estava Silvia Cordeiro, líder da ONG de defesa das mulheres "Centro das Mulheres do Cabo". Uma médica com história no *movimento sanitarista*, Silvia se tornaria, em 2000, na sequência da quarta Conferência Municipal de Saúde, a primeira presidente do conselho a ter origem na sociedade civil. O processo de construção de um espaço democrático viável envolveu profundamente os conselheiros em debates que ocorreram nos meses seguintes à eleição de Silvia. De normas de representação, que permitiriam uma melhor inclusão da diversidade dos atores sociais individuais e coletivos da cidade, passando pelos mecanismos para tomadas de decisão, até a criação de subcomitês para realizar trabalhos como a inspeção de clínicas e o exame de orçamentos, a tarefa de montar a instituição era considerável. Em um contexto em que é mais comum que essas instituições sejam dominadas por interesses políticos dos governos locais, mais do que assumidas como espaços políticos a serem ocupados por grupos de cidadãos, havia poucos precedentes como referência.

A quinta Conferência Municipal de Saúde, em 2003, viu realizar-se tudo o que havia sido planejado. Uma série de pré-conferências por todo o município expandiu a participação nas deliberações a respeito das políticas de saúde, levantando demandas específicas e prioridades locais. Em cada uma dessas pré-conferências eram eleitos delegados para a conferência municipal. Os debates tornaram-se vigorosos, propostas e sugestões de reformas foram apresentadas, 183 resoluções foram aprovadas e delegados elegeram novos representantes de usuários e funcionários do sistema de saúde para o conselho municipal. Os vinte representantes dos usuários eleitos, titulares e suplentes, representavam a diversidade da população mais pobre do Cabo de Santo Agostinho; a maioria era proveniente da classe média baixa ou da classe trabalhadora. Entre os dez representantes titulares, a proporção de homens e mulheres era igual, com idades variando de 20 a 60 anos. Três conselheiros tinham apenas educação primária e somente um tinha passado do ensino fundamental. Quatro estavam desempregados, e vários outros tinham trabalhos de meio período ou trabalhavam para as organizações representadas no conselho, o que possibilitava sua presença nas reuniões vespertinas. Os que possuíam vínculos com partidos políticos de esquerda, principalmente com o PT, eram maioria. A maior parte não tinha experiência prévia com o setor de saúde, tendo pouco conhecimento técnico a respeito do sistema de saúde, seu orçamento ou planejamento.

Na reunião inaugural, o conselho se mobilizou para eleger um presidente. Impondo uma derrota ao secretário de saúde, o presidente eleito, membro do PT e representante do Movimento dos Trabalhadores Cristãos, Adson da Silva, foi novamente representante dos usuários do sistema de saúde. Sua eleição revelou o potencial democratizante desses espaços: Adson, negro, de origem pobre, tinha apenas educação primária. Sob a liderança de Silvia Cordeiro, o conselho havia sido estruturado e, com a disposição de colaborar e chegar a consensos com a Secretaria Municipal de Saúde, havia definitivamente se vinculado aos processos de elaboração de políticas de saúde. A missão de Adson, por sua vez, estava focada em outra dimensão do *controle social – fiscalização*, auditoria e garantia da lisura nos gastos públicos. Como líderes, eles não poderiam ter sido mais diferentes; em vários sentidos, parece-me que ambos incorporavam as polaridades inerentes ao ideal de *controle social*.

O trabalho cotidiano dos conselhos de saúde consiste em acompanhar apresentações de organizações que prestam serviços ao sistema, tomar conhecimento dos planos da secretaria de saúde e discutir incidentes específicos, que tenham sido relatados por cidadãos, envolvendo a prestação de serviços de saúde, entre outras funções. As reuniões duram em torno de três horas e acontecem mensalmente. Há pouca deliberação, no sentido habermasiano, em assuntos de políticas públicas de saúde; o planejamento é elaborado pelo governo, sem envolver os conselheiros de saúde em sua formulação, e apresentado ao conselho para aprovação, junto das prestações de contas periódicas. As atas das reuniões e a observação participativa revelam debates acalorados a respeito de procedimentos, bem como embates entre os representantes dos usuários e dos funcionários do serviço de saúde e o secretário de saúde. No período de 2003 a 2005, muito do conteúdo dessas conversas dizia respeito à prestação de contas do governo municipal.

Participação no Conselho Municipal de Saúde do Cabo de Santo Agostinho

O que "participação" significava para os conselheiros de saúde que integraram o conselho em 2003? Por que se envolveram? O que o fato de pertencerem ao conselho implicava – como pessoas, profissionais ou atores políticos? E, dada a diversidade de experiências, paixões e posições que os trouxeram , como lidaram com o potencial democrático e participativo do conselho? A seguir, considero as perspectivas de três segmentos distintos do conselho – usuários, funcionários e administradores do sistema de saúde – a respeito de seu envolvimento e o de outras pessoas no conselho de saúde.

Usuários do sistema de saúde

Uma mistura de missões, tanto pessoal quanto política, trouxe os representantes dos usuários ao conselho. Alguns eram atores sociais experientes, com trajetórias ligadas a movimentos sociais, forte afiliação a partidos políticos de esquerda e experiência com mobilização comunitária. É desse tipo de ator que se pode esperar que estenda seus esforços para influenciar as políticas locais e o programa de ação das instituições da esfera participativa; e eles eram visivelmente mais ativos nos debates do conselho. Para outros, a situação era completamente nova, e acabaram por se envolver nessas instituições por causa de experiências pessoais com o sistema de saúde que os havia enfurecido, ou por estarem em busca de oportunidades de carreira e novas experiências, ou por desejarem garantir recursos financeiros do município para suas organizações, ou pelo desejo de fazer algo por sua comunidade. Outros ainda entraram no conselho como substitutos de representantes de organizações que participavam do conselho, assumindo o lugar de um líder mais experiente.

A maioria das organizações representadas no conselho tinha algum tipo de vínculo com o governo municipal.[4] Muitas das associações de bairro da cidade haviam sido criadas em meados dos anos 1980, durante uma administração progressista que assumira o governo no final da ditadura militar, e recebiam subvenções do município para financiar suas atividades; diversas ONGs, a maioria criadas em meados de 1990, tinham convênios com o governo. Essas conexões motivaram o envolvimento nos conselhos e também impuseram um desafio à autonomia dessas organizações, assim como do próprio conselho, em relação ao governo municipal. Como acusou um ativista comunitário: "quem não concorda não recebe mais subvenções".

As interpretações dos representantes dos usuários dos serviços de saúde sobre a finalidade do conselho variavam entre os que consideravam como seu papel principal obrigar o governo a garantir a prestação de serviços da saúde, responsabilizando-se por ela, e aqueles que acreditavam num papel mais amplo de definir políticas públicas, elaborar projetos e envolver as comunidades na

[4] Isso vai ao encontro das conclusões de Gurza Lavalle, Acharya e Houtzager (2005) a respeito de organizações da sociedade civil em São Paulo.

melhoria dos serviços de saúde (Cordeiro, Cornwall e Delgado, 2004). Esses propósitos diversos evocam alguns dos paradoxos do envolvimento da sociedade civil em instituições da esfera participativa: a tensão entre a relação estreita de colaboração com as autoridades, que pode ser necessária para facilitar a participação popular na formulação de políticas públicas e no desenvolvimento de projetos conjuntos; e a distância necessária para gerar uma relação de controle e responsabilização. Entendimentos divergentes dos propósitos do conselho também conformam a percepção a respeito de como deveria ser o trabalho cotidiano do conselho. Para aqueles preocupados com a responsabilização, o tempo gasto interrogando funcionários públicos em sessões de prestação de contas é bem aproveitado; para aqueles ansiosos em ver mais discussões a respeito de prioridades do sistema de saúde, houve certa frustração com as transformações sofridas pelo conselho em tempos recentes.

O que a participação nos conselhos significou para os representantes dos usuários do sistema de saúde do ponto de vista pessoal? De ativistas com anos de experiência àqueles para quem esse tipo de envolvimento era uma total novidade, a participação era frequentemente descrita como crescimento, ganho de experiência, que de outra forma jamais teriam tido: conhecer outras pessoas, ouvir como as coisas são feitas em outras partes do país, expandir seus horizontes; frequentar cursos, aprender coisas que jamais pensaram chegar a entender; adquirir conhecimento, habilidades e compreensão de coisas que poderiam lhes ser úteis pessoalmente e colocadas a serviço de suas comunidades. No entanto, visões mais céticas foram manifestadas por alguns a respeito da participação de alguns de seus colegas. Entre os mais falantes e os mais quietos estavam aqueles que, segundo seus companheiros, viam o conselho como um trampolim para outras oportunidades – empregos na prefeitura, assento como conselheiros eleitos, maior proeminência, financiamento e prestígio para suas organizações.

Em consonância com os resultados de Castello, Lavalle e Houtzager neste volume e em outros documentos (Houtzager, Gurza Lavalle e Archaya 2003), muitos representantes dos usuários viam a si mesmos como intermediários. Suas narrativas expressavam uma variedade de papéis de mediação. Para uma representante de uma associação de bairro, uma bibliotecária que se envolveu em questões de política de saúde por causa da indignação com o tratamento que sua filha havia recebido quando adoeceu, os representantes dos usuários eram os defensores daqueles que sabem que têm direitos, mas não tinham coragem, confiança ou conhecimento para articular suas demandas. Ela se referiu aos medos que as pessoas sentiam – de não saberem falar adequadamente e serem ignoradas, de se apresentarem mal vestidas e ver as portas se fecharem – e à necessidade de sujeitos, como ela, que pudessem ir às ruas e convencer as pessoas de que "você pode erguer sua cabeça, porque você tem os mesmos direitos que eu tenho".

Para diversos outros representantes de associações de bairro, estar no conselho os colocou na posição de intermediários de informações a respeito de novos programas ou projetos que poderiam beneficiar suas comunidades e de condutores, cuja função seria levar às autoridades as experiências e demandas de suas comunidades por melhorias na prestação de serviços. Nesse papel de intermediários, conselheiros do sistema de saúde têm função semelhante a dos conselheiros eleitos; e eles têm potencialmente o poder de minar as intenções de políticos clientelistas, que costumam tomar para si o mérito de terem promovido melhorias nos serviços de saúde locais, tendendo a usar esses serviços como elemento de "favor". Um representante radical da Igreja Católica, há muito envolvido em ativismo comunitário, descreveu como pessoas como ele eram muito mais próximas das comunidades e podiam desempenhar um papel importante na transformação da cultura política local ao fazer as pessoas saberem que "saúde é um direito, não um favor". Ecoando a concepção de "poliarquia direta-deliberativa" de Cohen e Sabel (1997), ele também considera o conselho um espaço para que pessoas como ele pudessem levar diretamente aos responsáveis seus conhecimentos sobre o que se dizia nas ruas das experiências de serviços de saúde precários.

Entre aqueles com origem em movimentos sociais, o conselho era visto como um espaço para o exercício da democracia – uma "escola de cidadania", como disse um deles – que deveria incorporar e promover práticas novas e diferentes, em contraste com a tradição autoritária e clientelista que caracterizava a política em outros espaços. Eles usam a linguagem da cidadania para se referir à obrigação do Estado de garantir direitos sociais; sua visão do conselho era de um espaço para estimular novas expressões de cidadania que se estendessem à sociedade como um todo – uma narrativa que tem sido utilizada recorrentemente por movimentos sociais brasileiros na era pós-ditadura militar (Dagnino, 2005). Cidadania também deu forma, para esses movimentos, a um sentimento de indignação em relação à falta de respeito por seus direitos por parte do governo. "Somos todos cidadãos", um representante disse, "mas a prefeitura não respeita isso. Veja as filas nos postos de saúde, a falta de remédios, a falta de médicos. Nós merecemos mais do que isso".

A maioria dos representantes dos usuários dos serviços de saúde era afiliada a partidos políticos de esquerda, principalmente ao PT.[5] Tensões no conselho eram frequentemente atribuídas ao que as pessoas chamavam de "partidarização" do debate.[6] Para ativistas do partido, o conselho era, sob muitos aspectos, uma extensão de outros espaços políticos disponíveis. Eles traziam ao conselho não apenas posições políticas – por exemplo, a rejeição, por princípio, da terceirização de serviços que era aceita por representantes de usuários, funcionários e administradores do sistema de saúde (Cordeiro, Cornwall e Delgado, 2004) –, mas também posturas e condutas políticas aprendidas em reuniões do partido. Um ativista ligado a um partido que se envolvera com o conselho desde sua fundação, que alternava sua participação entre o papel de representante e o de falar a partir do plenário como parte do público, relatou seu prazer em enfrentar diretamente o governo e denunciar práticas desleais e injustas, utilizando táticas políticas aprendidas no partido. Para ele, o conselho era um espaço político mais produtivo do que os espaços tradicionais. "Eu não quero ser vereador", ele me disse. "O meu lugar é aqui." Enérgico na promoção dos conselhos locais de saúde, ele esboçou uma visão capilar das instituições democráticas, semeada em diversos locais que ampliassem o escopo e o alcance da política, criando líderes locais novos e mais qualificados, que gerariam ondas "didáticas" que partiriam do nível local em direção ao nível municipal, estadual e federal, criando um sistema político renovado e mais justo.

Continuidades com a arena política formal apareceram em outras visões sobre o papel do conselho. Elas surgiam nas críticas de administradores do sistema de saúde que viam o conselho simplesmente como uma extensão do Executivo. Essas continuidades eram fundamentais para a perspectiva do presidente do conselho de saúde, que descrevia o conselho como uma "instância governamental... que existe para auxiliar o governo". Seu estilo de debate, aprendido nas longas horas em que assistia ao embate dos conselheiros eleitos na câmara municipal, pressionando os representantes do governo por respostas sobre questões de responsabilização, envolvia questionamentos insistentes. Fazendo uso recorrente da lei, e com um gosto pela política formal que o havia conduzido a uma candidatura malsucedida ao cargo de vereador, sua visão do conselho era menos de um espaço de deliberação, onde novas normas e políti-

5 Isso também é observado por Gurza Lavalle et al., 2005.

6 Isso se tornou patente perto do período de eleições de 2004 e resultou na expulsão de dois membros do Partido Comunista do Brasil (PCdoB) do conselho, reduzindo instantaneamente a representação de jovens negros do sexo masculino.

cas públicas são formuladas, do que de uma instituição que tem a obrigação de garantir a implementação dessas normas e políticas. Uma grande quantidade de cartas nos arquivos do conselho, exigindo informações e retorno de ações prometidas, atestam a seriedade com que cumpria seu dever.

Visões contrastantes do propósito do conselho e uma mistura complexa de motivações, expectativas e concepções do que significa ser "representante dos usuários dos serviços de saúde" emergem desse levantamento. Segundo Morita (2002), enquanto a categoria usuário pode ser vista pelos administradores do sistema como um "eles" indiferenciado, existe uma diversidade considerável dentro desta categoria; redes, lealdades e identificações atravessam os diferentes segmentos do conselho, criando um potencial tanto de colaboração como de conflito. Três preocupações estão presentes nas análises das limitações do conselho feitas pelos usuários: politização excessiva; falta de independência real, causada tanto pelo financiamento insuficiente quanto pela dependência de muitos de seus membros de financiamentos e empregos públicos; e a lacuna entre o que os administradores do sistema dizem a respeito da participação e o que realmente fazem. Como afirmou um líder de uma ONG, com longa experiência em movimentos de base: "no conselho, o governo escuta e os conselheiros crescem como cidadãos. Mas para isso os conselheiros precisam ser ouvidos e respeitados pela prefeitura". Era essa, segundo ele, a principal fratura no papel do conselho de implementar o controle social.

Funcionários do sistema de saúde

Um quarto dos assentos no conselho é reservado aos funcionários do sistema de saúde, igualmente escolhidos na Conferência Municipal de Saúde. Como apontou uma médica do serviço básico de saúde, com anos de experiência no Cabo, e ligada ao PT, funcionários do sistema de saúde formam um grupo heterogêneo. É difícil mobilizá-los como grupo, em parte por causa do caráter hierárquico do sistema e da natureza de seus contratos. Muitos são empregados temporários e temendo ser demitidos por expressarem suas opiniões, eles sentem a necessidade de ser, como disse um deles, "diplomáticos".

Funcionários do sistema de saúde ocupam uma posição que muitos deles consideram ambígua. Eles podem ser vistos, tanto pelos burocratas quanto pelos cidadãos, como membros do governo, e deles se espera lealdade. No entanto, como trabalhadores de "linha de frente" – médicos em postos de saúde comunitários, enfermeiras auxiliares e agentes de saúde –, eles veem, em primeira mão, algumas das deficiências do sistema, e têm outras lealdades, com os pacientes e as comunidades com que trabalham. E são também, segundo relatou uma enfermeira, cidadãos, e por isso capazes de juízos independentes: "Como expliquei uma vez aqui no conselho, as nossas ideias nos pertencem, e não é o governo que vai nos dizer o que pensar".

Uma das conquistas mais impressionantes da administração do PPS foi a redução das taxas de mortalidade infantil, de 42/1000 a 18/1000, no período que compreendeu as duas administrações municipais do partido. Isso se deveu, significativamente, à criação de um programa federal de saúde básica, o Programa Saúde e Família (hoje Saúde em Casa). Esse programa levou à contratação de centenas de agentes comunitários de saúde, que pertencem à própria comunidade a que servem, cujo trabalho consiste em monitorar a saúde dos moradores de sua área, introduzindo medidas preventivas e encaminhando os pacientes para os hospitais quando necessário. Como descreveu Tendler (1997) em um estudo sobre uma localidade no Ceará, esses agentes de saúde trazem consigo relações de confiança e compromisso com a saúde de suas comunidades, criando pressões internas que favorecem o sentimento de responsabilidade com os resultados e de orgulho real no que diz respeito a suas conquistas. No Cabo, esse sentimento de orgulho e o compromisso que ele cria são visíveis.

Uma jovem agente de saúde, recrutada pelo programa Saúde e Família, referiu-se de forma animada à importância que estar envolvida no conselho tinha para ela. Ela considerava sua participação como uma maneira de valorizar o papel dos agentes de saúde comunitários. Para ela, o conselho era fundamental para implementar o controle social, algo com que se sentia politicamente comprometida como ativista do PT. Era igualmente um espaço onde ela podia levar sua paixão pela política. Ela me disse:

> Eu participo desde os 12 anos. Nunca gostei de brincar de boneca, eu queria me envolver nesse tipo de discussão. Minha filha, que tem 5 anos, é igualzinha. Ela vai comigo panfletar, ela sabe o que é uma greve, ela prefere conversar com adulto a brincar de boneca.

Para uma outra jovem agente de saúde, seu envolvimento começou em uma pré-conferência local, que lhe despertou não apenas o gosto pela participação, mas também a confiança necessária para seguir adiante até o nível municipal. O que ela mais valorizava no conselho de saúde era o fato de ele proporcionar, segundo suas palavras, a oportunidade de juntar "mundos diferentes" e de dar aos funcionários do sistema de saúde, assim como aos cidadãos, uma ideia das dificuldades que os administradores do sistema enfrentam. Foi igualmente a experiência de ter participado de um dos conselhos locais mais bem-sucedidos que levou outra representante dos funcionários do sistema, uma enfermeira, ao conselho. Ela descreveu a empolgação de ter feito parte de uma mobilização bem-sucedida, junto à comunidade, para levar demandas à prefeitura ligadas à coleta de lixo, e de ter tido oportunidade de desempenhar o papel de intermediário entre a comunidade a que servia e os poderes estabelecidos. Ela se orgulhava de ser alguém com quem seus vizinhos podiam contar. Para ela:

> Aqui nós aprendemos, discutimos, crescemos como pessoas – não apenas como profissionais, mas como pessoas mesmo – e, no caso dos representantes dos usuários, eles passam isso para suas comunidades, e, quando alguém vier criticar algum serviço, eles vão saber explicar.

Altamente dedicadas, assíduas nas reuniões e participantes ativas de subcomitês, as agentes de saúde eram, por outro lado, bastante reservadas nas reuniões do conselho. A hierarquia do sistema rapidamente as colocava em seus lugares, menos por causa do caráter técnico das questões em discussão do que pelas desigualdades de poder, ligadas às posições dos representantes do setor, e pela natureza frágil de seus contratos de trabalho. Para muitos dos funcionários do serviço de saúde, assim como para alguns usuários, um dos desafios principais enfrentados pelo conselho eram as atitudes e o comportamento dos administradores do sistema de saúde. Segundo a análise da médica citada acima, a raiz do problema está na dificuldade dos administradores em verem a si mesmos como parceiros do conselho: "Eles chegam aqui com opinião de chefe, de administrador, e não de conselheiro". O que é preciso, disse ela, é que eles comecem a compartilhar problemas e a trabalhar junto com os conselheiros para encontrar soluções: "eles tratam o conselho como se eles não soubessem de nada". Isso, segundo ela, é desperdiçar ajuda. O conselho poderia ser útil em vez de ser um incômodo, desempenhando ainda outro papel intermediário: defender os administradores perante as comunidades e as autoridades.

Os funcionários do sistema de saúde ocupam posições múltiplas, identificando-se com as condições de cidadão, de membros de comunidades, igrejas e partidos políticos, de funcionários e de profissionais. Isso resulta em posicionamentos e lealdades complexos. Eu testemunhei diversas ocasiões em que pequenos grupos de funcionários e usuários, ligados por filiação partidária ou por um compromisso compartilhado com um tema de política pública ou de procedimento, concebiam suas estratégias fora das reuniões. Entretanto, como profissionais, eles por vezes sentiam-se decepcionados com as reclamações e as demandas dos usuários, por saberem muito bem como eram limitados os recursos de que eles e seus colegas dispunham. Funcionários do sistema de saúde, assim como os usuários, relatavam o quanto seu envolvimento no conselho havia resultado em crescimento pessoal, conhecimento e na oportunidade de expandir seus horizontes e estender suas redes de relacionamento. Seu papel de intermediários, e os efeitos que a participação no conselho têm sobre eles como profissionais e pessoas, merecem maior atenção do que lhes tem sido dada.

Administradores

Diferente dos outros membros do conselho, os representantes do governo ocupam lugares em razão de suas posições na administração.[7] Administradores do sistema de saúde ocupam cargos de confiança. Assumem seus cargos trazendo consigo os valores do partido a que são vinculados, assim como de sua formação médica. E são bastante conscientes da tragédia política que o fracasso na melhoria dos serviços de saúde implica. Representando a prefeitura no conselho estão os funcionários que ocupam posições de comando ,no sistema de saúde: os diretores do maior hospital municipal e dos serviços básicos de saúde, o diretor de saúde pública e o secretário municipal de saúde. Eles são, na verdade, as mais altas autoridades municipais do setor; e as disparidades de conhecimento e poder em relação à maioria, se não a todos os demais conselheiros são grandes.

Como essas autoridades veem a participação popular nos conselhos? Como veem o seu próprio papel na promoção da participação e na facilitação do controle social? Alguns dos altos funcionários que entrevistei tinham sido membros do movimento sanitarista quando estudantes. A paixão pela participação popular que haviam adquirido nessa experiência reverberava em sua visão do conselho como um espaço político e administrativo. Seus relatos eram muitas vezes mais abertamente politizados do que os dos representantes dos trabalhadores e usuários, revelando por vezes, de forma eloquente, seu compromisso ideológico com o controle social. Eles consideravam essencial a presença de altos funcionários no conselho para viabilizá-lo e o engajamento com movimentos

[7] O setor privado não tem participado ativamente do conselho. O único representante desse setor era um administrador de um hospital privado local. Ele se mantinha quieto nas reuniões e afirmava que estar no conselho lhe permitia, quando preciso, defender os interesses de seu hospital.

sociais como algo vital para dar-lhe legitimidade. Como afirmou o secretário municipal de saúde:

> A orientação do governo é de que é essencial ouvir a população, ouvir os movimentos sociais, e que eles são a fonte de orientação de como implementar as políticas de saúde... Se você não tem o governo , lá para participar da discussão, você não tem poder de decisão, de influência, de deliberação [isto é, tomada de decisão] junto ao governo.

Como observado anteriormente, a administração do PPS trouxe Cláudio Duarte a Cabo de Santo Agostinho com o objetivo de reformar o sistema de saúde. Refletindo a respeito de medidas necessárias para fazer do conselho uma instituição de controle social, Duarte identificou uma série de fatores, entre eles: a relevância do reconhecimento explícito da importância do conselho pela administração municipal, apoiando-o por meio de recursos materiais, incluindo a garantia de infraestrutura; um estilo de administração "segundo o qual a informação deve estar sempre disponível para os conselheiros, mesmo que seja altamente técnica e que eles não a compreendam por completo"; e reuniões regulares com a presença dos altos funcionários da administração municipal que manifestassem o desejo de orientar suas ações segundo as decisões do conselho. Ele considerava essencial a existência de procedimentos claros que regulassem a representação e a condução das reuniões. Para que a representação dos usuários fosse efetiva nesse espaço, dizia ele, eles precisariam de treinamento a fim de evitar soluções simplistas ou medicalização excessiva.

Para Cláudio Duarte, o conselho era um espaço no qual a convivência construtiva poderia ser atingida graças à transparência e ao compromisso por parte dos representantes do governo, o que convenceria os cidadãos de sua seriedade. Ele era também bastante consciente dos efeitos negativos de uma cultura política residual e das tensões entre administradores e cidadãos em torno da competência do conselho para decidir questões que os administradores consideravam de sua exclusiva jurisdição. Ele enfatizava a importância de aprender com a experiência, da troca de conhecimento e experiências entre os conselheiros, e das conferências municipais de saúde como um "momento educativo". Ele insistia na importância de os conselhos serem criados a tempo, como instituições nascentes, nas quais novas formas de liderança e novas práticas democráticas poderiam emergir de processos que estavam dando início à superação, no âmbito do governo municipal, de uma cultura ainda impregnada de burocratização, clientelismo e autoritarismo.

Os sucessores de Duarte foram descritos pelos usuários do sistema de saúde como líderes mais fracos, que não eram tão bem-sucedidos no desafio de cumprir a promessa de melhorar os mecanismos de participação popular. Um deles, Rivanildo Santana, no entanto, me foi descrito como "inspirador". Eu o procurei na movimentada maternidade em Recife, hoje dirigida por ele. Considerando os sentimentos de Duarte em relação à importância da participação popular, ele insistiu na importância de o conselho ser visto não como parte do governo, mas como uma instituição em seu próprio direito: um *parceiro*. Para conquistar essa independência, ele disse, o conselho precisa de certas garantias institucionais de continuidade: contar com uma secretaria, arquivos, um computador para registrar as organizações, um espaço de reunião próprio. É fundamental que funcione também como um espaço de criação de lideranças, que, com o tempo, garantiriam a independência do conselho. Para isso, a conferência municipal de saúde era essencial: "Eu adoro as conferências porque é nelas que os novos líderes surgem... caras novas". Ele reconhecia o quanto a relutância do Estado em ceder o controle de tomada de decisões limitava o alcance do conselho:

> O conselho é visto como uma instituição de consulta e deliberação. Em minha experiência, o conselho não tem sido muito deliberativo... às vezes ele deixa de ser deliberativo porque as decisões são tomadas antes e a instituição que tem o poder para tanto quer logo implantá-las.

Para os administradores do sistema que assumiram seus cargos no conselho de 2003-2005, ou que foram convocados para prestar contas em reuniões do conselho, os mecanismos de controle social são uma ponte com a comunidade. Segundo uma delas, o conselho é uma oportunidade para o governo aprender com a "inteligência coletiva da sociedade", aproximando diferentes visões de como os serviços podem ser administrados e implementados. "É uma oportunidade", ela disse, "para as pessoas crescerem, para aprofundar a democracia, para fomentar o debate nessa cidade tão diversificada". A motivação para a participação dos cidadãos veio, na opinião de outro, da relação que as pessoas têm com questões de saúde como algo que "desperta paixões e polêmicas porque toca suas peles, sua sensibilidade e dor", o que ajuda a organizar e motivar a participação popular, criando, por sua vez, uma "consciência de cidadania". Apesar da dificuldade de serem aqueles que recebem as demandas e as reclamações, todos reconheceram esse processo como vital para realizar as promessas de controle social e melhorar os serviços de saúde.

Questões ligadas à representação estavam sempre presentes nas narrativas dos administradores do sistema de saúde. Duas preocupações predominavam: o modo como os conselhos criavam uma geração de lideranças que começava a se comportar como representantes eleitos, preocupados em preservar sua posição, enfraquecendo assim o processo mais amplo de democratização resultante da renovação constante e da capacitação dos representantes dos usuários; e a fragilidade dos vínculos entre os representantes e as pessoas a quem supostamente servem, que se traduzia no fracasso de disseminar as informações relevantes sobre programas e políticas e de facilitar a discussão nas comunidades a respeito de prioridades e preocupações. Um administrador do sistema revelou:

> O que me preocupa é que algumas pessoas tornam-se militantes e passam a ser representantes da organização ou da comunidade, assumem um papel, um perfil, uma personalidade, e passam a agir como se controlassem a situação e deixam de dar satisfações às suas bases. E aí tem o problema da falta de renovação no conselho. Isso é algo que o treinamento precisa levar em consideração.

A solução, para os administradores, repousa em processos de treinamento. Mas isso está longe de ser uma panaceia. O treinamento é bom, disse um deles, mas o conselho muda constantemente: ou chegam novas pessoas, substituindo as que, por não comparecerem às reuniões, acabam sendo expulsas, ou novas lideranças, e "voltamos à estaca zero". Pressionados pelo tempo e dinheiro escassos, os cursos de treinamento, densos, tendem a se concentrar nas prioridades principais: compreender o orçamento e as contas e adquirir uma noção básica da estrutura do sistema de saúde.

O relato dos administradores revela uma tensão entre sua visão politizada da saúde pública e as realidades que os usuários do serviço têm de enfrentar. Segundo um administrador de alto escalão, os representantes costumam ser desorganizados e mal informados, e sua falta de conhecimento e excesso de preocupações paroquiais os distraem de suas tarefas reais: tocar um sistema de saúde. Mas há do mesmo modo o reconhecimento de que as mudanças necessárias são muito mais profundas do que o fornecimento de informações sobre como o sistema funciona. Como observou uma administradora:

> Mudar o comportamento não é algo simples, fácil e linear. Implica processos em mão dupla... você não muda o comportamento de alguém apenas com informação, ou por colocar questões conscientizadoras... e não é apenas por meio da conscientização e da educação, que se chega a isso, mas em muitos casos também por processos dolorosos que afetam os sentimentos das pessoas.

O desafio de orientar e informar os usuários de serviços de saúde é enorme, ela afirmou, não apenas em sua ação de controle social, mas também na realização adequada da tarefa. É muito fácil ficar preso ao básico, sem nenhum exame das questões estratégicas ligadas à melhoria do sistema de saúde; ela deu como exemplo o quanto a prestação de contas havia dominado as reuniões do ano anterior.

Em meio ao reconhecimento de que o conselho havia conquistado certa maturidade, havia também um sentimento ambivalente, entre os administradores, a respeito de quão longe o conselho podia chegar. Pressionados pelo orçamento do sistema e pela necessidade de tocar os projetos o mais rápido possível, eles estavam cientes da tensão entre eficiência e deliberação inclusiva (Warren, 2000). E, como muitos deles observaram, se os administradores dessem atenção apenas às demandas dos usuários, sua agenda de reformas ligadas à medicina preventiva seria prejudicada. Uma tensão muito real surge quando a questão dos limites de competência é colocada. Contudo, para os cidadãos, ouvir que existem questões complexas que eles não conseguiriam entender e decisões técnicas que precisavam ser tomadas reafirma a suspeita de que os administradores não desejam ceder o controle. Eu testemunhei uma discussão assim em uma reunião do conselho. Um alto administrador comentou que o assunto em pauta era técnico e que ele não se daria ao trabalho de explicar, uma vez que os conselheiros não compreenderiam. Um conselheiro desafiou: "tente, talvez a gente lhe surpreenda... e se a gente não entender, a gente acha alguém para nos fazer entender".

O compromisso ideológico dos administradores com o controle social não se harmoniza muito bem com a posição defensiva que assumem diante da ira dos usuários e das reclamações destes e dos funcionários de que assumem posições tecnocráticas, deixando de fornecer informações adequadas e retendo os recursos necessários para garantir o funcionamento do conselho. Ainda que todos os administradores enfatizem a importância do acesso adequado à informação e do apoio material, as propostas eram muitas vezes avaliadas de forma apressada, sem uma discussão apropriada, a fim de cumprir prazos do governo federal, embora, muitas vezes, o conselho convocasse reuniões extraordinárias para discuti-las com maior cuidado. E, apesar de haver um orçamento específico para o conselho, o fato de a secretaria de saúde controlá-lo, podendo fornecer ou não verbas para viagens ou materiais, exigindo o cumprimento de processos burocráticos e complicados, limitava a independência do conselho.

A democratização da administração dos serviços de saúde exige mais do que garantir treinamento, recursos e apoio que viabilizem a participação, ou convidar a sociedade civil a participar. Como disseram muitos administradores, o Estado tem um papel a desempenhar no desenvolvimento da "consciência política", da consciência crítica e da consciência de que cada indivíduo é um cidadão dotado de direitos, provocando, assim, as transformações culturais necessárias para engajá-los em instituições de controle social. No entanto, como apontaram usuários e funcionários, tornar efetivo o controle social também exige que os atores estatais abram mão de parte de seu poder e controle, abram a "caixa preta" do domínio técnico para a participação do cidadão e reconheçam que a "convivência construtiva" exige não apenas compromisso ideológico, mas também mudanças reais em suas atitudes e condutas. Apesar da aparente preocupação dos administradores com treinamento, eles próprios deixam de comparecer aos cursos; alguns dos treinamentos podiam ter como objetivo, dizem os usuários e os funcionários, ensiná-los a escutar e respeitar mais os usuários do sistema de saúde. A vontade política certamente estava presente; talvez, como muitos usuários e funcionários disseram, mesmo com toda a boa vontade do mundo, burocratas, acostumados a tomar decisões e a tocar o serviço sozinhos, ainda não haviam adquirido as habilidades necessárias para o trabalho em parceria.

Conclusão

Em um *workshop* participativo, em abril de 2004, a dra. Silvia Cordeiro perguntou aos usuários e funcionários do sistema de saúde que havíamos reunido se o conselho tinha realizado a promessa de controle social. A resposta deles foi que "sim", passos importantes haviam sido dados, mas a luta por controle social não havia acabado. O controle social é algo inevitavelmente politizado. As dimensões e dinâmicas de participação que destaco aqui têm consequências tanto para construção de subjetividades políticas quanto para a criação de novas relações entre os cidadãos e o Estado, questões essas colocadas no início deste capítulo.

Para os cidadãos que ingressaram na arena política municipal pela primeira vez, por meio da eleição para representantes dos usuários ou dos trabalhadores do sistema de saúde, é evidente que suas experiências moldaram novas subjetividades políticas à medida que foram aprendendo a participar. Suas narrativas sugerem consciência renovada de seus direitos, maior confiança e novos conhecimentos adquiridos no processo. Para ativistas mais experientes, o conselho ofereceu oportunidades para estender redes e conexões no interior e para além do município, assim como uma arena na qual podem negociar suas demandas diretamente com a prefeitura – seja por melhoria dos serviços ou por prestação de contas. Em sua função de "escolas de cidadania", o conselho de saúde lhes ensinou diversas lições, reforçando a ideia de que a cidadania é algo que se conquista, e não algo que se recebe (Kabeer, 2005). Havia igualmente um sentimento de frustração em suas narrativas, mas existia um sentimento evidente de que fazer parte do conselho era, para muitos membros representantes dos usuários e dos funcionários, uma experiência que os havia enriquecido pessoal e profissionalmente (ver Baocchi, 2001; Labra e St. Auby, 2002).

A promessa de governança participativa vai muito além do pequeno número de pessoas que tomam parte em instituições como o conselho de saúde. A perspectiva dos usuários do sistema de saúde a respeito das possíveis contribuições da participação social para a democracia deixa entrever algumas de suas promessas. Os efeitos capilares da expansão de espaços democráticos, como descrito por um dos usuários do sistema, são consistentes com a visão democratizante que animou a criação de novos espaços democráticos como os conselhos. Pela criação de várias interfaces com o Estado, a expansão da esfera participativa tem o potencial de revigorar a política com nova energia, novas caras e novas práticas. O fato de que em algumas partes do município o engajamento dos usuários esteja reconfigurando a representação política no nível local, minando os políticos que usam a saúde como mecanismo de favor, e criando novas formas de intermediação que têm a função de estimular a consciência dos direitos, sugere que aos poucos uma transformação da cultura política está em curso, apesar de algumas velhas formas ainda persistirem.

Tanto para os usuários quanto para os funcionários do sistema de saúde, um dos principais entraves para o progresso da participação social foi a relutância dos administradores em assumir suas responsabilidades na negociação do controle social, concedendo parte de seus poderes administrativos para o conselho. As preocupações dos administradores em controlar a seleção de representantes e garantir a baixa rotatividade destes (ver Cohn, 2003), levantaram outras questões a respeito da legitimidade democrática e do quanto práticas políticas de clientelismo e autoritarismo estavam sendo reproduzidas na e pela sociedade civil. A sociedade civil aparece, na concepção dos administradores, menos como um motor de democratização do que um lugar onde uma cultura política residual está ainda muito viva; para eles, era tarefa de um Estado progressista democratizar essas tendências *in*civis (Chandoke, 2003), educando os cidadãos quanto a seus direitos e ensinando-os a participar. A questão então vem à tona: quem está democratizando quem? Enquanto os administradores virem os conselhos como espaços aos quais o acesso depende do "convite" por eles feito, os efeitos democratizantes do conselho podem não chegar até *eles*, deixando outras dimensões da cultura política enraizada – como o exercício de poder técnico e burocrático – intactas.

As diferenças que vêm à tona nas narrativas dos usuários, funcionários e administradores evocam um paradoxo, visível na tensão entre, como disse Duarte, a "convivência construtiva" e a tarefa de fiscalização de monitorar o governo e dele exigir satisfações. A convivência construtiva exige certo grau de colaboração, confiança, respeito pelo conhecimento e opiniões dos outros e disposição para mudar de posição na busca por consenso. A sensação de ser tratado com superioridade e ter informações e respeito negados pelos representantes do governo, assim como a reprodução de elementos da cultura política tradicional – com seus ecos de formas antigas de relação entre cidadão e Estado, repletas de autoritarismo e clientelismo –e, ainda, a politização aberta do conselho, faz essa coexistência ser uma experiência incômoda e muitas vezes desagregadora para todos.

O paradoxo que surge é que, enquanto a "coexistência construtiva" depende da construção de relações de confiança e da criação de uma base para a parceria, a tarefa de responsabilizar o Estado pode vir a depender de uma dinâmica totalmente diferente. Para começar, exige uma distância mínima que permita que os membros do conselho sintam-se livres para verificar irregularidades financeiras e chamar a atenção para problemas ligados à implementação de políticas, decisões e programas. Isso exige certa autonomia, que é difícil de vislumbrar, dada as relações complexas de dependência que existem entre o governo e muitos daqueles que representam os usuários dos serviços de saúde. E envolver-se em auditorias que expõem deficiências na administração dos serviços de saúde não é fácil para funcionários da saúde, com contratos de trabalho e colegas para serem levados em consideração. Para alguns representantes dos usuários, no entanto, é exatamente o papel de pressionar o governo a prestar contas o que justifica a existência do conselho. Para aqueles com história de militância, as situações de confronto são familiares. Das narrativas comentadas neste capítulo, é muito fácil ver como o conselho pode acabar preso em ciclos de enfrentamentos improdutivos; mas também é necessário reconhecer o que significa para os representantes dos usuários, em um cenário como esse, ter a possibilidade de desafiar, discutir e travar negociações com burocratas poderosos do sistema de saúde, que administram os serviços dos quais dependem a sua saúde e a da comunidade.

Há uma tendência nos estudos sobre governança participativa em dar atenção especial ao "lado da equação" em que se encontram os cidadãos (Gaventa, 2004) e dar menos atenção ao papel que os atores estatais precisam desempenhar para garantir a viabilidade e a legitimidade das instituições de participação. A experiência de Cabo de Santo Agostinho sugere que há muitas coisas que o Estado pode fazer para realizar sua obrigação constitucional de estabelecer mecanismos de controle social. É preciso oferecer recursos reais para garantir o funcionamento dos conselhos, seja apoio administrativo e de infraestrutura, financiamento de viagens de conselheiros a conferências e encontros com conselheiros de outros lugares do país, seja treinamento para viabilizar a participação de cidadãos e facilitar a emergência de novas lideranças de base (Daniel, 2000; Gohn, 2002). Informações inadequadas e conhecimento técnico limitado – seja a respeito de orçamento ou contabilidade, seja a respeito do próprio sistema – são uma barreira tanto para a fiscalização efetiva por parte dos cidadãos quanto para a colaboração construtiva. Como insistiram alguns administradores, treinamento é crucial; e as oportunidades para o desenvolvimento de capacidades oferecidas para as sucessivas turmas de conselheiros podem por si mesmas ampliar os efeitos democratizantes à medida que eles se dirigem a outras arenas. Ainda assim, como usuários e funcionários apontaram, *eles* não são os únicos que precisam de instrução. Tornar efetivo o controle social exige tornar os cidadãos sujeitos ativos, no entanto, a realização de suas promessas depende da capacidade de os atores estatais se envolverem, ouvirem e responderem – e isso são habilidades que, apesar de todo o seu compromisso ideológico, os administradores do sistema de saúde do Cabo de Santo Agostinho precisam desenvolver.

Referências bibliográficas

ABERS, R. *Inventing local democracy: grassroots politics in Brazil.* Boulder CO: Westview Press, 2001.

ÁVILA VIANA, A. L. Desenho, modo de operação e representação de interesses do sistema municipal de saúde e os conselhos de saúde. *Ciência e Saúde Coletiva*, v. 3, n. 1, p. 20-22, 1998.

AVRITZER, L. *Democracy and the public space in Latin America.* Princeton: Princeton University Press, 2002.

BAOCCHI, G. Participation, activism, and politics: the Porto Alegre experiment and deliberative democratic theory. *Politics and Society*, v. 29, n. 1, p. 43-72, 2001.

BOHMAN, J.; Rehg, W. *Deliberative democracy: essays on reason and politics*. Cambridge MA: MIT Press, 1997.

CARVALHO, A. I. de. Os conselhos de saúde, participação social e reforma do estado. *Ciência e Saúde Coletiva*, v. 3, n. 1, p.23-25, 1998.

CHANDOKE, N. *The concepts of civil society*. Delhi: Oxford University Press, 2003.

COELHO, V. S. Brazil's health councils: the challenge of building participatory political institutions. *IDS Bulletin*, v. 35, n. 2, p. 33-39, 2004.

COELHO, V. S.; VERÍSSIMO, J. Considerações sobre o processo de escolha dos representantes da sociedade civil nos conselhos de saúde em São Paulo. In: AVRITZER, L. *A participação em São Paulo*. São Paulo: Unesp, 2004.

COHEN, J.; SABEL, C. Directly-deliberative polyarchy. *European Law Journal*, v. 3, n. 4, p. 313-340, dez. 1997.

COHN, A. State and society and the new configurations of the right to health/ Estado e Sociedade e as reconfigurações do direito à saúde. *Ciência e Saúde Coletiva*, v. 8, n. 1, p. 9-18, 2003.

CORNWALL, A. Introduction: new democratic spaces? The politics and dynamics of institutionalised participation. *IDS Bulletin*, v. 35, n. 2, p. 1-10, 2004.

_______. *Beneficiary, consumer, citizen: perspectives on participation for poverty reduction*. Stockholm: Sida. Disponível em: <www.sida.se>.

DAGNINO, E. We all have rights, but... Contesting concepts of citizenship in Brazil. In: KABEER, N. (org.). *Inclusive citizenship: meanings and expressions*. Londres: Zed Books, 2005.

DAL POZ, M. R.; PINHEIRO, R. A participação dos usuários nos Conselhos Municipais de Saúde e seus determinantes. *Ciência e Saúde Coletiva*, v. 3, n. 1, p. 28-30, 1998.

DANIEL, C. Interview: conselhos, esfera pública e co-gestão. In: CARVALHO, M. C.; TEIXEIRA, A. C. C. (orgs.). *Conselhos gestores de políticas públicas*. São Paulo: Polis, 2000.

DRYZEK, J. S. Political inclusion and the dynamics of democratization. *American Political Science Review*, v. 90, n. 3, p. 475-487, 1996.

FOX, J. How does civil society thicken? The political construction of social capital in México. *World Development*, n. 24, p. 1089-1103, 1996.

FUNG, A.; WRIGHT, E. O.(orgs.). *Deepening democracy: institutional innovation in empowered participatory governance*. Londres: Verso, 2003.

GALVANEZZI, C. *A representação popular nos conselhos de saúde: um estudo sobre os conselhos distritais da zona leste e o conselho municipal de São Paulo*. Relatório de Pesquisa. São Paulo: Cebrap/Fapesp, 2003.

GAVENTA, J. Towards participatory governance: assessing the transformative possibilities. In: HICKEY, S.; MOHAN, G. (orgs.). *From tyranny to transformation*. Londres: Zed Books, 2004.

GOHN, M.G.M. Papel dos Conselhos Gestores na Gestão Pública. *Informativo Cepam*, Conselhos Municipais das Áreas Sociais, São Paulo, Fundação Prefeito Faria Lima, 2002.

GURZA LAVALLE, A.; ACHARYA, A.; HOUTZAGER, P. Beyond comparative anecdotalism: lessons on civil society and participation from São Paulo, Brazil. *World Development*, v. 33, n. 6, p. 951-964, 2005.

HABERMAS, J. Three normative models of democracy. In: BENHABIB, Seyla (org.). *Democracy and difference: contesting the boundaries of the political*. Princeton: Princeton University Press, 1996.

HAYES, L. Participation and associational activity in Brazil: the case of the São Paulo Health Councils. 2004. Dissertação (Mestrado em Development Studies) – Institute of Development Studies, University of Sussex, Falmer.

HOUTZAGER, P.; GURZA LAVALLE, A.; ACHARYA, A. Who participates? Civil society and the new democratic politics in São Paulo, Brazil. *IDS Working*, Institute of Development Studies, University of Sussex, Falmer, n. 210, 2003.

KABEER, N. (org.). *Inclusive citizenship: meanings and expressions*. Londres: Zed Books, 2005.

LABRA, M. E.; St. AUBYN, F. J. Associativismo, participação e cultura cívica, o potencial dos conselhos de saúde. *Ciência e Saúde Coletiva*, v. 7, n. 3, p. 537-547, 2002.

MANSBRIDGE, J. On the idea that participation makes better citizens. In: ELKIN, S.; SOLTAN, K. (orgs.). *Citizen competence and democratic institutions*. University Park: Pennsylvania State University Press, 1999.

MERCADENTE, O. Conselhos Municipais de Saúde. *Informativo Cepam*, Conselhos Municipais das Áreas Sociais, São Paulo, Fundação Prefeito Faria Lima, p. 41-44, 2002.

MORITA, I. *Conselho e Conselheiros Municipais de Saúde: Que trama é esta?* 2002. Tese (doutorado em Ciências Sociais – Antropologia) – Pontifícia Universidade Católica de São Paulo, São Paulo.

SANTOS, N. R. dos. Implantação e funcionamento dos Conselhos de Saúde no Brasil. In: CARVALHO, M. C.; TEIXEIRA, A. C. C. (orgs.). *Conselhos gestores de políticas públicas*. São Paulo: Polis, 2000, p. 15-21.

TATAGIBA, L. Os conselhos gestores e a democratização das políticas públicas no Brasil. In: DAGNINO, E. (org.). *Sociedade civil e espaços públicos no Brasil*. São Paulo: Paz e Terra, 2002.

TENDLER, J. *Good Governance in the Tropics*. Baltimore MD: Johns Hopkins University Press, 1997.

VALLA, V. V. Comentários a "Conselhos Municipais de Saúde: a possibilidade dos usuários participarem e os determinantes da participação". *Ciência e Saúde Coletiva*, v. 3, n. 1, p. 31-32, 1998.

VARGAS CORTES, S. M. Conselhos Municipais de Saúde: a possibilidade dos usuários participarem e os determinantes da participação. *Ciência e Saúde Coletiva*, v. 3, n. 1, p. 5-17, 1998.

WARREN, M. *Democracy and association*. Princeton: Princeton University Press, 2000.

9
SUBVERTENDO OS ESPAÇOS PARTICIPATIVOS? POLÍTICAS LOCAIS E ORÇAMENTO PARTICIPATIVO NA BUENOS AIRES PÓS-CRISE*

Dennis Rodgers

A pior crise na história recente da Argentina aconteceu na noite de 19 de dezembro de 2001, quando o país foi tomado por uma série de protestos, que veio a ser coletivamente conhecida como *Argentinazo*. Depois das tentativas desesperadas e malsucedidas do Presidente Fernando de la Rúa de impedir a fuga de capital e proteger o valor do peso argentino, milhares de pessoas tomaram as ruas exigindo a sua renúncia e o fim imediato das medidas austeras. Isso rapidamente se transformou numa escalada de distúrbios e choques violentos com a polícia, deixando um saldo de 28 mortos e precipitando o país numa convulsão sem precedentes. De la Rúa renunciou, substituído nos dez dias seguintes por três presidentes interinos, até que Eduardo Duhalde foi indicado para o cargo de chefe de Estado pelo senado argentino, dispondo de um mandato limitado para cumprir o período restante dede la Rua, até dezembro de 2003.[1] O peso ficou

* Sou extremamente grato a várias pessoas pela ajuda, incluindo Sergio Borelli, Antolín Magallanes, Jorge Navarro e Ana Tittaferrante, da Secretaria de Descentralização e Participação Cidadã; Rubén Basignana e Edith Szilvássy, do Conselho Provisório do Orçamento Participativo; Fernanda Clacy e María Suárez, do Centro de Gestão e Participação n. 2 Sul; e muitos, muitos participantes do processo do orçamento participativo de Buenos Aires. Por fim, gostaria de agradecer a Augustina Corica e Paula Giovagnoli por sua assistência na pesquisa, particularmente em relação à transcrição das entrevistas. Nenhum dos citados é responsável por nenhum dos erros ou imprecisões deste texto.

1 As eleições foram realizadas em seguida, em abril de 2003, e o presidente Nestor Kirchner foi eleito para um mandato de quatro anos.

completamente desregulado e perdeu três quartos de seu valor, o país tornou-se inadimplente com sua dívida de 132 bilhões de dólares – a maior dívida estatal na história – e o ambiente para negócios ficou paralisado, provocando o aumento do desemprego e um acréscimo massivo na faixa da população vivendo na linha de pobreza: de 38% em outubro de 2001 para 54% em junho de 2002 (Fizbein et al., 2003; Manzetti, 2002).

Embora as dimensões econômicas da crise sejam obviamente importantes, subestimar o seu caráter simultaneamente político é problemático. Não há dúvida de que os protestos eram contra o processo crescente de pauperização e exclusão, mas eles revelaram claramente uma desilusão mais ampla com a política e os políticos argentinos, refletindo-se no *slogan* universal dos manifestantes: *Que se vayan todos*. Pode-se dizer que o *Argentinazo* ressaltou "os limites da cultura democrática argentina" e a "ausência de canais políticos capazes de proporcionar uma articulação de interesses de modo sistemático e pró-ativo" (Tedesco, 2002: 469). Foi um momento "em que as pessoas contornaram a política habitual" (López Levy, 2004: 10), transformando a Argentina num "laboratório político" (Dinerstein, 2003: 187), com uma mobilização ascendente sem precedentes, conduzindo a um campo de formas "alternativas" de participação política que apontavam para a transformação da natureza da cultura política e da sociedade argentinas.

Isso compreendia as *asambleas populares* (assembleias populares), *clubes de trueque* (clubes de trocas), *empresas recuperadas* (empresas ocupadas por trabalhadores) e *piqueros* (organização de grupos de desempregados). Entretanto, nos anos que se seguiram a dezembro de 2001, essas três primeiras formas desapareceram ou foram continuamente decaindo, ao passo que boa parte desta última foi se institucionalizando como uma nova forma de clientelismo político. Isso sugere que nenhuma delas constituiu um modo sustentável de participação política alternativa. De certa maneira, isso se explica facilmente: a política, no seu nível mais elementar, trata das decisões de distribuição de recursos, e nenhuma das práticas mencionadas tinha controle significativo sobre recursos ou acesso a eles. Ademais, todos se opuseram ao Estado argentino, condenado publicamente como "fraco" ou "irrelevante", embora, no desenrolar da crise, ele tenha assumido rapidamente um programa de amplo alcance de assistência social, de modo a mitigar os efeitos da crise e a alavancar sua posição dominante no interior do tecido institucional da sociedade argentina.[2]

[2] Isso compreendeu, por exemplo, o Plano para Chefes de Família Desempregados, que distribuiu subsídios em torno de US$ 500 milhões para 2 milhões de chefes de família em 2002, e US$ 600 milhões em 2003 (Galasso e Ravallion, 2004: 367).

O problema da relação com o Estado é especialmente importante. Conforme Kohli and Shue (1994) indicaram, os vínculos entre Estado e sociedade são uma interface política problemática e particularmente relevante na era moderna. Embora essas relações sejam altamente variadas – os Estados e a sociedade não são entidades monolíticas e, frequentemente, seus limites são difusos –, elas inevitavelmente constituem um espaço sociológico de coabitação de uma "sociedade" diversa e de um "Estado", que é uma instituição social privilegiada no que diz respeito ao alcance político e aos fluxos de poder. As formas alternativas de participação política descritas acima, emergidas na Argentina pós-crise, ocorreram comprovadamente naquilo que Brock et al. (2001: 23) chamaram de "espaços autônomos": espaços que se desencadearam não na interface com o Estado, mas contra ou indiferente a ele. Isso tem ramificações nas possibilidades políticas desses espaços. Embora possam ser imaginados como formas "insurgentes" de participação política, que poderiam, por fim, "conquistar" ou "substituir" o Estado (Holston, 1999), a história e a força contínua do Estado argentino pós-crise nos advertem contra essa interpretação, e, como tais, pode-se afirmar que elas constituem efetivamente "um beco sem saída" de formas políticas transformadoras.

Por essa mesma razão implícita, Cornwall (2004: 2) sustenta que há uma diferença crucial entre, por um lado, as possibilidades políticas acordadas em espaços de transformação "autônomos" e, por outro, aquilo que ela caracteriza como espaços "franqueados". Estes são espaços políticos abertos pelo Estado para atores não-estatais, os quais, por envolverem-se intrinsecamente *tanto* com a sociedade *quanto* com o Estado, oferecem potencialmente uma abertura maior para reconfigurar as relações de poder e estender as práticas democráticas (ver também Fung e Wright, 2003; Gaventa 2004; Harris et al., 2005). Uma literatura sobre o tema emergiu de maneira bastante rápida, incluindo, em particular, a que trata da famosa iniciativa brasileira do "orçamento participativo" (OP), ocorrido em Porto Alegre, tema esse que, para muitos, tem sido promovido empoderamento e democratização (Abers, 1996, 1998; Baiocchi, 2001; Genro e Souza, 1997). Entretanto, essa literatura é comprovadamente caracterizada por um campo de suposições normativas – em particular a noção de que a simples existência de espaços franqueados conduzirá automaticamente a melhores processos de tomada de decisão, com melhores resultados, criando melhores cidadãos. Cornwall (2004: 9) indica que o caso nem sempre é esse, e sugere que, para entendermos verdadeiramente as dinâmicas dos espaços franqueados, é necessário "situá-los em cenários institucionais, como um entre muitos outros domínios dentro dos quais e a partir dos quais os atores se movem, levando consigo relações, conhecimento, conexões, recursos, identidades e identificações".

Nesse sentido, os temas mais pertinentes são comprovadamente as configurações políticas dentro das quais os espaços franqueados se firmam. Com efeito, frequentemente eles são considerados como *o* fator crucial que determina o sucesso ou o fracasso de iniciativas de participação, à medida que se considera que as políticas de confronto e a excessiva politização de processos participativos levam a uma participação ineficiente ou inexpressiva (Cooke e Kothari, 2001). Este capítulo busca examinar de perto os fatores políticos que circundam a introdução e a implantação do OP na Cidade Autônoma de Buenos Aires, entre 2002 e 2003, período esse que foi notavelmente efetivo, apesar do processo manifesto de politização.[3] Baseado em uma pesquisa etnográfica e em entrevistas realizadas durante seis meses (abril/setembro de 2003) com indivíduos e grupos envolvidos no processo, busca-se explorar as micropolíticas do OP na região central de Buenos Aires, bairro de Abasto, de modo a compreender esse aparente paradoxo. Mostra-se aqui como o OP se sobrepõe às práticas sociais e as relações existentes; como atores diferentes percebem e atuam no processo seguindo pautas distintas e por vezes contraditórias; a natureza empoderadora do processo do OP, e como tudo isso se combinou de uma maneira autônoma e eficiente. Isso suscita toda uma variedade de questões interessantes sobre a política participativa em espaços franqueados, o que inclui a necessidade de se levarem em conta as dinâmicas sociopolíticas de nível local, bem como a natureza transformadora dos processos participativos.

As macropolíticas do OP em Buenos Aires

O folheto informativo oficial do OP de 2003 sugere explicitamente que a sua introdução em 2002 foi uma resposta direta do Governo da Cidade de Buenos Aires (GCBA) ao *Argentinazo*:

> Vivemos numa época em que as instituições democráticas carecem de representação e legitimidade como jamais visto antes. A população exige respostas novas, canais novos de responsabilização e participação, novas formas de se fazer política. Preencher a lacuna que hoje separa o Estado da sociedade é fundamental para a manutenção de uma vida democrática completa. Nesse contexto, o governo da

[3] Outros fatores políticos levaram em seguida ao declínio, provavelmente terminal, do processo a partir de 2004. Para mais detalhes, ver Rodgers, 2005.

> Cidade Autônoma de Buenos Aires criou um espaço para a participação direta dos moradores dos bairros nas questões públicas. O Plano do Orçamento Participativo tem o objetivo de canalizar as demandas sociais e garantir aos cidadãos um papel central na vida democrática da cidade. A participação cidadã é o melhor meio possível para atingirmos um maior controle democrático sobre a administração do governo da cidade (GCBA, 2003a: 4, tradução minha [Dennis Rodgers]).

Considerando a lógica subjacente e o objetivo das iniciativas voltadas à "democracia deliberativa com empoderamento", tais como o OP (Fung e Wright, 2003), isso constituiu certamente uma resposta lógica à crise. Ao mesmo tempo, o OP foi sem dúvida uma iniciativa óbvia a ser implantada em Buenos Aires. A ideia foi sugerida primeiramente pela Central de Trabalhadores Argentinos (CTA), que fez uma campanha vitoriosa para garantir "o caráter participativo do orçamento" estabelecido no artigo 52 da Constituição de 1996 da Cidade Autônoma de Buenos Aires (GCBA, 2003b: 19). Entretanto, a legislatura da cidade falhou em seguida em estabelecer procedimentos de consulta que permitissem definir prioridades na alocação de recursos, em razão de uma da falta de interesse, combinada com a suspeita, por parte da maioria dos políticos da cidade e dos partidos políticos quanto ao OP. Poucos projetos pilotos em localidades específicas de Buenos Aires foram implantados antes de 2001.

Em grande medida, a introdução em larga escala do OP em Buenos Aires pode ser caracterizada como um caso de "democratização não intencional", visto que se tratou de uma consequência acidental de mudanças no equilíbrio de poder político da cidade, que se seguiram ao *Argentinazo* (Rodgers, 2005). A crise arrasou o partido da Frente Grande e forçou o prefeito da cidade, Aníbal Ibarra, a procurar novos apoios internos e externos ao seu partido. Entre aqueles de quem buscou apoio estava Ariel Schifrin, líder de uma facção importante, antes marginalizada, no interior do partido da Frente Grande, o Grupo Espacio Abierto. Schifrin concordou em apoiar Ibarra sob a condição de supervisionar a introdução do OP na cidade, tornando-se consequentemente diretor de administração da Secretaría de Descentralización y Participación Ciudadana em fevereiro de 2002. Ele estava claramente menos interessado que o OP fosse tratado como uma forma de empoderamento democrático do que como um mecanismo para criar redes políticas para a Frente Grande – e, mais especificamente, para o Grupo Espacio Abierto. Por isso, inseriu rapidamente pessoas de confiança em todas as dezesseis administrações descentralizadas e centros de participação (os Centros de Gestión y Participación, CGPs), com a instrução de que deveriam garantir uma forte presença partidária nos processos do OP que estavam sendo instituídos pelos CGPs. Segundo uma dessas pessoas de confiança, estabelecida no CGP n. 2 Norte, me disse numa entrevista em 11 de agosto de 2003:

> O Grupo Espacio Abierto tem agora uma presença territorial maior do que antes, precisamente porque Ariel é o Secretário da Descentralização e fez que os CGPs funcionassem, e é claro que o OP é uma boa ferramenta para expandir a presença do partido, impondo-a no nível local, especialmente *vis-à-vis* os Radicais [partido político tradicionalmente dominante em Buenos Aires].

Ao mesmo tempo, a despeito dessa forte politização do OP, tratou-se, segundo todos os relatos, de um processo que funcionou muito bem durante os dois primeiros anos de sua existência. Como Navarro (2005: 108-109) sucintamente sumarizou, o processo começou, em junho de 2002, a partir do projeto piloto do Plan de Prioridades Barriales [Plano de Prioridades para Bairros], com um mês de duração, envolvendo 4.500 indivíduos em 16 bairros que participaram de 250 encontros e identificaram 338 prioridades orçamentárias, as quais foram então incorporadas a um anexo especial do orçamento da cidade para o ano de 2002. Em maio de 2004, 165 dessas prioridades tinham sido executadas (49%), 101 estavam em vias de execução (30%) e 22 estavam sob consideração (7%). O Plano de Orçamento Participativo de 2003 sucedeu esse projeto piloto, empreendido entre julho e setembro de 2002, em que 9.450 indivíduos de 43 bairros participaram de 450 encontros e votaram 189 prioridades. Em maio de 2004, 65 dessas prioridades tinham sido executadas (34%), 45 em vias de execução (24%) e 10 sob consideração (5%). O Plan de Presupuesto Participativo [Plano do Orçamento Participativo] de 2004 foi elaborado entre março e setembro de 2003, contando com 51 bairros: 14.000 indivíduos participaram da identificação e votaram mil prioridades, 600 das quais foram incorporadas no orçamento da cidade para o ano de 2004 (as rejeitadas foram consideradas inviáveis ou inapropriadas).

Até certo ponto, esses feitos notáveis resultaram da inteligência do desenho institucional. O OP em Buenos Aires envolveu a descentralização da autoridade do governo, aos habitantes dos bairros no que diz respeito a determinação da ação municipal. Durante vários meses, primeiro em assembleias de bairros e depois em seis comissões temáticas locais, os habitantes debateram e estabeleceram suas necessidades locais, respectivamente: desenvolvimento socioeconômico, obras públicas e meio ambiente, educação, saúde, cultura e segurança. Uma vez definidas as propostas em cada comissão, fazia-se uma assembleia final de bairro em que os participantes decidiam, tendo em conta cada agrupamento temático, as quatro que continham as propostas mais urgentes. Estas eram então enviadas para os departamentos correspondentes e discutidas numa ampla plenária da cidade, reunindo habitantes de bairros e burocratas do governo da cidade. As propostas consideradas tecnicamente viáveis eram assim classificadas em relação a cada uma das outras, conforme uma fórmula que levava em conta as diferenças da população, o número de eleitores nas assembleias de bairro, a riqueza e pobreza relativas dos bairros, de modo a pôr estes últimos em pé de igualdade. Uma "matriz de ação" para toda a cidade foi elaborada a partir de todas as propostas classificadas e integradas no orçamento municipal, apresentando assim a ordem em que os recursos públicos da cidade deviam ser despendidos até seu esgotamento. De muitas formas, o OP em Buenos Aires foi certamente mais um exercício de planejamento participativo do que um OP *per se*, o que significa que se evitaram muitos dos problemas ligados à falta de financiamento público que contaminou diversos outros processos do OP (e que teria sido particularmente calamitoso na Argentina pós-crise).

Embora seja importante ter em conta o desenho institucional da iniciativa do OP em Buenos Aires, ele não se constituiu, porém, em um contrapeso à politização do processo. De fato, o desenho foi sendo continuamente alterado pelo Conselho Provisório responsável pelo OP – um conselho composto de delegados de bairro eleitos e representantes de ONGs, que teoricamente supervisionaram o processo todo, mas que na prática endossava a Secretaría de Descentralización y Participación Ciudadana –, sendo seus próprios planejamentos frequentemente ignorados ou executados de modo imperfeito pela equipe de coordenação técnica dos OPs das CGBAs locais e central. Nessa medida, as razões que estavam na origem do improvável sucesso do OP em Buenos Aires devem ser buscadas em outro lugar. Sem dúvida, uma das razões é o fato de que uma proporção considerável dos membros da equipe de coordenação técnica do OP central, bem como de algumas equipes locais, partilharam uma perspectiva tecnocrata do serviço público e buscaram promover o processo do OP ao invés de uma agenda política partidária. Assim, eles constituíram uma espécie de "cavalo de troia" antipolítico no interior do processo politizado do OP (de fato, muitos dos casos de desobediência às regras formais que observei ocorreram não com a intenção de subverter o processo do OP, mas antes para facilitá-lo em face de sua politização). Outra razão é que a balança política de poder na Buenos Aires pós-crise permaneceu extremamente volátil até as eleições em setembro de 2003, e as intrigas políticas significavam que Schifrin teve que fazer acordos que limitaram a velocidade e o alcance da politização do processo do OP.

Provavelmente o mais importante reduto contra a politização do processo do OP foi a natureza particular das políticas locais em Buenos Aires. Conforme Levitsky (2001: 30) indicou, os partidos políticos na Argentina podem ser vistos como "partidos informais de massas", baseados numa "densa coleção de redes pessoais – que operam a partir de sindicatos, clubes, organizações não-governamentais e comumente a partir das casas dos ativistas – que por vezes são desligados (e autônomos) da burocracia partidária". Estes constituem a base territorial das políticas partidárias tradicionais, no entanto, são altamente independentes e livremente federados, exceto num nível simbólico, por exemplo, por meio de figuras históricas, como Evita Perón no caso do Partido Peronista (ver Auyero, 2001), ou Hipólito Irigoyen no caso dos radicais. Isso fez que o empreendimento da Frente Grande para a criação sistemática de uma rede política por meio do OP não constituísse nenhum problema, visto que isso envolveu o engajamento inevitável com uma variedade de formas sociais que existiam em nível local, todas as quais tinham suas próprias agendas e interesses que não necessariamente coincidiam com aquelas da Frente Grande. Além disso, mesmo quando associações locais dos movimentos de base, os *punteros* e *punteras* locais (que faziam a intermediação sociopolítica) estavam bem-intencionados para com a Frente Grande, o OP frequentemente tinha efeito sobre a forma com a qual eles respondiam às demandas de mobilização, subvertendo-os. A próxima sessão tenta traçar etnograficamente alguns desses processos, principalmente em relação à área do bairro de Abasto.

Orçamento participativo em Abasto

A *área barrial* (área do bairro) de Abasto é uma subunidade do CGP n. 2, no distrito Sul, formalmente n. 1 das três subunidades (ver Mapa 1).[4] Ela se estende da Avenida Rivadavia, que historicamente divide a região mais próspera do Norte da região Sul empobrecida. É um bairro extremamente heterogêneo, podendo ser geralmente classificado, num sentido socioeconômico, como de classe média baixa. De acordo com o censo GCBA de 2001, o CGP n. 2 Sul tem uma população de 190 mil habitantes, equivalendo a 6% da população de Buenos

[4] A maioria dos informantes reconheceu que Abasto tinha uma importância sócio-geográfica – associando-o em particular a um comércio popular renovado –, mas queixavam-se frequentemente de que era uma entidade que tinha pouca relação com as divisões históricas dos bairros da cidade "cortando" os "respeitáveis" bairros de Balvanera e Almagro.

Aires.[5] Minha pesquisa desenvolveu-se por meio do meu comparecimento às várias reuniões do OP em Abasto, entrevistando um grupo de participantes e funcionários do GCBA, e realizando um exame *kerbside*. Frequentei durante um tempo os escritórios administrativos do CGP n. 2 Sul, localizados na *área barrial* n. 2.[6]

Mapa 1 CGPs de Buenos Aires, com detalhe da CGP n. 2 Sul

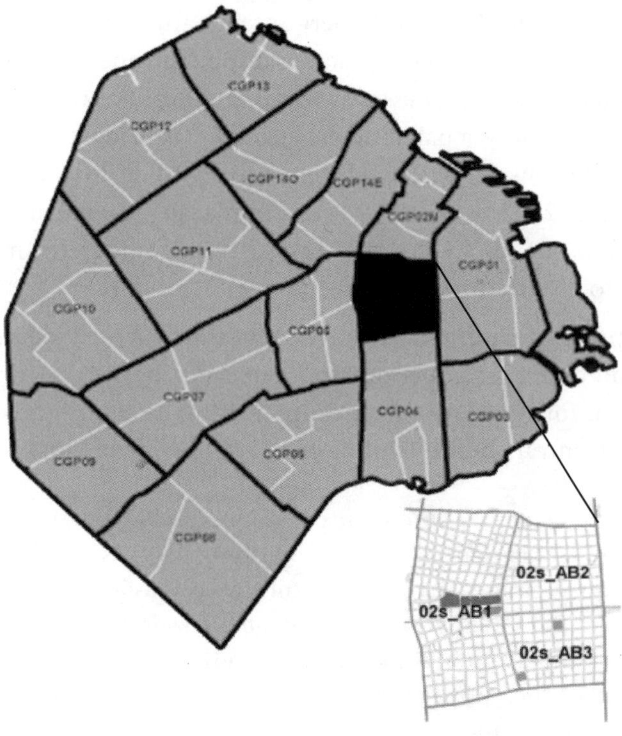

Fonte: GCBA. Disponível em: <www.buenosaires.gov.ar/areas/hacienda/pp/areas.php?menu_id=11567>.

[5] Disponível em: <www.buenosaires.gov.ar/areas/hacienda/sis_estadistico/poblaciooi.pdf>. Acesso em: 1 out. 2005.

[6] Conduzi pesquisa semelhante no CGP n. 2 Norte, comparecendo em outros encontros dos CGPs, e entrevistei um grande grupo de funcionários da GCBA, acadêmicos e ONGs ativistas normalmente envolvidas no processo do OP.

O problema mais básico de qualquer espaço franqueado é que aqueles que são convidados a comparecer precisam saber que o foram. O conhecimento sobre o processo do OP em Buenos Aires foi sem dúvida claramente limitado (embora seja preciso notar que minha pesquisa desenvolveu-se apenas durante o segundo ano do processo). Um exame *kerbside* improvisado e não sistemático, conduzido em 24 de junho de 2003, período em que em consultei 103 pessoas, 54 homens e 49 mulheres, sobre o fato de elas terem ouvido algo referente ao processo do OP, obteve uma contagem positiva de apenas 10,7% (onze respostas positivas). Em seguida, quando perguntei quantos tinham efetivamente participado, apenas 1,9% dos entrevistados respondeu que sim (duas respostas positivas). Para contextualizar esses aspectos, pode ser esclarecedor compará-los com os dados obtidos a partir de inspeções feitas pelo GCBA Statistics e o Departamento de Censo, sobre o conhecimento dos CGPs em Buenos Aires, que descobriu que, em 2003, apenas 36,4% da população presente no CGP n. 2 Sul sabia da existência de seu CGP, e que apenas 18,6% tinha efetivamente algum relacionamento direto com ele.[7]

Esses aspectos desanimadores talvez não sejam surpreendentes, considerando o orçamento escasso do processo. Com efeito, houve poucos anúncios e campanhas de informação. Conforme um membro da equipe de coordenação técnica do OP Central observou numa entrevista em 19 de agosto de 2003:

> Pessoalmente, eu acho que um dos grandes problemas que tivemos foi a divulgação mínima de informação sobre todo o processo... Isso pode ser constatado em cada bairro, dá para descobrir que o nível de conhecimento sobre o OP que a média dos habitantes tem é realmente bastante reduzido. Estamos constantemente tentando obter mais informações aqui, mas não houve uma campanha adequada ou algo equivalente... Uma das coisas que realmente percebi, e essa é minha opinião pessoal sobre o curso do processo, é que por uma ou outra razão não conseguimos explorar devidamente alguns canais que, por estarem nas mãos do governo, seriam fáceis de usar para comunicar de modo eficiente em ampla escala. Por exemplo, incluindo algo sobre o OP nos boletins informativos que todas as crianças nas escolas do Estado recebem no começo do ano, para encaminhar aos seus pais... ou ainda, anunciando na estação de rádio da GCBA, ou na nova estação de televisão que existe agora... O rádio particularmente é irritante, pois não dispusemos quase de nenhum tempo, e o pouco que tivemos deveu-se às várias pessoas que

[7] Disponível em: <www.buenosaires.gov.ar/areas/hacienda/sis_estadistico/nuevoiforme/N139.pdf>. Acesso em: 1 out. 2005.

conheço lá e passei para elas algumas coisas de maneira informal... Logicamente você preferiria que esse tipo de informe à população fosse formalizado.

Considerando o amplo contexto de crise, não surpreende a falta de financiamento para o processo do OP. Entretanto, quase não resta dúvida de que a política desempenhou um papel nessa situação. Ibarra mostrou pouco interesse no processo do OP e pareceu ter sancionado a sua implantação apenas para ganhar apoio político de Schifrin. Ele estava completamente a par do uso que Schifrin fez do OP para si mesmo, e muitos dos funcionários especularam que o baixo orçamento concedido ao processo foi uma forma para Ibarra manter Schifrin sob controle.

Ao mesmo tempo, a politização foi certamente um dos meios mais eficientes para mobilizar as pessoas a participar do OP. Jorge Navarro, coordenador do processo de OP em Buenos Aires, aliado próximo a Schifrin, admitiu, de maneira explícita, numa entrevista gravada em 7 de agosto de 2003, que as redes políticas locais da Frente Grande tinham sido usadas para mobilizar a participação no processo do OP em várias CGPs. Ele afirmou que o OP inevitavelmente teve de ser promovido por meio de redes preexistentes em razão da falta de financiamento, e, uma vez que as redes mais facilmente mobilizadas e mais bem-intencionadas seriam as da Frente Grande – considerando particularmente o fato de que o OP foi uma iniciativa do governo – esse processo foi necessário. A justificativa faz bastante sentido, sendo similarmente observada por Acharya et al. (2004) no estudo que realizaram no Brasil sobre o uso que o Partido dos Trabalhadores (PT) fez das redes para implantação dos conselhos do OP e de políticas deliberativas em São Paulo. A natureza das políticas locais na Argentina também tornou inevitável o fato de muitos dos canais para promover o OP e mobilizar a participação acabarem num entrecruzamento com redes políticas partidárias, tais como as organizações e as associações comunitárias locais. Estas constituíram o alvo principal de qualquer campanha de informação e mobilização do OP, e foram exatamente as mesmas de onde os partidos políticos da Argentina extraíram sua força.

Simultaneamente, a estrutura descentralizada das redes políticas partidárias, em particular a cadeia descendente – que liga políticos de cargo mais elevado a *referentes* mais localizados (políticos vistos como "grandes figuras" locais), os quais por sua vez se ligam a *punteros* e *punteras* que "controlam" uma associação local e podem ter influência no voto da população – apontam também que há uma considerável distância para que as demandas políticas dos que vêm de cima sejam subvertidas. Isso se tornou manifesto na assembleia final do OP em

Abasto, em que compareci em 13 de junho de 2003, para decidir as propostas que seriam levadas adiante para o orçamento municipal de 2004. Ela ocorreu numa noite de sexta-feira em um grande salão de escola, em que aproximadamente 350 pessoas compareceram – pude observar durante minha pesquisa que um número maior havia estado presente em outros encontros. Registrei em meu diário de campo que naquele momento havia

> uma quantidade de mulheres ligeiramente maior que de homens – *c.* 60/40 de diferença; predominância de participantes mais velhos – *c.* 50% por volta de 55 anos, *c.* 30% na faixa de 30 anos, o restante entre 30 e 55 anos. Há uma atmosfera familiar, como música de tango ao fundo; uma convivência muito ampla e trocas joviais entre indivíduos que obviamente se conhecem.

Tanto o debate quanto a votação procederam de modo ordenado, ainda que por vezes apaixonado. A assembleia votou pela priorização da saúde, das obras públicas, da educação e dos projetos de desenvolvimento socioeconômicos, incluindo respectivamente iniciativas como: aumento da quantidade de serviços proporcionados pelo centro de saúde local, melhoria da iluminação pública, organização de um esquema de aprendizado no bairro para jovens desempregados e construção de uma biblioteca. À medida que as pessoas começaram a deixar o encontro, uma vez anunciados os resultados, abordei um homem com quase 50 anos; tinha-o visto seguindo intensamente os procedimentos após ter parecido indiferente a eles no começo do debate. Perguntei-lhe como ele havia sabido do OP e por que tinha vindo:

> Bem, na verdade eu não sabia muito bem até ontem à noite, eu vim porque aquela mulher lá me disse para vir, ele respondeu, apontando para alguém no salão. Ela fez um monte de coisas para mim e para minha família no passado, e quando ela me perguntou se eu poderia vir, como ela sempre faz, claro que eu disse sim, e aqui estou.
>
> Por que ela quis que você viesse? Ela lhe disse como devia votar?, perguntei a ele.
>
> Sim, ela disse, ela me disse para votar nessa e naquela proposta, e para não votar naquela outra, ela disse também para votar naquele candidato para delegado da plenária, em vez daquele outro.
>
> E você votou conforme ela lhe pediu?
>
> Bem, para o delegado, sim, mas não para as propostas. Normalmente eu faço assim, mas geralmente quando ela me pede para vir a encontros como este, eu venho, voto e vou embora logo, porque ficam realmente chatos. Mas não podemos

fazer isso nesse tipo de encontro, você precisa assinar no começo, se não, você não vota no fim, então tive de ficar sentado ali durante as três horas do encontro da noite. Mas quer saber? Eu ouvi várias coisas interessantes, sentei ali e escutei todas as propostas, e pensei comigo, "há boas ideias aqui", de modo que quando foi a hora de votar, não votei como ela disse, mas para as propostas que considerei que seriam o melhor para o meu bairro.

Esse comportamento padrão por parte daqueles que são mobilizados por *punteras* e *punteros* pode não ser necessariamente comum, mas essa troca mostra o modo como, mesmo em um espaço franqueado subvertido por políticos, há ainda terreno para uma participação independente, que, certamente, reverte a tendência subversiva. Em grande medida, o crédito dessa "subversão da subversão" pode ser atribuído ao processo poderosamente transformador que o OP pode incitar nos participantes. Com certeza, isso foi algo que também apareceu – ainda que de uma maneira diferente – numa entrevista que fiz posteriormente em 24 de junho de 2003 com Ana Balladares,[8] a *puntera* que havia pedido à pessoa com quem troquei informações sobre sua vinda à assembleia do OP. Quando lhe perguntei sobre o problema, Ana me disse logo que, desde o seu início, havia mobilizado sua rede em Abasto para assegurar um nível elevado de participação no processo do OP, sob o comando de um *referente* que foi o político local dominante da Frente Grande, e que estava ligado, por sua vez, a vários políticos do alto escalão, incluindo Ariel Schifrin. Para explicar o que ela chamou de "militância", ela começou a me falar sobre sua formação.

Começou enfatizando que tinha sido uma "peronista militante durante quase toda a vida, desde os 16 anos", embora só tenha sido capaz de ingressar no partido a partir dos 18 anos, em 1972. Ela falou apaixonadamente sobre Evita Perón e sobre a inspiração que seu trabalho, a favor "das classes mais humildes e vulneráveis", representou para ela, e afirmou que, "mesmo não chegando a conhecê-la, porque nasci três anos após sua morte, eu me apaixonei por aquela mulher". Ela falou também sobre o padre Carlos Mujica, um padre católico bem conhecido por seu trabalho social nas favelas de Buenos Aires, que foi assassinado em 1974 pelo grupo de direita "Triple A", explicando então como isso mexeu com ela, levando-a a se tornar uma *Montonera* da guerrilha armada durante a ditadura militar que tomou o poder em 1976. Por fim, ela foi pega e presa durante vários meses, e, quando foi solta, fugiu para o Brasil, onde ficou

[8] Os nomes dos informantes foram alterados ou omitidos para proteger sua privacidade.

até a restauração da democracia em 1983. Na sua volta, Ana pôs-se a apoiar a mobilização para o Partido Peronista em Abasto, embora, ao fazer isso,

> com uma certa cautela, lidando com o aspecto social das coisas, ajudando pessoas necessitadas ... por exemplo, pessoas que estão para ser expulsas de suas casas, eu as coloquei em contato com advogados ou amigos que seriam capazes de interromper ou retardar o processo de expulsão, ganhar tempo para procurar uma alternativa, uma casa comunitária ou coisa parecida.

Ela então contou a enorme alegria que sentiu quando o candidato do partido peronista, Carlos Menem, venceu a presidência em 1989, e como ela ficou orgulhosa por ter "contribuído para essa vitória com meu trabalho territorial local". Ela prosseguiu descrevendo sua progressiva desilusão com Menem, o "neoliberalismo e a corrupção" de seu governo, até que percebeu que "ele não representava mais o peronismo", o que a levou, em 1998, a "romper definitivamente com o peronismo e encerrar minhas atividades na minha *unidad básica*" em Abasto, ainda que "eu tenha preservado a relação com essas pessoas". Logo após esse "ponto baixo na minha vida como militante", ela encontrou um novo foco:

> Perto de minha casa havia uma Frente Grande local, e um dia eu entrei lá com uma amiga que queria lhes perguntar uma coisa, mas não tinha coragem de fazer isso sozinha, então eu fui com ela, e o que me chamou atenção é que havia fotos da Evita, do Padre Mujica... nas paredes... e disse para mim mesma "o que meu *compañeros* estão fazendo aqui, neste lugar, isto é muito bizarro, e comecei a conversar com um dos militantes, que me disse que eles também vinham do peronismo e que eles também não achavam que Menem representasse mais o peronismo, então eles fundaram seu próprio partido para se opor a ele... a partir de então eu decidi me tornar uma militante da Frente Grande, e dali em diante trabalhei com as pessoas que conhecia por eles.

As atividades militantes de Ana logo passaram a incluir "a mobilização de pessoas" para garantir a participação delas no processo do OP, questão que deixava seu *referente* ansioso, não apenas por razões políticas, mas também porque ele tinha logo se convertido genuinamente ao OP, e se envolvido em algum dos projetos pilotos conduzidos em Buenos Aires no final de 1990. Ainda assim, embora Ana parecesse conformar-se bastante aos desejos de seu *referente*, tornou-se manifesto que ela também tinha sua própria agenda. "Por um longo tempo", disse-me ela,

> eu fiquei lutando para conseguir uma creche no bairro... havia apenas uma creche em toda a Almagro, na avenida Ramos Mejía. Ela era municipal, e tinha uma lista de espera de 150 crianças; uma outra creche era obviamente algo necessário. O governo não ia fazer nada, mesmo quando eu encontrei um terreno inutilizado no bairro onde ela poderia ser construída ... Quando o processo do OP começou em 2002, eu pensei comigo, "isso pode ser uma oportunidade", então tentei ver como poderia fazer isso dar certo... entrei para a comissão socioeconômica de desenvolvimento, e procurei persuadir todo mundo que devíamos propor a creche como nosso projeto prioritário, construindo-a nesse terreno... Conversamos muito a respeito disso, o que acabou concretizando uma verdadeira e grande comissão, porque todos concordaram comigo, e a creche tornou-se o projeto prioritário de nossa comissão... Eu estava certa de que conseguiríamos, mas então ouvi que a comissão para educação estava propondo que uma biblioteca fosse construída no terreno que encontrei, em vez da creche, e então eu comecei a ter medo de que a creche pudesse não ser votada como prioridade majoritária do bairro... Para ter certeza de que venceríamos, trouxe todas as pessoas que conhecia para a assembleia final do OP e disse a todos para votarem na comissão socioeconômica para desenvolvimento, e dessa forma nós vencemos!

A resposta de Ana ao processo do OP poderia ser considerada mais classicamente subversiva do que as ações das pessoas que ela mobilizou para comparecerem à assembleia final de 2003 para o OP de Abasto, visto que isso subverteu o espírito do processo do OP. Entretanto, conforme Rubén Basignana, um dos delegados do Conselho Provisório do OP, CGP n. 2 Sul, assinalou durante uma entrevista em 17 de junho de 2003:

> É da natureza das pessoas que elas tentem e pressionem por seus próprios interesses e projetos domésticos... Mesmo que eu não tenha trabalhado muito, não conheço nenhuma sociedade em que isso não acontece, e certamente isso aconteceu muito aqui nos últimos anos... Mas o importante é que não acredito que isso aconteceu por má vontade ou por razões egoístas. Por exemplo, alguém do meu bairro fez bastante pressão para um projeto de construção de uma creche no bairro, a ponto de ela ter trazido pessoas à assembleia para votar pelo projeto e ter certeza de que seria escolhido. Mas a creche não está sendo construída para ela, mas para o bairro, entende? É como uma escola; é uma necessidade, especialmente em nosso bairro onde há tantos problemas sociais... É uma coisa boa o fato de termos agora essa creche, mesmo que tenha sido obtida por meio de práticas políticas negativas do passado.

Rubén de fato afirmou que, no fundo, tais práticas subversivas não importam realmente porque o processo do OP continha as sementes para uma completa transformação da política e da sociedade na Argentina.

> No final das contas, não importa realmente o modo como o processo funciona no momento, porque ele está apenas começando. Você precisa ver isso como uma ferramenta, uma fantástica ferramenta completamente diferente dos meios para obtenção de recursos que conhecemos no passado, como o clientelismo, a corrupção, o *assistencialismo*, a demagogia, e todas aquelas coisas terríveis, terríveis... É claro que ainda está sendo construído, mas já posso ver que daqui a dez anos teremos uma ferramenta fabulosa que permitirá uma nova forma de política aqui na Argentina, que também agirá como um impedimento para o retorno dos maus hábitos do passado... é nisso que acredito; há adiante bons momentos para a Argentina; depois de nossa jornada por essas terríveis trevas, você pode imaginar o período entre 1976 e 1983 e também os eventos em 19 e 20 de dezembro [2001], estamos nos tornando finalmente um país normal de novo, como nosso presidente o disse. Não seria ótimo ser normal? Fomos anormais durante muito tempo...

Embora a visão de Rubén sobre a evolução futura da cultura política da Argentina possa parecer bastante otimista, há apenas um aspecto do processo do OP que de fato pareceu ter tido um impacto significativo e imediato. Formalmente, o processo deu início a canais institucionais para uma comunicação direta com funcionários e burocratas da GCBA, por meio de assembleias locais e comissões temáticas, porém mais substancialmente por meio de amplas plenárias que foram mantidas após todas as propostas terem sido recebidas e examinadas pelas figuras oficiais da cidade. Muitos habitantes locais do bairro com os quais eu conversei pareciam de fato ter um comprometimento com o processo do OP – menos no sentido de contornar os políticos do que como um meio de ter acesso e influenciar positivamente os burocratas do governo que lidavam concretamente com os problemas dessas pessoas. Durante a entrevista coletiva, conduzida em 22 de junho de 2003, com seis membros da pretensa Comission de Vecinos de la plazoeta Moreno y Boedo (associações de bairro das ruas Moreno e Boedo), todos aqueles que tinham participado da grande plenária de 2002 repetidamente elogiaram "o lado incrível que foi a experiência de ser capaz de falar diretamente com as pessoas certas", porque "normalmente você tem de esperar eternamente para ver alguém, que vai então lhe dizer: não, eu não posso fazer nada a esse respeito". Conforme um membro do grupo afirmou:

> É uma questão de responsabilidade, o que o OP faz é tornar responsável os servidores públicos, porque ele nos oferece um fórum onde podemos estabelecer demandas precisas e apresentá-las diretamente a essas pessoas. Eles não podem esconder-se mais atrás dos políticos, porque agora existe uma conexão direta entre nós e eles.

Conclusão

Com base nas evidências apresentadas neste capítulo, pode-se afirmar que a politização de espaços franqueados não opera necessariamente somente de forma negativa, como sugere a bibliografia especializada (ver Hickey e Mohan, 2005: 241-242). Certamente, o OP não teria sido implantado em Buenos Aires, em primeiro lugar, caso não se tivesse levado em conta o seu potencial politizador. Em segundo, sua introdução estava diretamente relacionada ao fato de que ele foi visto como um meio para dar apoio às redes políticas na cidade. Isso sublinha a noção básica de que o surgimento de espaços franqueados de participação é um ato fundamentalmente político, e no caso do OP em Buenos Aires, onde ele se deu de forma contingente e desprovida de intenções de democratização, algo que vai contra aos estudos que associam a introdução de iniciativas participativas às políticas programáticas (Acharya et al., 2004; Baiocchi, 2003; Chavez e Goldfrank, 2004; Heller, 2001). Ao mesmo tempo, porém, embora seja importante o nível macro das configurações políticas que circunda a abertura dos espaços franqueados de participação, os desenhos etnográficos, apresentados acima, do processo do OP em Abasto sugerem que aquilo que poderia ser denominado política em nível micro é também importante para nossa consideração. De fato, pode-se afirmar que os fatores políticos que afetam positiva ou negativamente as iniciativas participativas dependerão da política local específica e das dinâmicas sociais dentro das quais os diferentes atores sociais se envolvem e o próprio processo participativo se firma.

Isso ficou claro na forma como a politização do OP em Buenos Aires conduziu a melhores níveis de mobilização em algumas áreas da cidade, como o CGP n. 2 Sul, mas não em outras, como o CGP n. 2 Norte. Conforme um participante deste último CGP me explicou num *e-mail* enviado em 7 de dezembro de 2004:

> Houve tantos elementos falaciosos e tantos desapontamentos por causa da politicagem, que todos os projetos que quisemos empreender e incluir nos orçamentos tornaram-se secundários nas agendas... Tudo ficou tão feio, projetos que

eram promovidos por pessoas simplesmente para ganhar apoio político, e desse modo é claro que as pessoas começaram a se afastar do processo... eu mesmo. Eu acreditei muito nisso, não quero ter mais nada a ver com o OP; sinto como se tivesse desperdiçado muito do meu valioso tempo para nada... Para que uma ferramenta maravilhosa, se você não pode usá-la devidamente?

Conforme Hickey e Mohan (2005: 250) indicaram, o sucesso das iniciativas participativas depende frequentemente do fato de estarem vinculadas a projetos políticos mais amplos, não se opondo às relações de poder existentes. O processo do OP em Abasto foi certamente menos conflitante do que no CGP n. 2 Norte, em parte porque pelo menos as configurações políticas locais não foram desafiadas. Abasto tinha afinidades com o partido da Frente Grande, enquanto o CGP n. 2 Norte apresentava mais o perfil de classe média alta e de classe alta que tendia a votar predominantemente contra a Frente Grande.

Da mesma forma, havia também em Abasto uma constelação muito particular de atores competindo por interesses e práticas que, articulados conjuntamente, agiam no sentido de se controlarem entre si, permitindo assim a emergência de um processo do OP eficiente e representativo, contrariando as expectativas. Mais uma vez os fatores políticos são importantes para a compreensão disso, tanto no nível das trajetórias individuais específicas – como bem demonstrou o caso de Ana Balladares – quanto no que se refere a uma "desorganização organizada" (Levitsky, 2001) dos níveis locais na Argentina. A massa descentralizada de associações locais e relações pessoais, que constituem as bases dos partidos políticos na Argentina, propiciou um contraponto a qualquer tentativa de os partidos políticos assumirem controle do processo do OP. Isso forneceu múltiplas possibilidades para um comportamento independente, seja por parte dos habitantes dos bairros, as *punteras*, ou os *referentes*. Houve, por conseguinte, de modo quase inevitável, "espaços de autonomia" no interior de espaços franqueados de participação que permitiram localmente a "subversão da subversão" da politização. De certo modo, isso também ocorreu num nível amplo na cidade. Conforme um membro da equipe de Coordenação Técnica do OP central explicou numa entrevista em 19 de agosto de 2003:

> Por um lado, você tem "as antigas formas ruins" de politicagem, e por outro você tem um novo projeto de democracia participativa que tem apoio de amplo espectro do povo, de grupos e organizações nos 51 bairros de Buenos Aires... Na verdade, isso dificultou o processo do OP, no sentido de ele ser adotado por completo, porque era algo que teria que ocorrer em 51 pontos diferentes da cidade; capturar 51 áreas é difícil para qualquer partido político. Nenhum deles tem

presença em todos os bairros, para não citar um que tenha uma presença uniforme, e nenhum deles teve quadros suficientemente competentes para capturar devidamente o processo do OP. Existem muitos grupos, organizações e instituições preexistentes em todas essas áreas que já dispõem de altos níveis de participação e militância, pelas mais diferentes razões – incluindo alguns verdadeiramente importantes e antigos – e todos eles têm suas relações próprias com o Estado e o processo do OP. Mesmo se eles pretendem apenas garantir que o processo do OP siga adiante sem se tornar muito politizado no seu bairro, isso significa, ainda assim, que os partidos políticos perderão, pois existem muitos desses grupos e organizações menores.

Dessa perspectiva, pode-se afirmar que a verdadeira questão sobre as dinâmicas de participação de um espaço franqueado politizado, a exemplo do processo do OP em Buenos Aires, diz respeito menos ao "qual" ou "como" das coisas, do que ao "por quê". Em particular, conforme um empregado do CGP n. 2 Sul perguntou numa entrevista em 12 de junho de 2003:

> Por que há todos esses diferentes grupos e indivíduos, alguns deles políticos, outros não, alguns com uma história de ativismo comunitário, outros com lideranças? E por que todos querem participar, protagonizar? Isso é um tema interessante para se analisar – por que as pessoas, em algum momento, interessam-se em se tornar protagonistas em algo?

Essa é, de certa forma, a questão fundamental na origem dos estudos políticos, e há evidentemente diferentes dimensões para sua resposta. Uma delas assenta-se claramente nos fatores estruturais, tais como a "crise de representação" que o *Argentinazo* refletiu, bem como o colapso da economia da Argentina, tendo em vista que as situações de desespero retiram as pessoas do torpor social que (supostamente) caracteriza a era moderna (ver Habermas, 1987). Facetas estruturais menos contingentes da sociedade argentina podem ser evocadas, incluindo a vitalidade institucional da sociedade civil (Jelin, 2003) e a existência de tradições políticas que, para muitos, assumem formas de verdadeiros estilos de vida (Auyero, 2001).

Outra resposta está relacionada a fatores mais endógenos ao processo participativo. Conforme muitos trechos de entrevista apresentados neste capítulo refletem, durante o curso do meu trabalho de campo, várias vezes eu ouvi muitos participantes do processo do OP em Buenos Aires, que se tornaram entusiastas do processo, e por ele convertido, potencializando-o, a despeito do modo como vieram a se envolver nisso. Obviamente isso não foi universal nem constante, e reconheceu-se a contento que o processo promoveu apenas uma forma limitada e imperfeita de potencialização, embora mesmo aqueles que se desiludiram com a potencialização do processo o tenham considerado como uma "maravilhosa ferramenta". De fato, devo me incluir no grupo dos que foram convertidos, conforme fui também ficando bastante inspirado pela viva interação com o processo que eu reputava apenas teoricamente, e mesmo cinicamente, em função do modo como "participação" e "potencialização" tornaram-se palavras de moda, completamente vazias, no interior da linha mestra do discurso sobre desenvolvimento (ver Cornwall e Brock 2005). Por mais diluídos que estejam esses rótulos, e por mais imperfeitamente que sejam postos em prática, é evidente que o processo social a que se referem pode, não obstante, ser poderosamente transformador em função dos envolvidos. Como tais, eles podem ser concebidos como radicalmente políticos em sua natureza, visto que se voltam para a transformação das configurações de poder e governança. E talvez seja esse fator político, mais do que por qualquer outra coisa, que devemos não esquecer quando procuramos utilizar o potencial dos espaços de transformação, a exemplo do OP.

Referências bibliográficas

ABERS, R. From ideas to practice: the Partido dos Trabalhadores and participatory governance in Brazil. *Latin American Perspectives*, v. 23, n. 4, p. 35-53, 1996.

______. From clientelism to cooperation: local government, participatory policy, and civic organizing in Porto Alegre, Brazil. *Politics and Society*, v. 26, n. 4, p. 511-537, 1998.

ACHARYA, A.; GURZA LAVALLE, A.; HOUTZAGER, P. Civil society representation in the participatory budget and deliberative councils of São Paulo, Brazil. *IDS Bulletin*, v. 35, n. 2, p. 40-48, 2004.

AUYERO, J. *Poor people's politics: peronist networks and the legacy of evita*. Durham NC: Duke University Press, 2001.

BAIOCCHI, G. Participation, activism, and politics: the Porto Alegre experiment and deliberative democratic theory. *Politics and Society*, v. 29, n. 1, p. 43-72, 2001.

______. *Radicals in power: the workers' party and experiments with urban democracy in Brazil*. Londres: Zed Books, 2003.

BROCK, K.; CORNWALL, A.; GAVENTA, J. Power, knowledge and political spaces in the framing of poverty policy. *IDS Working*, Institute of Development Studies, University of Sussex, Falmer, n. 143, 2001.

CHAVEZ, D.; GOLDFRANK, B. *The left in the city: participatory local governments in Latin America*. Londres: Latin America Bureau, 2004.

COOKE, W.; KOTHARI, U. (orgs.). *Participation: the new tyranny?* Londres: Zed Books, 2001.

CORNWALL, A. Introduction: new democratic spaces? The politics and dynamics of institutionalised participation. *IDS Bulletin*, v. 35, n. 2, p. 1-10, 2004.

CORNWALL, A.; BROCK, K. What do buzzwords do for development policy? A critical look at "participation", "empowerment" and "poverty reduction". *Third World Quarterly*, v. 26, n. 7, p. 1043-1060, 2005.

DINERSTEIN, A. Que se vayan todos! Popular insurrection and the *asambleas barriales* in Argentina. *Bulletin of Latin American Research*, v. 22, n. 2, p. 187-200, 2003.

FISZBEIN, A.; GIOVAGNOLI, P. I.; Adúriz, I. The Argentinian crisis and its impact on household welfare. *Cepal Review*, n. 79, p. 143-158, 2003.

FUNG, A.; WRIGHT, E. O. (orgs.). *Deepening democracy: institutional innovations in empowered participatory governance*. Londres: Verso, 2003.

GALASSO, E.; RAVALLION, M. Social protection in a crisis: Argentina's Plan Jefes y Jefas. *World Bank Economic Review*, v. 18, n. 3, p. 367-399, 2004.

GAVENTA, J. Towards participatory governance: assessing the transformative possibilities. In: HICKEY, S.; MOHAN, G. (orgs.). *Participation: from tyranny to transformation*. Londres: Zed Books, 2004.

GCBA [Gobierno de la Ciudad Autónoma de Buenos Aires]. *Presupuesto participativo: una realidad*. Buenos Aires: GCBA, 2003a.

______. *Constitución de la Ciudad Autónoma de Buenos Aires*. Buenos Aires: Ediciones del País, 2003b.

GENRO, T.; SOUZA, U. de. *Orçamento participativo: a experiência de Porto Alegre*. São Paulo: Fundação Perseu Abramo, 1997.

HABERMAS, J. *The Theory of communicative action. Lifeworld and system – a critique of functionalist reason*. v. 2. Boston MA: Beacon Press, 1987.

HARRISS, J.; STOKKE, K.; TÖRNQUIST, O. (orgs.). *Politicising democracy: local politics and democratisation in developing countries*. Londres: Palgrave Macmillan, 2005.

HELLER, P. Moving the state: the politics of democratic decentralization in Kerala, South Africa and Porto Alegre. *Politics and Society*, v. 29, n. 1, p. 131-163, 2001.

HICKEY, S.; MOHAN, G. Relocating participation within a radical politics of development. *Development and Change*, v. 36, n. 2, p. 237-262, 2005.

HOLSTON, J. Spaces of insurgent citizenship. In: ______. (org.). *Cities and citizenship*. Durham NC: Duke University Press, 1999.

JELIN, E. *Más allá de la Nación: las escalas múltiples de los movimientos sociales*. Buenos Aires: Libros de Zorzal, 2003.

KOHLI, A.; SHUE, V. State power and social forces: on political contention and accommodation in the third world. In: MIGDAL, J.; KOHLI, A.; SHUE, V. (orgs.). *State power and social forces: domination and transformation in the third world*. Nova York: Cambridge University Press, 1994.

LEVITSKY, S. An "organized disorganisation": informal organisation and the persistence of local party structures in Argentine Peronism. *Journal of Latin American Studies*, v. 33, n. 1, p. 29-61, 2001.

LÓPEZ LEVY, M. *We are millions: neo-liberalism and new forms of political action in Argentina.* Londres: Latin America Bureau, 2004.

MANZETTI, L. The Argentine implosion. *North-South Agenda Working*, Miami, North-South Center, n. 59, 2002.

NAVARRO, J. Presupuesto participativo en la ciudad de Buenos Aires. In: ROMERO, R. (org.). *Democracia participativa: una utopía en marcha*. Buenos Aires: Ediciones Cooperativas, 2005.

RODGERS, D. Unintentional democratisation? The Argentinazo and the politics of participatory budgeting in Buenos Aires, 2001-2004. *Crisis States Programme Working*, Londres, Crisis States Research Centre, n. 61, 2005.

TEDESCO, L. Argentina's turmoil: the politics of informality and the roots of economic meltdown. *Cambridge Review of International Affairs*, v. 15, n. 3, p. 469-481, 2002.

10
PARTICIPAÇÃO, MUTAÇÃO E TRANSIÇÃO POLÍTICA: Novos Espaços Democráticos nas Periferias Urbanas de Angola*

Sandra Roque
e Alex Shankland

Este capítulo procura examinar a participação em espaços urbanos periféricos de Luanda, Angola – um contexto muito distinto daqueles que têm dado origem aos estudos mais recentes nesse campo e que apresenta uma série de condições aparentemente adversas para o desenvolvimento da participação dos cidadãos. Por vezes considerado "frágil" ou "falido", o Estado angolano deveria ser mais propriamente descrito como um Estado que está falindo sua população. Ele é herdeiro de uma tradição de dominação centralizadora e autoritária, há décadas em vigor, resultado de um governo unipartidário, da guerra civil e dos séculos de dominação e colonização portuguesa. Essa tradição

* Este capítulo baseia-se em pesquisas feitas pelos autores em Angola e outros locais durante alguns anos, porém fundamenta-se mais especificamente em uma série de estudos de consultoria realizados entre setembro de 2003 e dezembro de 2004 para o Programa de Luta contra Pobreza Urbana de Luanda (LUPP). Estes estudos são resultado de uma iniciativa conjunta da Save the Children UK (SCUK) [Salvem as Crianças – Reino Unido], do CARE e do Development Workshop (DW), em parceria com a One World Action (OWA), e financiado pelo UK Departament for Internacional Development (DFID). Somos muito gratos a todas as pessoas das comunidades e das equipes dos projetos que contribuíram com suas reflexões, e ao LUPP e ao DFID, pela permissão para que usássemos o material que fundamenta parte deste capítulo. Em particular, agradecemos Kate Ashton, Allan Cain, Ken Caplan, Susan Grant, Katja Jobes, Martin Johnston, Daniel Miji, Fernando Pacheco e aos nossos colegas do grupo de pesquisa Citizenship DRC "Espaços de transformação" pelos comentários cuidadosos de versões anteriores deste capítulo.

continua poderosa, apesar da guinada em direção à liberalização econômica e a um sistema democrático formalmente multipartidário desde 1991. Angola é o segundo maior país produtor de petróleo da África subsaariana, com um PIB *per capita* 29% maior do que a média do continente; ainda assim, seu Índice de Desenvolvimento Humano está entre os piores do mundo, e o país ocupa a 166ª posição entre 177 nações (PNUD, 2004).[1] Com o fim da guerra civil, em 2003, a atenção tem se voltado ao papel do governo na perpetuação esta situação e, em particular, ao vínculo entre, por um lado, formas limitadas de participação e responsabilização e, de outro, a ausência de justiça social.

No entanto, aventa-se, neste capítulo, que processos de democratização "invisíveis", mas significativos talvez estejam em curso – incluindo a emergência de novas lideranças locais e mudanças nas expectativas dos cidadãos em relação às suas interações com o governo. Busca-se examinar a contribuição de processos de participação patrocinados por ONGs em Luanda, a partir de estudos de caso extraídos do Programa de Luta contra a Pobreza Urbana de Luanda (LUPP). A análise procura mostrar que, enquanto os "espaços franqueados", criados por essas ONGs, geralmente começam como modelos convencionais de "participação-em-desenvolvimento", no contexto político e social específico de Luanda eles se transformam em outras modalidades de participação. Essas formas refletem os interesses, as ações e as estratégias de atores locais, seus encontros, a adaptação a um contexto em transformação, e a liberação da energia política reprimida que se seguiu à abertura de novos espaços de participação em um cenário há muito caracterizado pela carência. O capítulo encerra-se com o exame dos desafios que as ONGs enfrentam na tarefa de promover novos espaços de participação em contextos como Luanda, e a possível ampliação das lições ali aprendidas. Em particular, conclui-se que é necessário dar mais atenção às questões de responsabilização e prestação de contas associadas a esses novos espaços caso se deseje evitar que a liderança emergente que eles têm gerado acabe simplesmente reproduzindo práticas autoritárias antigas. Afinal, mesmo reconhecendo-se que existem elementos autocráticos ou elitistas, essa

[1] Angola é atualmente o segundo maior país produtor de petróleo do continente africano (seguido da Nigéria), com uma produção de 900 mil barris por dia (projeções indicam que esse número chegará a 2,2 milhões em 2008). Em 2000, o país foi responsável por 15% da produção mundial de diamantes (Hodges, 2004). No entanto, a expectativa de vida dos habitantes está 7% abaixo da média dos países da região subsaariana e o analfabetismo entre adultos é 50,6% maior (República de Angola, 2003).

liderança podem ainda assim desempenhar um papel essencial na busca pela ampliação da participação.

Novos espaços democráticos em contextos adversos

Escritos recentes a respeito de cidadania e participação têm aos poucos dado maior atenção às arenas nas quais novas relações sociais e políticas são construídas. Alguns desses "novos espaços democráticos" (Cornwall, 2004) foram descritos como espaços de "democracia deliberativa" ou mesmo de "governança participativa dotada de poder" (*empowered participatory governance*) (Fung e Wright, 2003), nos quais o debate racional entre iguais em espaços públicos leva à emergência de um consenso e de decisões que criam obrigações . No campo do desenvolvimento, tem havido uma proliferação de espaços de participação, muitas vezes como resultado de pressões de agências de desenvolvimento multilaterais, bilaterais e não-governamentais, para as quais a criação de comitês de usuários ou mutuários tem se transformado no principal indicador de compromisso com a participação, a cidadania, a transparência e a responsabilização. Ao mesmo tempo, inovações administrativas desenvolvidas em partes específicas do "Sul" global, como o orçamento participativo ou os *citizen report cards*, estão sendo exportadas tanto a outros locais do "Sul" como a regiões do "Norte". Assim, instituições e práticas que têm origem em contextos específicos estão cada vez mais aparecendo em cenários radicalmente diferentes, muitos dos quais são pouco promissores ou altamente adversos.

A maior parte das discussões a respeito dos novos espaços democráticos tem dado atenção às condições que viabilizam seu êxito, com os autores enfatizando variavelmente fortes redes de associação, baixo grau de desigualdade, tradições sociais de resolução de conflitos por meio do debate público, cenários legais que viabilizam esses espaços e a existência de partidos políticos preocupados com a população marginalizada. Enquanto alguns estudos têm examinado as implicações de fatores contextuais desfavoráveis e o papel de diferentes condições facilitadoras que ajudam a superá-los,[2] poucos trabalhos têm procurado analisar a natureza e o potencial de espaços de participação em cenários nos quais poucas (ou nenhuma) dessas condições estão presentes. Cenários potencialmente desfavoráveis incluem países e regiões cujas sociedades são fragmentadas, nos

2 Este é o caso, por exemplo, da bibliografia a respeito de contextos desfavoráveis e condições facilitadoras no Brasil, discutidos em Coelho et al., 2002.

quais existem altos níveis de desigualdade, quadros legais restritivos, cultura política altamente autoritária e um histórico de conflitos armados. Todas essas condições aplicam-se a Angola.

Nesses cenários, é comum encontrar a suposição (muitas vezes não assumida, mas mesmo assim poderosa) de que não adianta nem mesmo procurar as pequenas mudanças, em menor escala, que eventualmente conduziriam à "governança participativa dotada de poder", já que a participação no nível local é insignificante antes da realização de reformas institucionais em grande escala. Na condição de um país que está saindo de uma das guerras civis mais longas e destrutivas do mundo, Angola é um alvo primário para aquilo que Llazamares chama de "o consenso emergente" da "crescente comunidade internacional de reconstrução pós-conflitos armados", segundo a qual "o déficit político-constitucional, durante a fase inicial, deve ser enfrentado por meio de medidas administrativas de transição em médio prazo, pela organização de uma segunda eleição e, por fim, pela consolidação da boa governança e da sociedade civil" (2005: 15). Assim, a democratização em pequena escala é relegada, no discurso dominante sobre processos de pacificação, à fase "final" da reconstrução democrática, levando ao descaso as contribuições potencialmente vitais que, talvez, pudessem ajudar a garantir a profundidade e a durabilidade da transição para a paz.

Esse discurso contrasta com a evidência de que a proliferação de espaços de participação patrocinados por ONGs está cada vez mais evidente em sociedades que vivem períodos pós-conflito como Angola. Embora questões como auxílio humanitário, apoio para a desmobilização e recursos para a reabilitação da infraestrutura do país continuem a dominar os projetos de auxílio internacional em Angola, a intervenção dessas organizações para promover a consolidação da boa governança e da sociedade civil cresceram rapidamente desde o fim da guerra. Essa mudança ocorreu apesar da ausência ou incerteza das medidas de transição do governo e das eleições prescritas pelo discurso dominante de construção da paz.[3] Os novos espaços, que incluem redes de grupos mobilizados para ação coletiva e fóruns para aproximar os cidadãos do Estado, estão assim emergindo em um contexto no qual as "regras do jogo" democrático ainda

[3] As tentativas de formar um governo de união nacional foram abandonadas depois do fracasso da negociação dos acordos de paz nos anos 1990, enquanto eleições locais, parlamentares e presidenciais têm sido repetidamente postergadas, e estavam marcadas para ocorrerem em 2006.

precisam ser claramente estabelecidas. Essa falta de clareza é uma característica comum de países em transição pós-conflito ou pós-regimes autoritários, mas suas implicações são muitas vezes pouco consideradas tanto por acadêmicos quanto pelas entidades de auxílio.

As intervenções dessas entidades em processos de "construção da democracia" em Angola têm seguido, em linhas gerais, a lógica descrita para a África por Robinson e Friedman (2005), que dão atenção, desde os anos 1990, à mudança de prioridades, passando da preocupação com a viabilização política, baseada na realização de eleições, para o investimento na sociedade civil como um catalisador da democratização. O Banco Mundial, por exemplo, descreve um dos objetivos de seu financiamento para o Fundo de Apoio Social (FAS) de Angola como o de "apoiar um sistema de governança no qual governos locais e comunidades possam aos poucos estabelecer relações mútuas de responsabilização" (Banco Mundial, 2004: 1). Por sua vez, a estratégia do DFID do Reino Unido para Angola tem como objetivo promover "um sistema político que permita a todas as pessoas exercer influência sobre as políticas e as práticas do governo", apoiando os "espaços de diálogo" e "a comunicação entre os cidadãos e o Estado" (Jobes, 2004: 2). Essas instituições estão, assim, procurando promover a mobilização dos cidadãos e os novos espaços democráticos em Angola de forma idêntica as utilizadas em contextos muito menos adversos.

Além da fragilidade institucional e da falta de clareza das "regras do jogo democrático", um fator adicional, próprio de contextos de transição como o de Angola, é a identidade das instituições que estão de fato criando "novos espaços democráticos". Tendo em vista que a mudança no discurso, em anos recentes, se deu na direção da participação na governança em vez da participação em projetos (Gaventa e Valderrama, 1999), gerou-se a suposição de que os espaços de participação de hoje são criados pelos governos, e não pelas ONGs, mas é importante lembrar que, nos lugares onde o governo foi incapaz ou pouco disposto a introduzir as reformas necessárias, as ONGs continuam a desempenhar um papel crucial na criação de espaços de participação. Enquanto algumas ONGs têm agendas explícitas de "governança participativa", outras talvez vejam esses espaços, acima de tudo, como lugares de mobilização de recursos locais para a prestação de serviços. Mesmo quando esse é o caso, alguns dos espaços criados podem vir a desempenhar papel de governança – e desse modo assumir uma importância política maior – mesmo não tendo origem nos processos usuais de reforma administrativa.

A natureza desse papel e suas implicações precisas para os processos de democratização serão principalmente determinadas pelo complexo jogo entre os interesses e as agendas do governo, de financiadores, de ONGs e de grupos de cidadãos em nível político e regional. O espaço para ação é maior onde o balanço de poder não favorece desproporcionalmente um determinado grupo. Para o governo de Angola, por exemplo, enquanto os lucros da exploração de petróleo e diamante garantem menor dependência de financiamento externo se comparado a outros países africanos pobres, a necessidade de apoio financeiro externo para viabilizar o acesso ao mercado de crédito faz que o país não esteja complemente protegido das pressões que os financiadores podem vir a exercer (DFID, 2004a: 15). Nos níveis de base, a capacidade das ONGs internacionais de mobilizar recursos técnicos e financeiros interage com o poder político de representantes dos governos locais e com a capacidade dos cidadãos de explorar novas oportunidades para aprimorar suas estratégias políticas e de sobrevivência, individuais ou coletivas. Essa capacidade de ação por parte de alguns atores de movimentos de base é aprofundada quando o contexto – como em Angola – é de incerteza e instabilidade de regras e funções institucionais.

Angola: um contexto social e político em transformação

Democracia recente e incerta

A história do Estado angolano foi marcada por forte controle sobre a sociedade e por práticas autoritárias e centralizadoras. Após um longo período do domínio colonial de Portugal – país que também sofria com a ditadura desde 1926 –, a independência foi proclamada em 1975 pelo Movimento Popular pela Libertação de Angola (MPLA), um dos três movimentos de libertação angolanos. Esse movimento político, influenciado por ideais marxista-leninistas, fundou um Estado unipartidário forte, altamente centralizado, e intolerante com qualquer forma de autonomia por parte de grupos sociais organizados e organizações políticas.

Apesar de os períodos imediatamente anteriores e posteriores à independência terem testemunhado o surgimento de diferentes formas de organizações políticas e civis, o governo angolano, gradualmente, impôs controle sobre esses espaços sociais (Pestana, 2003). O Estado forte era justificado pelo governo e por parte da sociedade como um recurso necessário para enfrentar ameaças, tanto externas, ligadas ao contexto da Guerra Fria e à geopolítica do Sul da

África,[4] quanto internas, ligadas principalmente aos conflitos ideológicos entre as elites políticas angolanas (Hodges, 2002).[5] Exceto os breves períodos de paz que se seguiram à independência e os acordos de paz de 1990, Angola esteve em guerra até 2002.

Em 1991, com o fim da Guerra Fria, sob o peso de uma crise econômica crescente e da assinatura do acordo de paz de Bicesse com a União Nacional para a Independência Total de Angola (Unita), o governo angolano abandonou toda a referência à ideologia marxista-leninista e mudou a constituição nacional, instituindo um sistema político multipartidário e um Estado democrático formal. Essas mudanças permitiram a realização de eleições multipartidárias em 1992, mas a guerra civil irrompeu novamente quando a Unita recusou-se a reconhecer os resultados das eleições. A guerra terminou em 2002 com a derrota militar da Unita. Como nenhuma outra força política surgiu durante os anos 1990, não existe atualmente nenhuma oposição ao MPLA.

Embora, atualmente, a posição forte do MPLA permita àqueles no poder preservar o *status quo* político, não se pode negar que Angola está mudando. Foram concebidas estratégias para a recuperação macroeconômica e para a reconstrução da infraestrutura; um Poverty Reduction Strategy Paper (PRSP) [Plano Estratégico para Redução da Pobreza] foi elaborado; e uma legislação prevendo eleições parlamentares e presidenciais em 2006 foi aprovada. Novos parâmetros para políticas públicas estão sendo discutidos, ainda que, no geral, por um grupo fechado de especialistas. Esses novos parâmetros incluem medidas para a descentralização da administração estatal, que poderia desempenhar um papel crucial na institucionalização e na legitimação de novos espaços democráticos locais. No entanto, o processo de descentralização atualmente em curso até agora alcançou apenas as províncias, deixando a maior concentração de poder nas mãos dos governadores, que tiveram assim espaço para agirem como "déspotas descentralizados" (ver Mundani, 1996). A forma final das medidas para descentralização em favor dos municípios e *comunas* (distritos municipais) ainda é pouco definida, mas o reconhecimento formal do governo de que tais

[4] Angola esteve em guerra contra a África do Sul até 1990.

[5] Esses estavam divididos, no geral, entre os três principais movimentos de libertação: MPLA, Unita e FNLA (Frente Nacional para a Libertação de Angola).

medidas fazem parte de sua agenda abriu espaço político para iniciativas de participação local em diversos municípios em todo o país.[6]

Ao mesmo tempo, o enfraquecimento da repressão política e da censura aos meios de comunicação – em especial na capital, Luanda – tem aumentado o espaço para iniciativas de associações de defesa dos direitos dos cidadãos e para visibilidade de pontos de vista alternativos a respeito de políticas públicas. Angolanos comuns estão fazendo planos para (re)construir suas vidas, e novos atores estão começando a surgir, mobilizando recursos locais e financiamento internacional para a provisão de serviços e ocupando espaços emergentes, fora das instituições de "democracia formal", que criam algumas oportunidades de expressão para os cidadãos, dando início ao debate democrático.

Luanda: entre a capital moderna e os musseques

A população de Luanda cresceu muito desde a independência, resultado da migração ligada ao retorno dos angolanos que buscaram refúgio no antigo Zaire (hoje República Democrática do Congo), do colapso da economia rural e da guerra. A maior parte desses novos residentes estabeleceu-se nas regiões periféricas da cidade, aumentando a densidade populacional dos musseques de Luanda, assentamentos informais, que circundam o *cement city*, e onde vivem os habitantes mais pobres da capital. Ninguém sabe ao certo o total de pessoas que vivem na cidade, mas estimativas atuais sugerem uma população de mais de 4 milhões de pessoas, das quais possivelmente dois terços ou três quartos habitam os musseques. Esse crescimento populacional não tem sido acompanhado da expansão dos serviços públicos, deixando a maioria dos moradores dos musseques dependente de recursos próprios. As pressões enfrentadas nos lares pobres são enormes, e, dado o declínio do setor privado formal e os baixos salários do setor público, a maior parte das famílias depende da economia informal para sobreviver.

As consequências de muitos anos de negligência e pouco ou nenhum investimento podem ser vistas até mesmo no *cement city*: infraestrutura em frangalhos, estradas ruins e ausência de coleta de lixo. Depois do fim da guerra, as autoridades parecem ter chegado à conclusão de que essa situação não podia mais ser tolerada, mas a maneira de lidar com os problemas imensos de Luanda

[6] Os autores agradecem a Fernando Pacheco por seus *insights* a respeito do processo de descentralização de Angola.

mostrou que o governo de Angola continuava preso a práticas autoritárias e centralizadoras. Em 2004, o presidente dissolveu o governo da província e nomeou um grupo de três oficiais (conhecidos como *troika*) para administrar a capital. Esse grupo teria um mandato de seis meses para resolver os diversos problemas de Luanda. Essa medida foi bastante controversa: embora essa forma de intervenção enérgica fosse aplaudida por alguns, esses três oficiais eram conhecidos por seu estilo autoritário. Após a renovação do mandato por mais seis meses, a *troika* foi dissolvida no final de 2004 e o governo provincial de Luanda, restabelecido. Os problemas da capital continuaram tão complexos e profundos quanto antes.

Apesar dessas intervenções desastrosas da administração, Luanda está mudando. Obras no sistema viário e a construção de moradias populares estão em andamento. No entanto, não parece haver nenhum planejamento urbano definido. As recentes expulsões violentas dos musseques e o desmantelamento de feiras, nas quais comerciantes informais operavam, parecem indicar que a visão subjacente às atuais transformações aponta para a (re)construção de uma cidade moderna na qual os musseques não terão lugar. Os musseques são vistos por muitos políticos angolanos e por parte da elite como um fenômeno temporário, cujo enorme crescimento aconteceu por causa da guerra. Para eles, o tamanho dos musseques diminuiria, gradualmente, com o retorno das pessoas expulsas de seus lugares de origem pela guerra, com o crescimento econômico do país e com a modernização da cidade. No entanto, os musseques continuaram a crescer no período pós-guerra em grande parte em virtude da migração interna e do crescimento vegetativo da população (Development Workshop, 2003).

Ação coletiva e espaços de participação nos musseques de Luanda

Espaços de participação existentes

Os musseques de Luanda são em geral heterogêneos, visto que sua população cresceu com a migração massiva em razão da guerra, que em diferentes momentos envolveu pessoas de diversas regiões do país, incluindo áreas urbanas e rurais. Essa heterogeneidade, associada a condições precárias de vida, impede a criação de redes sociais extensas (Robson e Roque, 2001). Nesse ambiente, as igrejas destacam-se como um dos espaços mais importantes para as pessoas poderem se encontrar, sociabilizar e tomar parte em atividades organizadas para benefício da igreja ou de outros grupos sociais.

Pequenos grupos de auxílio mútuo também existem nos musseques. Na maior parte dos casos, esses grupos são compostos por amigos ou pessoas que se conhecem bem. Um dos tipos mais comuns de grupo é conhecido em Luanda como *kixikila*, um sistema de empréstimo recíproco e poupança coletiva entre alguns indivíduos. Muitos sistemas de microfinanciamento, organizados por ONGs, procuram apoiar-se em relações construídas nessas redes. Em uma escala um pouco maior, alguns grupos locais organizados têm sido auxiliados por ONGs nacionais ou estrangeiras normalmente com a intenção de ajudar a administrar serviços sociais específicos (água, escolas etc.). Muito frequentemente a visão defendida pelas ONGs para a criação desses grupos também enfatiza o fortalecimento de instituições locais, como a *kixikila*, e a promoção da capacidade local de ajuda mútua.

Depois de a nova constituição de 1991 garantir a liberdade de associação, diversas associações independentes ou micro-ONGs foram criadas, muitas delas com base nos musseques. Funcionando principalmente como "empreendedores sem fins lucrativos" orientados para "contratos de prestação de serviços públicos" (Sogge e Thaw, 2003: 11), a maior parte dessas organizações é altamente dependente de financiamento externo e não assume, em geral, o papel de representantes de grupos sociais específicos. Os musseques são, geralmente, encabeçadas por homens com algum grau de instrução, muitos dos quais já tiveram emprego formal e desempenhavam um papel de liderança nas suas comunidades. No entanto, pouco se sabe a respeito das práticas internas dessas organizações e de suas relações com as comunidades com as quais trabalham.

Finalmente, as Comissões de Moradores (CM) teoricamente são um espaço de participação para os habitantes dos musseques. Criadas pelo governo após a independência, as CM supostamente representam os residentes de uma determinada área nas negociações com a administração local. Na prática, seus membros muitas vezes são indicados por administradores locais, sem que a população seja consultada. Na maioria dos casos, os membros das CM veem a si mesmos, e são vistos pelos moradores, como pessoas que servem aos interesses da administração. Seu *status* e papel nos bairros têm, no entanto, mudado nos últimos tempos. Eles perderam muito de seu poder de controle depois da liberalização política, e atualmente seu papel nos musseques está em grande parte relacionado a questões de uso da terra e à mediação de pequenos conflitos. Contudo, a relação estreita com a administração persiste e em muitos casos representa um recurso do qual os detentores do poder político podem se valer para mobilizar a população nos musseques, em especial nos períodos de eleição.

Mobilização e espaços de participação segundo a LUPP

O Programa de Luta contra a Pobreza Urbana de Luanda (LUPP), iniciado em 1999, tem projetos nos musseques de quatro municípios diferentes: Kilamba Kiaxi, Cazenga, Sambizanga e Cacuaco. O LUPP é um dos poucos programas de desenvolvimento em andamento em regiões urbanas periféricas de Angola, uma vez que a maior parte das ONGs e agências de desenvolvimento concentrou suas operações em zonas rurais, seguindo as diretrizes dos organismos internacionais, que dão prioridade à reconstrução das áreas mais diretamente afetadas pela guerra civil. Apesar de o programa ter priorizado, inicialmente, a redução da pobreza por meio da ajuda direta para a subsistência e pelo desenvolvimento de infraestrutura para a prestação de serviços, desde 2003 ele mudou o seu foco. Ainda que o LUPP continue a oferecer ajuda direta e serviços, cada vez mais procura valer-se do acúmulo de experiência de seus projetos a fim de influenciar as políticas e as práticas de desenvolvimento urbano, reduzindo a pobreza em Luanda. Em 2005, um relatório do programa enfatizou seu foco crescente em "objetivos estratégicos de delegação de poder e boa governança por meio de desenvolvimento participativo" (DFID, 2005b: 3).

Alinhada a essa mudança de ênfase, uma boa parte dos esforços do LUPP tem sido canalizada para a organização da sociedade civil nos musseques e para a facilitação do envolvimento dos grupos locais organizados em instituições estatais. O LUPP tornou-se então um elemento crucial no estímulo ao surgimento de diversos grupos locais e de "novos espaços democráticos" nos musseques. Enquanto muitos desses grupos têm como objetivo desenvolver a capacidade de prestar e administrar serviços para os moradores dos musseques, deles também se espera que representem as comunidades locais nas negociações com as instituições estatais, defendam seus direitos e promovam transformações sociais mais amplas em direção a uma sociedade mais igualitária, democrática e tolerante. Ao encorajar maior participação dos moradores dos musseques em questões políticas, o LUPP introduziu, assim, uma dimensão política às ações do programa e deu a ele uma agenda democratizante, expressa nos documentos do LUPP que enfatizam a "governança participativa" e a promoção de um "relacionamento construtivo entre o governo e a sociedade civil" (Baskin, 2003: 3).

Participação nos musseques: duas experiências de ONGs

Entre os grupos e espaços criados e/ou apoiados pelo LUPP estão associações locais, alianças de ONGs locais, grupos comunitários organizados para a prestação de serviços, como fornecimento de água, creches e microfinanciamentos, grupos locais para microplanejamento, e fóruns e conselhos municipais para desenvolvimento local. Esta análise concentra-se em duas experiências específicas: o processo de criação da Associação de Comitês de Água (ACA) e o processo de mobilização social e política no município de Kilamba Kiaxi, que levou à constituição do Fórum de Desenvolvimento de Kilamba Kiaxi (FDKK). O FDKK é uma das poucas experiências conjuntas de representantes da administração, membros de várias organizações locais e moradores de Angola. A ACA fornece um exemplo de uma organização formal envolvida com o Estado em assuntos específicos, enquanto simultaneamente compartilha de muitas das características de organizações civis locais, como aquelas que participam do FDKK.

As Associações de Comitês de Água (ACAs)

A distribuição de água é uma das áreas na qual o LUPP tem se concentrado desde o início, visto que o acesso à água tem causado grandes dificuldades para muitos moradores dos musseques de Luanda. A fim de melhorar o fornecimento de água, o LUPP criou os Comitês de Águas, grupos situados nos bairros, compostos por dois membros eleitos pelos moradores, para administrar as fontes de água. Suas tarefas incluíam organizar a distribuição de água, recolher o pagamento dos serviços de águas dos moradores, garantir a limpeza e a manutenção das fontes.

Em resposta às difíceis relações que se estabeleceram entre os Comitês e o Estado, em especial com a Empresa Provincial de Água de Luanda (EPAL) e a administração local, o LUPP e a maior parte dos membros ativos dos comitês decidiram criar uma federação de comitês com o objetivo de aumentar seu poder de negociação. Duas Associações de Comitês de Águas (ACAs) foram então criadas com apoio do LUPP. Essas ACAs foram registradas e possuem estrutura e regras democráticas, incluindo uma liderança eleita, um corpo executivo e medidas para regulamentar as assembleias gerais.

No entanto, há também a expectativa de que as ACAs assumam funções que vão além da representação: elas têm assumido o papel de monitorar e supervisionar os Comitês de Águas. Como resultado, os corpos executivos das ACAs hoje controlam todo o processo envolvido na distribuição local de água: eles administram a criação de novas bicas, recolhem o pagamento dos Comitês de Água e distribuem o dinheiro entre os diferentes atores envolvidos (Comitês de Águas, ACAs, administrações locais e EPAL). Em seu papel de representantes, as ACAs tornaram-se a interface entre os comitês e as autoridades: elas foram reconhecidas tanto pela administração local quanto pela EPAL como o único interlocutor para assuntos ligados ao acesso de água nos seus bairros.

Além disso, alinhadas com a visão do LUPP, voltada a grupos locais organizados e à "construção da sociedade civil", as ACAs têm sido encorajadas pelo programa a se tornar atores de desenvolvimento local, tendo os seus membros recebido treinamento em elaboração de projetos, liderança e administração. As próprias ACAs também estão procurando ampliar suas ações para além de questões ligadas ao fornecimento de água, dando início ao desenvolvimento de ações em outras áreas, como coleta de lixo, educação para a saúde e cidadania, e propostas de projetos para novos financiamentos. As ACAs também entraram nas alianças de ONGs viabilizadas pelo LUPP, e alguns de seus membros participam de discussões locais sobre desenvolvimento e políticas urbanas. Na verdade, as ACAs parecem querer se transformar, na expressão de seus membros executivos, em uma "ONG local": um grupo de pessoas com capacidade de liderança, com desejo de ajudar a concretização de melhorias em seus bairros, e com habilidades para adotar e se valer das ferramentas discursivas e metodológicas da "indústria de desenvolvimento", visando ter acesso a contatos sociais mais amplos, treinamento, recursos e novas oportunidades de subsistência.

Organizações locais em Kilamba Kiaxi: associações de moradores, ONGs locais e o Fórum de Desenvolvimento de Kilamba Kiaxi (FDKK)

A criação do FDKK. O embrião do Fórum de Desenvolvimento de Kilamba Kiaxi foi um Fórum de Água e Saneamento criado pelo LUPP, que incluía membros da equipe do programa, funcionários da EPAL e outras organizações envolvidas na distribuição de água no município. No entanto, a administração municipal de Kilamba Kiaxi não participou do fórum. Querendo ir além de questões de água e saneamento e reconhecendo a importância do governo municipal no desenvolvimento local, o LUPP criou o FDKK em 2001. O fórum deveria, segundo o programa, fornecer um lugar onde diferentes atores sociais e de desenvolvimento pudessem se encontrar, discutir, coordenar e integrar questões e atividades locais de desenvolvimento, bem como ajudar a construir uma cultura de engajamento entre a comunidade e o governo. Apesar de a administração municipal fazer parte formalmente do FDKK, e o fórum ter sido inaugurado conjuntamente pelo LUPP e pela administração local, sua participação inicial foi hesitante.

Para o LUPP, nos estágios iniciais do processo, era importante organizar as comunidades de Kilamba Kiaxi para contestar os projetos oficiais de desenvolvimento urbano, que excluíam os musseques e seus moradores. O objetivo era construir uma voz comum para negociar com as autoridades. Esse processo concentrava-se em duas atividades principais: a criação de organizações locais de moradores e o aprimoramento do papel das ONGs no município. A atitude da administração municipal de Kilamba Kiaxi refletia uma tradição angolana de administração pública na qual os funcionários consideram dever satisfações aos escalões superiores da hierarquia estatal, mas quase nenhuma para aqueles a quem prestam serviços. Parece também, como apontam as evidências, que os administradores locais tendem a evitar o diálogo aberto com os moradores com medo de se verem confrontados com problemas com os quais não saberiam lidar, em razão da limitação técnica, da falta de recursos ou da vontade política para resolvê-los. O país ainda estava em guerra em 2001 e o governo desconfiava de iniciativas políticas (ou potencialmente políticas) independentes.

A organização dos moradores: a criação das ODAs. As Organizações para o Desenvolvimento das Áreas (ODAs) foram criadas com a finalidade de articular e representar o que o LUPP descreveu como "a visão genuína" de uma área específica. Como resultado, elas foram propositadamente constituídas como estruturas paralelas às CM. As CM eram consideradas estruturas a serviço da administração e do MPLA e, consequentemente, desvinculadas da população. A constituição das ODAs foi facilitada pela metodologia do LUPP e estimulou em seus estágios iniciais a inclusão de diferentes grupos sociais de áreas específicas (mulheres, homens, crianças, pessoas com necessidades especiais etc.), que em seguida elegeram líderes para as ODAs. Uma ODA tem em média trinta membros, dois terços dos quais são homens. A liderança eleita da organização tem como função representar uma determinada unidade administrativa, com autorização para apresentar a visão e os planos dessa população em fóruns como o FDKK.

As ODAs receberam treinamento do LUPP especialmente orientado para a organização de serviços urbanos. Existem aproximadamente quarenta ODAs em Kilamba Kiaxi, vinte das quais consideradas em atividade pelo LUPP. Conforme planejado, a responsabilidade de criação de novas ODAs foi transferida para as

ODAs existentes, que já haviam recebido treinamento para isso: a expectativa era de que esse processo geraria um "movimento urbano local".

Reforçando o papel de ONGs locais. Como em outros bairros de Luanda, já existiam diversas ONGs locais no município de Kilamba Kiaxi. Muitas dessas organizações eram formalmente constituídas como organizações baseadas em associação formal, mas na realidade eram pouco ativas. Como foi dito anteriormente, essas organizações tendem a funcionar como prestadores de serviços sociais terceirizados e são fortemente dependentes de recursos externos. Alinhado com o objetivo de aprimorar o papel de organizações locais no município, o LUPP treinou muitas dessas ONGs em questões de desenvolvimento urbano e intervenção (elaboração e gestão de projetos, análises de questões de gênero etc.). Essas ONGs estão muitas vezes envolvidas em ações consideradas prioritárias pelas ODAs e financiadas pelo LUPP.

Ainda seguindo a mesma lógica dos Comitês de Água e das ACAs, o LUPP facilitou a criação de uma Aliança de ONGs com o propósito de fortalecer sua voz nas negociações com as autoridades e reforçar sua capacidade de intervenção no município. A falta de fontes independentes de recursos, no entanto, é um dos maiores obstáculos para a sobrevivência dessas organizações, tendo o LUPP financiado a criação de um pequeno centro de serviços de computação para ser administrado pela Aliança, com o objetivo de gerar recursos para as suas atividades.

As organizações locais e os FDKK hoje: contruindo um engajamento mais forte com o Estado

Após quase quatro anos de existência, o processo de organização e mobilização local em Kilamba Kilaxi evoluiu. Uma das mudanças principais é o papel atualmente desempenhado pela administração municipal. Não obstante o envolvimento da administração com o fórum ter sido a princípio hesitante, a iniciativa mobilizou a participação massiva da população e das organizações locais. O processo também atraiu alguns políticos angolanos proeminentes, integrantes do governo e do MPLA, que informalmente aprovaram a iniciativa e deram a ela certa legitimidade externa. É importante notar que a presença formal da descentralização na agenda política de Angola, desde 2000, permitiu que esses políticos apoiassem abertamente o fórum. A atitude do LUPP em relação à administração municipal também mudou, levando uma das autoridades locais a afirmar que: "[apesar de o LUPP estar] dirigindo suas energias à capacitação por meio de ONGs e [de ODAs], hoje é evidente que para um processo de participação enraizar-se efetivamente é necessária a intervenção do governo" (Baskin, 2003: 7).

Com o fim da guerra em fevereiro de 2003, as condições para uma aproximação entre organizações locais e o LUPP, de um lado, e a administração municipal, do outro, estavam criadas. Uma maior participação da administração local no processo deu maior legitimidade ao FDKK, reforçando seu propósito de fornecer um espaço para o envolvimento entre os moradores de Kilamba Kiaxi, seus representantes e as autoridades municipais. Naquela época, essa era uma experiência inovadora em um ambiente político no qual as autoridades locais não costumavam dialogar com os moradores.

Atualmente, as sessões do FDKK são coordenadas pelo administrador municipal. Discussões no fórum são baseadas nas questões trazidas pelas ONGs locais e pelos representantes dos moradores, especialmente das ODAs. O fórum também está desenvolvendo sua estrutura organizacional e se institucionalizando: estabeleceu dois comitês técnicos compostos por membros da administração e líderes de organizações locais, como a Aliança de ONGs e as igrejas. Esses comitês ainda estão aprendendo a lidar com problemas complexos de administração urbana. Eles também têm de enfrentar a falta de apoio financeiro para implementar suas decisões. O LUPP continua a desempenhar um papel importante na organização do fórum e no estímulo ao processo geral.

O objetivo do FDKK é providenciar o lugar para a elaboração de um plano de desenvolvimento municipal, mas, na ausência de recursos financeiros para formular e implementar diretrizes, continua a funcionar principalmente como um espaço de discussão, e não tanto como um espaço de decisão. Um fundo municipal, reunindo pequenas doações de ONGs e outros financiadores, foi criado e é administrado por representantes do LUPP, da administração municipal e das ODAs. No entanto, esses recursos ainda são limitados e não incluem fundos do governo da província, não podendo, desse modo, financiar a implementação integral de um plano de desenvolvimento municipal. Apesar dessas limitações, a experiência do FDKK tornou-se amplamente reconhecida, e a ela se atribui a escolha de Kilamba Kiaxi para ser uma das cidades do projeto piloto de descentralização política financiado pelo governo com recursos do PNUD e do Banco Mundial.

Participação e mudança: o esperado e o inesperado

Do desenvolvimento comunitário à construção da democracia?

O objetivo inicial do LUPP era garantir meios de subsistência e acesso a serviços para populações marginalizadas das regiões periféricas urbanas de

Luanda, e esse tem sido, de fato, um dos principais resultados de suas ações, graças à estratégia de criar ou reforçar organizações locais. O surgimento das ACAs, por exemplo, permitiu ao LUPP passar a coordenação dos diferentes Comitês de Água e a supervisão de suas atividades a um ator coletivo local, um processo que tem sido acompanhado pela melhoria da administração local do uso da água. As atividades de algumas ODAs têm igualmente gerado melhorias na prestação de serviços, por exemplo: a existência de uma ODA teve um impacto significativo na coleta de lixo e no saneamento de um mercado local. A coordenação das ODAs, das ONGs e de outros atores locais pelo FDKK também ajudou a aumentar os recursos do município para construir e administrar algumas novas escolas locais.

Além de seu impacto imediato sobre os serviços, as evidências indicam que as atividades do LUPP também estão contribuindo para a ampliação da agenda de democratização ou "governança participativa" que o programa adotou. Aqui, no entanto, seu impacto frequentemente se manifesta de formas inesperadas. Um exemplo é a presença cada vez mais visível em espaços criados pelo LUPP de membros das CM – instituições inicialmente tratadas por parte do programa (especialmente pelo projeto de mobilização baseado nas ODAs em Kilamba Kiaxi) com desconfiança e mesmo hostilidade. Que esses espaços passaram a ser percebidos como locais onde coisas importantes acontecem é indicado pela migração de membros dos CM não apenas para os Comitês de Águas e para as ACAs, mas também para as ODAs, que a princípio os excluíam. A presença de membros das CM não significa necessariamente que as ODAs e os Comitês de Água importaram a relação hierárquica que as CM mantêm com a administração municipal. Houve sinais de que as próprias CM estariam começando a mudar, com alguns líderes adquirindo a reputação de bons representantes das opiniões dos moradores e demonstrando potencial de mobilização. Um padrão mais variado de lideranças parece estar surgindo das CM como resultado da transformação do ambiente político geral.

De maneira mais geral, os novos espaços promovidos pelo LUPP têm fornecido oportunidades para os cidadãos deliberarem a respeito de questões comuns, algumas das quais são o foco do atual debate político. Como apontam Robinsons e Friedman, "mesmo onde não exerce influência política, o papel da sociedade civil em fornecer aos cidadãos uma esfera independente de associação, da qual podem participar e tomar decisões a respeito de prioridades, é por si mesmo uma função democrática importante" (2005: 29). Talvez sejam os líderes das ACAs, mais do que seus membros, que se beneficiam da maior proximidade com as instituições estatais, mas anteriormente esse acesso aberto a informações e oportunidades de exercer influência não estava disponível para nenhum cidadão. As reuniões do FDKK talvez não realizem os ideais da democracia deliberativa – as mulheres estão presentes, mas em geral em silêncio, as discussões são dominadas pelas lideranças das organizações mais bem estruturadas e não existem mecanismos para garantir que as decisões tomadas serão atualmente implementadas –, porém, o fórum assim mesmo fornece um espaço no qual um maior número e uma maior diversidade de pessoas pode ter voz na definição de prioridades locais.

A caminho de mudanças institucionais mais amplas?

Para o FDKK, no entanto, se os recursos financeiros não estiverem disponíveis para a elaboração de um amplo Plano de Desenvolvimento Municipal e para a implementação de atividades que resultem em melhorias claras em Kilamba Kiaxi, há um risco de que o fórum gere frustração, decepção e desmobilização. Muito depende do futuro do projeto-piloto de descentralização administrativa para o qual Kilamba Kiaxi foi selecionada. No entanto, o futuro do processo de descentralização ainda é incerto e não há sinais de que vá avançar antes das eleições de 2006. Um documento recente do Banco Mundial aponta que, apesar de alguns sinais promissores, "ainda existem muitos desafios antes que se possa afirmar que uma base institucional sólida, assim como um quadro fiscal e legal que possibilite a descentralização e o desenvolvimento local, esteja disponível" (Banco Mundial, 2004: 5). O quanto Kilamba Kiaxi pode vir a servir como um modelo para outros municípios de Angola depende, por sua vez, de se e como o projeto piloto irá se situar dentro do processo mais amplo de descentralização.[7]

As contradições e os impasses criados pelo atraso do processo nacional de descentralização são evidentes ainda de outras formas em Kilamba Kiaxi. Em especial, a falta de clareza a respeito das regras do jogo deu origem a divergências mais explícitas entre visões do LUPP e a administração municipal sobre o futuro papel institucional do FDKK. Enquanto o LUPP espera que o fórum ofereça espaço para a construção de uma "visão compartilhada e de consenso no que diz respeito ao crescimento futuro" (Baskins, 2003: 9) e um espaço potencial para a

[7] O LUPP reconheceu a importância desta questão e está, atualmente, procurando implementar uma estratégia de influência que vincule intervenções em nível micro com debates mais amplos sobre políticas públicas.

construção de um Plano Municipal de Desenvolvimento participativo, em uma reunião do fórum, em junho de 2005, um administrador municipal identificou o FDKK como um espaço para discutir "microquestões" e "problemas da comunidade", enquanto as "macroquestões do município" deveriam ser debatidas no conselho municipal. Conforme definido na legislação de Angola, os conselhos municipais são "espaços franqueados" clássicos: são reuniões do governo municipal abertas à participação de determinados indivíduos e organizações, dependendo de convite do Administrador, "quando [for] julgado necessário" (República de Angola, 1999). Sem a legitimação de um quadro político descentralizado, que endosse o modelo do fórum, há o risco de que o FDKK seja visto como um espaço para discutir temas considerados "assuntos menores" – como coleta de lixo ou segurança nos bairros –, enquanto "projetos importantes" que exigem investimentos significativos serão tratados no conselho municipal.

Transformando as relações entre o Estado e os cidadãos?

Em Kilamba Kiaxi, a falta de recursos financeiros e de marcos legais que confiram legitimidade ao processo, estabelecendo novas regras e procedimentos, resultaram, mesmo em uma situação onde há apoio político por parte dos administradores locais, na ausência de incentivos para que servidores civis da administração local mudassem suas atitudes e comportamentos. A equipe do LUPP vê uma grande lacuna entre as expectativas de organizações locais e de moradores, que (em parte como resultado do treinamento e do apoio do programa) demandam maior participação e prestação de contas por parte do governo, e a atenção da administração às suas opiniões. A qualidade dos serviços prestados pela administração melhorou pouco, e as autoridades, no geral, ainda se veem desobrigadas a prestar contas, demonstrando pouca consideração pelos moradores locais.

No entanto, pressões por mudanças talvez estejam surgindo. Além de seu papel na promoção da melhoria da prestação de serviços, as diversas organizações criadas ou estimuladas pelo LUPP também forneceram um amplo leque de espaços sociais nos quais as pessoas podem se encontrar e discutir questões relacionadas a seus bairros, em um contexto no qual tais espaços quase não existiam. Isso parece, por sua vez, contribuir para um crescimento (significativo, ainda que incerto) de ações autônomas por parte de cidadãos que exigem seus direitos, com os membros de grupos apoiados pelo LUPP abordando as autoridades locais para reclamar do comportamento abusivo de funcionários ou para questionar decisões que lhes tenham prejudicado, como o fechamento de mercados.

Novos líderes e novas formas de liderança?

Essas novas estruturas organizacionais também permitiram o surgimento de novos líderes nos musseques: um conjunto de pessoas que tem iniciativa, deseja assumir responsabilidades e atuar na esfera pública. A maior parte dos líderes da Aliança de ONGs, ACAs e ODAs é constituída por homens, que pertencem à relativamente privilegiada classe média dos musseques, são razoavelmente instruídos e têm algum domínio da "linguagem política". Muitos já tinham *status* de líderes em suas comunidades. O que essas novas estruturas organizacionais viabilizaram foi uma esfera na qual eles pudessem se expressar e estender sua influência para além de suas comunidades.

Enquanto o fortalecimento dos líderes pode ser um recurso extremamente valioso para a construção de organizações locais, o impacto em processos mais amplos de democratização depende da qualidade dessa liderança. Lideranças de estilo autoritário diminuem as chances de que as organizações representem adequadamente seus integrantes. Muitas das organizações promovidas pelo LUPP são baseadas em associação formal, dotadas do potencial de expressar a voz de um grande número de pessoas e assim desempenhar um papel importante na democratização da vida política. Um elemento crucial desse processo é o desenvolvimento de práticas democráticas no interior das organizações (Robinson e Friedman, 2005), incluindo mecanismos de responsabilização vigorosos – especialmente em um país como Angola, com uma longa história de modelos políticos que retratam as pessoas no poder como portadores de direitos sem obrigações.

Mecanismos internos de responsabilização nem sempre são fortes nos grupos apoiados pelo LUPP. As diferentes funções assumidas pelos ACAs, por exemplo, parecem gerar contradições em sua relação com suas bases. As ACAs respondem formalmente à Assembleia Geral dos Comitês de Água que representam, cujos membros respondem, por sua vez, aos moradores de áreas específicas e estão sujeitos à reeleição todo ano. No entanto, também se espera que as ACAs supervisionem os Comitês de Água, invertendo as relações de prestação de contas. Na prática, os Comitês e sua base têm pouco poder para exigir prestação de contas das ACAs, como mostra a intenção de uma ACA de reter os representantes do Comitê de Água que tinham sido destituídos pelos votos de uma assembleia de moradores. Essa decisão parece ter sido motivada pelo desejo de transformar o comitê em uma organização consolidada, garantindo a estabilidade de seus membros.

Novas direções para as organizações locais?

O incidente descrito acima indica uma mutação aparente na missão das ACAs, de "associação de representantes" para "ONG local", cuja função principal é a prestação de serviços em diversos setores. Isso exige que as ACAs tornem-se independentes de sua base, quebrando a corrente de responsabilização estabelecida inicialmente com o objetivo de apoiar sua função de representante e colocando em questão a legitimidade de seu papel de supervisão. Essas mutações resultam tanto da natureza recente e experimental das estruturas promovidas pelo LUPP quanto da ampla falta de clareza dos modelos de representação e das regras institucionais/políticas que caracterizam a transição democrática confusa e hesitante de Angola. Enquanto isso, talvez as organizações locais distanciem-se dos papéis institucionais originalmente previstos, demonstrando, ao mesmo tempo, a importância da atuação desses grupos de base, à medida que perseguem agendas em evolução e aproveitam oportunidades e limitações apresentadas pelo contexto no qual operam.

A transformação em uma "empresa social sem fins lucrativos" é um caminho que pode ser escolhido por muitas organizações – incluindo estruturas como as ODAs – em um contexto social como o de Angola no qual as oportunidades de meios de subsistência para moradores dos musseques são escassas, e no qual o envolvimento com a prestação de serviços pode combinar a contribuição para a sociedade com ganho de capital político e geração de renda. Enquanto esse tipo de organização pode, sem dúvida, contribuir positivamente para suas comunidades, seu papel político na construção da democracia em Angola dependerá do quanto suas atividades estão baseadas em sólidas práticas democráticas internas – e de sua capacidade de criar mecanismos alternativos para cumprir o papel de representação que talvez estejam deixando para trás.

Lições e implicações

A literatura sobre governança participativa pressupõe que, apesar de os contextos poderem favorecer ou desfavorecer processos de democratização, eles são fundamentalmente estáticos. As regras do jogo político já se cristalizaram, e a mudança surge antes com o aparecimento de novos atores (partidos políticos de esquerda, movimentos sociais) do que a partir da fluidez ou instabilidade do próprio sistema. Em países imersos em transições confusas, que caracterizam a maior parte dos cenários pós-autoritários ou pós-conflitos armados, essa pressuposição não se aplica. Esse fato aumenta a importância de evitar generalizações e procurar compreender as dinâmicas sociais e políticas específicas de sociedades em transição e suas implicações para o surgimento de "novos espaços democráticos". Como indica uma revisão recente a respeito de contextos em transição: "compreender e intervir nas dinâmicas internas de Estado, nos quais as coisas não vão bem, nos quais o tecido social e institucional foi rasgado e a violência irrompeu, exige uma combinação cuidadosa entre o genérico (e generalizável) e o específico" (Brinkerhoff, 2005: 12).

Atualmente, Angola está imersa justamente nesse tipo de processo de transição, caracterizado pela coexistência de práticas políticas autoritárias, uma burocracia habituada a relações de mando e obediência, uma estrutura democrática formal, uma cultura política centralizadora, com emergência de um conjunto de novos atores e espaços políticos. O exemplo de Luanda sugere que contextos nos quais as regras políticas e institucionais não são claras, ou são pouco apropriadas, ou ambas as coisas, encorajam os novos espaços e atores a se transformar à medida que evoluem. Isso pode ter eventuais consequências negativas – como a apropriação de espaços plurais por interesses estreitos ou a reprodução de práticas autoritárias –, mas também permite a adaptação que habilita essas estruturas a atenderem às demandas e oportunidades de seus contextos particulares de maneiras que talvez sejam mais eficientes do que a aplicação de modelos pré-fabricados. A transformação dos papéis que acompanham tais processos de adaptação pode, por vezes, gerar confusões ou parecer contraditória, mas é também parte de um processo vital necessário para a experimentação democrática. Os resultados desses processos serão determinados principalmente pela atuação de uma multiplicidade de atores – muitas vezes envolvidos em propósitos que se entrecruzam – tanto no nível político quanto de base. O discurso pós-conflito dominante de construção da paz pressupõe uma transformação operando "de cima para baixo", no qual a democratização nos níveis mais "baixos" é relegada à etapa final. O exemplo de Luanda sugere que, apesar de a consolidação de um macrocenário ser essencial (seja para a democratização ou para a realização de eleições), na prática, a democratização não pode esperar que esse quadro esteja realizado. Na verdade, qualquer espaço democrático que surgir será um canal para o escoamento de energias políticas longamente reprimidas. Diante disso, acreditamos que o reconhecimento da realidade e o estabelecimento de regras, que são tanto apropriadas quanto legítimas, requerem necessariamente um período longo e confuso de negociações entre atores antigos e atores emergentes, tanto em espaços antigos quanto em espaços emergentes. O estabelecimento de vínculos entre experiências locais com "novos espaços democráticos" e processos amplos de transformação política é fundamental para garantir que essas transições sejam ao final significativas e bem-sucedidas.

Como patrocinadoras de novos espaços e fornecedoras de recursos que os novos atores podem utilizar para construir bases sociais e políticas, as ONGs desempenham um papel crucial nesse processo. Dada a importância relativa de suas contribuições em um contexto caracterizado pela escassez de recursos, projetos de ONGs, como aqueles discutidos neste capítulo, são intervenções de governança *de facto*, estejam elas atentas ou não à natureza de suas relações políticas com o Estado ou com os processos políticos em jogo. A abordagem das ONGs nos processos de mobilização e desenho institucional precisa, assim, ir além das preocupações usuais, começando a concentrar-se nos efeitos políticos mais amplos de suas intervenções, assim como nos seus efeitos na redução imediata da pobreza. A nosso ver, um ponto decisivo para essa transformação está nos mecanismos de responsabilização dessas novas estruturas. Seja pela responsabilização do Estado ou de outros atores poderosos (incluindo as próprias ONGs), seja pelo desenvolvimento de práticas de liderança mais transparentes e responsáveis no interior das próprias instituições, isso ajudará a aproximar as intervenções *ad hoc*, voltadas para projetos específicos, e os processos mais amplos de democratização social e política.

Referências bibliográficas

BANCO MUNDIAL. *Aide mémoire: third social action fund project (FAS III) 2nd implementation support mission – draft*. Washington DC: Banco Mundial, dez. 2004.

BASKIN, J. *Working towards good governance*.A discussion paper – draft. Luanda: The Lure Project, jun. 2003.

BRINKERHOFF, D. Rebuilding governance in failed states and post-conflict societies: core concepts and cross-cutting themes. *Public Administration and Development*, v. 25, n. 1, p. 3-14, 2005.

COELHO, V. S.; ANDRADE, I. A. de; CIFUENTES, M. Deliberative fora and the democratisation of social policies in Brazil. *IDS Bulletin*, v. 33, n. 2, 2002.

CORNWALL, A. New democratic spaces? The politics and dynamics of institutionalised participation. *IDS Bulletin*, v. 33, n. 2, 2004.

DEVELOPMENT WORKSHOP & CENTRE FOR ENVIRONMENT AND HUMAN SETTLEMENTS. The opportunity and constraints of appropriate urban land management for economic and social development in Angola. Luanda, 2003.

DFID [Department for International Development]. *Why we need to work more effectively in fragile states*. London: DFID, 2005a.

_____. *Luanda Urban Poverty Programme II output to purpose review report*. Londres: DFID, jun. 2005b, mimeo.

FUNG, A.; WRIGHT, E. O. *Deepening democracy: institutional innovations in empowered participatory governance*. London: Verso, 2003.

GAVENTA, J.; VALDERRAMA, C. Strengthening participation in local governance. Background note prepared for Institute of Development Studies workshop, University of Sussex, Falmer, jun. 1999.

HODGES, T. *Angola – Do afro-stalinismo ao capitalismo selvagem*. Lisboa: Principia, 2002.

______. The role of resource management in building sustainable peace. In: MEIJER, G. (org.). *From military peace to social justice? The Angolan peace process*. London: Conciliation Resources, 2004. (Accord Series, n. 15).

JOBES, K. *DFID's Angola strategy*. Seminário apresentado no Institute of Development Studies, University of Sussex, Falmer, nov. 2004.

LLAMAZARES, M. Post-war peacebuilding reviewed: a critical exploration of generic approaches to post-war reconstruction. *CCR Working*, n. 14, 2005.

MAMDANI, M. *Citizens and subjects; contemporary Africa and the legacy of late colonialism*. Princeton: Princeton University Press, 1996.

PESTANA, N. As dinâmicas da sociedade civil em Angola. *CEA–ISCTE Occasional*, n. 7, 2003.

PNUD [Programa das Nações Unidas para o Desenvolvimento]. *Human Development Report 2004: cultural liberty in today's diverse world*. Nova York: PNUD, 2004.

REPÚBLICA DE ANGOLA. Decreto-Lei n. 17/9. *Diário da República*, I Série 44, 29 out. 1999.

______. Estratégia de combate à pobreza – reinserção social, reabilitação e reconstrução e estabilização econômica. Luanda: Ministério de Planejamento Urbano, 2003.

ROBINSON, M.; FRIEDMAN, S. Civil society, democratisation and foreign aid in África. *IDS Discussion*, n. 383, 2005.

ROBSON, P.; ROQUE, S. Here in the city there is nothing left over for lending a hand. *Development Workshop Occasional*, Guelph, n. 2, 2001.

SOGGE, D.; THAW, D. *Ibis programming and civil society support – review report*. Luanda: Ibis, 2003.

11
PARTICIPAÇÃO CIDADÃ NA ÁFRICA DO SUL: Ativismo Político na Luta pela Terra e pelo Tratamento da Aids/HIV

Bettina von Lieres

Nos últimos anos, novos espaços democráticos para participação cidadã proliferaram na África do Sul. Isso se estende de espaços "franqueados" criados pelo governo a espaços instituídos pelas próprias pessoas pobres. Enquanto os primeiros são normalmente elaborados em resposta às garantias jurídicas para a participação cidadã, os últimos surgem em resposta à ineficácia do governo na prestação de serviços e no cumprimento de promessas, e constituem uma tentativa de incluir os cidadãos na tomada de decisão. Essas iniciativas dos movimentos de base criam novas interfaces entre os grupos marginalizados e as instituições que afetam as suas vidas, particularmente as instituições do Estado, para as quais me volto agora.

Este capítulo discute dois casos de engajamento de movimentos de base na África do Sul, referentes ao setor da saúde e ao setor rural: a Aids/HIV Treatment Action Campaign (TAC) [Campanha de Ação e Tratamento da Aids/HIV] e o comprometimento cidadão com as políticas territoriais. Afirmo que, embora haja semelhanças entre esses dois casos, no sentido de que os pobres estão criando novos espaços de engajamento, também existem diferenças. Em ambos os setores, os cidadãos, suas organizações e seus aliados estão tentando criar um novo conjunto de instituições intermediárias e/ou práticas de engajamento distintas do Estado e da esfera pública. Entretanto, há também variações importantes no modo como esses engajamentos cidadãos estão criando novas capacidades democráticas para os pobres. No campo do ativismo para o tratamento da Aids/HIV houve um êxito significativo ao se criarem novos espaços para o engajamento cidadão nos limites entre a sociedade civil e o Estado, gerando um movimento social viável, capaz de comprometer o Estado nacional e localmente. Há provas da existência de novos espaços intermediários formais e informais, em que organizações ativistas e a coletividade marginalizada a eles associada comprometem-se (colaborativa e criticamente) com o Estado local.

No caso da terra, de modo contrastante, a participação cidadã é esporádica, posicionando-se como adversário em breves confrontos com o Estado. Embora o surgimento recente do Landless People's Movement (LPM) [Movimento dos Povos Sem Terra] aponte para o potencial de um movimento social rural, com capacidade de gerar novos espaços para a participação cidadã dos grupos desfavorecidos, a notável incapacidade do Estado em chegar até as áreas rurais e facilitar a criação de espaços institucionais para a participação cidadã significa que há pouco ou nenhum comprometimento cidadão com as estruturas estatais locais, poucas alianças entre Estado, ONGs e movimentos sociais locais, e uma notável ausência de novos espaços para a participação cidadã.

Este capítulo explora as razões para essas diferenças nas formas de participação cidadã na arena do tratamento para a Aids/HIV e no setor rural. Mostro como eles proporcionam exemplos contrastantes do modo pelo qual atitudes, práticas e expectativas antigas têm formatado a criação de novos espaços democráticos na África do Sul pós-*apartheid*. Apresento, também, o modo como os dois casos suscitam importantes questões em torno do problema de comunidades marginalizadas e inclusão democrática. Ambos os casos compreendem grupos extremamente marginalizados, cuja cidadania, do ponto de vista jurídico, não tem o respaldo de experiências de inclusão efetiva na política, na economia e na vida social da sociedade pós-*apartheid*. Os dois casos suscitam questões sobre a construção de formas intermediárias de participação cidadã num contexto em que há uma ausência histórica de instituições e espaços para mediação da relação entre Estado e sociedade civil, como resultado de um autoritarismo do Estado durante e antes do regime *apartheid*.

Nos lugares em que os grupos historicamente marginalizados tiveram pouco ou nenhum acesso, seja em nível geral ou intermediário, a espaços democráticos formais da esfera pública, não há cultura política de comprometimento com o Estado. Por conta disso, e em face da incerteza de seus membros quantos aos seus direitos em relação ao Estado, as organizações e os movimentos sociais que representam as comunidades marginalizadas esforçam-se frequentemente para incitar apoio a um comprometimento efetivo e de longo prazo com o Estado. Nos lugares em que ocorre o comprometimento, há por vezes a evidência de uma cultura de "não-compromisso" nos espaços de tomada de decisão – uma indisposição para se aceitar as decisões e acordos conjuntos que envolvem outros grupos de interesse. Isso, por sua vez, tem suas origens nas experiências históricas de compromisso com o Estado, que se revelaram processos profundamente arriscados e conflitivos que não resultaram em resultados legítimos, envolvendo uma contínua instabilidade nos acordos e procedimentos estabelecidos. Nos contextos em que os grupos marginalizados sofrem um alto grau de exclusão do *mainstream* político e dos processos econômicos, o comprometimento com o Estado depende de como as expectativas dos cidadãos são formatadas pelas relações contextuais e preexistentes de poder.

Comprometimento cidadão no setor rural

Em muitas análises da África do Sul pós-*apartheid*, o desafio para a participação cidadã não é iniciar a democracia, e sim aprofundá-la. Esta visão sustenta que, embora haja muita evidência na África do Sul de discursos de participação e de uma cidadania ativa, construída sobre as tradições da democracia liberal, há também uma grande evidência de uma lacuna crescente entre as garantias jurídicas para participação e a inclusão efetiva de cidadãos pobres na participação democrática.

A pobreza estrutural e a desigualdade estão entre os principais obstáculos para uma maior participação cidadã no setor rural. Mais de 70% das pessoas mais pobres do país residem em áreas rurais, e mais de 70% das pessoas que vivem em áreas rurais são pobres (Aliber, 2003). A pobreza rural é fruto da falta de posse e dos sistemas migratórios de trabalho que se iniciaram no período colonial e se aprimoraram durante o regime *apartheid*. Entre 1960 e 1983, mais de 3,5 milhões de pessoas perderam suas terras e casas por meio de remoções forçadas de todos os tipos (Cousins, 2004).

De acordo com a Constituição, a política atual da África do Sul pós-*apartheid* tem três componentes distintos: um programa de redistribuição de terras, visando um acesso ampliado à terra por parte da maioria negra do país; um programa de restituição para devolver as terras ou para proporcionar uma compensação alternativa aos desapropriados, fruto de leis e práticas racialmente discriminatórias, empregadas desde 1913; e um programa de reforma de títulos de posse, garantindo direitos às pessoas que vivem em acomodações inseguras, em terras pertencentes a outras pessoas, incluindo o Estado (em áreas comunais) e proprietários privados (Cousins, 2004). No geral, a reforma territorial foi limitada, com menos de 2,3% de terras agrícolas transferidas até o fim de 2002, sob o regime combinado de redistribuição e os programas de restituição ativos desde 1994 (Greenberg, 2004: 9). O programa de concessão de títulos de posse está paralisado em controvérsias a respeito do papel das autoridades tradicionais e da sua função nos regimes em que os títulos de posse são comunais (Cousins e Claasens, 2005: 16).

Na África do Sul pós-*apartheid*, os cidadãos das áreas rurais são portadores de direitos que envolvem pouca, se é que há alguma participação envolvimento significativo em processos de tomada de decisão. A maioria dos cidadãos da área rural tem salário baixo e são trabalhadores rurais destituídos de garantias, ou trabalhadores arrendatários, ou fazendeiros desempregados. Embora certamente não tenha havido iniciativa, por parte do Estado durante o *apartheid*, para desenvolver o engajamento cidadão (o governo rural estava nas mãos de chefes indicados e excluíam por completo as comunidades rurais), a situação atual não é menos dramática. A introdução da democracia, em 1994, atendeu a muitas das expectativas por novas formas de participação cidadã nas áreas rurais. Entretanto, para os trabalhadores arrendatários e os rurais a democracia pós-*apartheid* significou pouco mais do que "extensões formais de um mínimo de proteções formais contra o despejo arbitrário" (Greenberg, 2004: 10). As frágeis estruturas do Estado nas áreas rurais ofereceram pouca proteção contra os abusos de poder dos proprietários de terras contra os arrendatários e os trabalhadores rurais, oferecendo poucas oportunidades novas aos cidadãos do campo para uma participação política significativa.

A inabilidade do Estado para alcançar as áreas rurais deve-se, ao menos em parte, à maneira como líderes e autoridades tradicionais redefinem o governo local nessas áreas. Koelble indica que "há uma certa ironia no fato de que os professados instrumentos para o enfraquecimento de autoridades tribais – o Municipal Structures Act de 1998 e o Municipal Systems Act de 1999 – tornaram-se instrumentos para uma reafirmação desse do poder" (Koelble, 2005: 7). Desde 1999, a quantidade de instituições municipais diminuiu de 850 para 284; ao mesmo tempo, as áreas efetivas cobertas pelas estruturas de governo local aumentou dramaticamente com a inclusão de antigos territórios de Bantustan. Os líderes tradicionais ocupam 20% dos assentos do governo municipal. De acordo com a legislação para o governo local, esses líderes devem ser consultados pelos oficiais eleitos no que se refere às questões sobre desenvolvimento. Conforme Koelble observa, "esta forma de representação vai muito além do papel restritivo e vago concedido às autoridades tribais na Constituição" (Koelble, 2005: 8). Além disso, a Communal Land Rights Act de 2004 [Lei de Direito Comunal da Terra de 2004] dá aos líderes tradicionais o direito de distribuir terras comunais com controle de uso (Ntsebeza, 2004). Contrário a essa prática, e no contexto de um governo local ausente, os líderes tradicionais estão reafirmando seu poder nas áreas rurais. A participação cidadã pode ser severamente circunscrita no poder cultural e político que líderes tradicionais exercem em suas comunidades.

Além da inabilidade do Estado para resolver o problema da eficiência dos governos locais nas áreas rurais, o esforço estatal no sentido de garantir uma maior inclusão cidadã tem se limitado a exercícios formais, em que a participação resulta em pouco mais do que uma consulta pública ou sessões de esclarecimento fornecidas pelo Estado. Uma das poucas inovações institucionais para os cidadãos rurais comuns, as Communal Property Associations (CPAs) [Associações de Propriedade Comunais], firmadas em 1996, visava facilitar o comprometimento ativo do modesto conjunto de beneficiários de programas de restituição e redistribuição de terra com decisões sobre concessão de títulos de posse e administração de propriedades comunais. As CPAs foram concebidas como uma alternativa aos trustes, que acabaram garantido poder excessivo para seus afiliados. Mas mesmo essa forma inovadora é hoje considerada como pouco efetiva na promoção de seus objetivos democráticos e produtivos. As razões para o declínio das CPAs são várias. Cousins (2005: 14) escreve que

> as constituições foram pouco delineadas e por vezes mal interpretadas pelos membros, e os direitos dos membros (especialmente à terra e ao uso de recursos) são frequentemente mal definidos. Em alguns casos, os líderes tradicionais contestaram a autoridade dos membros afiliados e, em outros, as elites conquistaram os benefícios de proprietário.

Conflitos relativos a interpretações diferentes do direito e à competência das decisões conduziram ao declínio de algumas CPAs.

Desde 1999, houve poucas oportunidades para grupos da sociedade civil se envolverem diretamente com a formulação de políticas públicas. Depois de 1999, em particular,

> a nova ênfase em políticas redistributivas rurais, na desracialização da agricultura comercial e na criação de oportunidades para agricultores emergentes ao invés da redução da pobreza e do aprimoramento das oportunidades de vida dos pobres e marginalizados provocaram comentários muito negativos, embora contando com pouco apoio popular da sociedade civil (Cousin, 1994).

Hoje em dia, a maioria das oportunidades para o engajamento cidadão acontece em espaços para "projetos" de curto prazo, com poucas oportunidades para envolvimento em espaços democráticos onde participem vários grupos de interesse.

A despeito das falhas na implantação de novas formas de participação cidadã, existem vários discursos e práticas de cidadania no setor rural na África do Sul. As ONGs, o Estado, as agências doadoras e o surgimento de organizações rurais comprometem-se com um diálogo sobre problemas jurídicos e com a formulação de políticas públicas. Cousin (2004) aponta para o fato de que

> os discursos sobre participação popular, responsabilização e direitos socioeconômicos afirmaram-se a partir de considerações da *realpolitik* com a negociação e barganha de grupos de interesse; as noções de "luta continuada" e mobilização popular foram ultrapassadas pelos discursos emergentes de "*lobby* em favor de..." para influenciar a política. As preocupações com a construção da capacidade do povo da área rural para reivindicar seus direitos e decidir seu próprio futuro entraram em confronto com abordagens que protegem o planejamento que envolve a consulta com os "beneficiários".

Quando os discursos e práticas participativos são promovidos pelo Estado, eles frequentemente são limitados a "consultas" formais e sessões de esclarecimento por parte do governo.

Desde 1998, um dos grandes obstáculos ao desenvolvimento de novas formas de comprometimento cidadão tem sido as desavenças sobre a identidade e as definições de "cidadão" no setor rural. Um exemplo disso se encontra na área do ativismo e da reforma política no que diz respeito à concessão de títulos de posse. O foco principal de atenção na reforma política, referente a posse de terra do Estado, tem se dado numa série de negociações entre vários grupos de interesse estatais e não-estatais em torno de uma nova lei que proporciona garantia de títulos de posse em sistemas comunais. As políticas da posse de terra foram amplamente enquadradas dentro de uma abordagem, "amparada pelo mercado", para aquisição e redistribuição de terra: houve uma mudança na maneira de ver os membros de uma comunidade rural "como agentes ativos em conflitos locais", cujos esforços para "mobilizar e organizar" devem ser apoiados. Eles passaram a ser retratados como "beneficiários" ou "clientes", dotados de várias necessidades ou reivindicações territoriais, devendo o governo desempenhar uma parte na "facilitação" disso.

Com isso, o Estado tornou-se um *locus* de decisões importantes sobre a terra, mesmo quando grupos de interesse ou prestadores de funções terceirizadas são consultados (Cousins, 2004). A falta de consulta entre organizações de cidadãos e Estado levou ao desenvolvimento de relações altamente conflitivas entre as partes. Cousins indica que uma exceção parcial é a relação entre um afiliado ao National Land Committee (NLC) [Comitê Nacional da Terra], o Border Rural Committee [Comitê para Fronteiras Rurais] e a Commission on the Restitution of Land Rights [Comissão para Restituição do Direito às Terras], com a aceitação de reivindicações de restituição de terras perdidas durante o planejamento de "melhorias" nas antigas *homelands* da era do *apartheid* (Cousins 2004).

Os desenvolvimentos recentes podem indicar a emergência de formas mais ativas de engajamento cidadão com o Estado. Em 2001, o LPM, apoiado pelo NLC, um amplo movimento social que representava os habitantes das zonas rurais e urbanas, foi formado para contestar a adequação do programa de reforma territorial do governo. Desde sua formulação, o LPM começou a construir uma identidade em virtude de demandas múltiplas (acesso aos serviços básicos, livre circulação e liberdade para permanecer em determinado lugar, participação das pessoas em decisões que afetam suas próprias vidas) e do problema da indisponibilidade de terras. O LPM surgiu a partir de vários esforços de ONGs rurais, como o NLC, para construir um movimento social rural. Entre os precursores do LPM estão a Rural Development Initiative (RDI) [Iniciativa de Desenvolvimento Rural], uma coalizão rural de ONGs e Community Based Organization (CBOs) [Organizações de Comunidades de Base] com um forte caráter rural, criada em 1998, e uma iniciativa conjunta entre a Rural Development Services Network (RDSN) [Rede de Serviços para Desenvolvimento Rural] e o South African Municipal Services Workers' Union (SAMWU) [Sindicato dos Trabalhadores Municipais da África do Sul] para formarem um movimento nacional de base voltado à distribuição de água na área rural, reivindicando a demanda diária de 50 litros gratuitos de água por pessoa (Greenberg, 2004: 16).

O LPM mobiliza pessoas marginalizadas da área rural e urbana, comprometendo-se com uma série de mobilizações bem conhecidas e ocupações de terra, envolvendo um grande número de seus membros. Embora haja no movimento várias tensões sobre o modo como se envolver com o Estado (algumas ONGs procuram uma continuação do engajamento crítico com o Estado e outras defendem uma relação mais antagonista), ele promoveu, desde o seu início, mudanças consideráveis nas relações Estado-cidadão. O Estado respondeu ao LPM com um "misto de reforma e repressão", enquanto outros grupos de interesse se tornaram "mais expressivos no que se refere às suas opiniões sobre distribuição de terras" (Greenberg, 2004: 31). O Congress of South African Trade Unions (Cosatu) [Congresso dos Sindicatos do Comércio Sul-Africano] e o South African Communist Party (SACP) [Partido Comunista Sul-Africano] apoiaram a convocação feita pelo LPM para constituir uma cúpula sobre a terra. Além disso, líderes empresariais passaram também a solicitar a implantação do programa agrário do governo.

No geral, a participação cidadã na tomada de decisão para o problema rural aponta para o fato de que o Estado mostrou pouco interesse ou capacidade para investir recursos, energia e tempo na construção de novos espaços para uma efetiva representação e participação cidadãs na concepção e no desenho de programas públicos ou novas políticas, regras e regulamentações. A implantação de estruturas democráticas não garantiu automaticamente formas efetivas de autorepresentação democrática por parte dos grupos rurais marginalizados. A maioria dos engajamentos cidadãos foi mediada por práticas preexistentes seja de comprometimento político de ONGs ou por autoridades tradicionais. Até agora, há pouca evidência de engajamento em "espaços intermediários", isto é, de situações em que os cidadãos da área rural comprometem-se, em seus próprios termos, com o Estado local, na tentativa de alcançar seus objetivos, forjar novas relações com os atores estatais e autoridades tradicionais, influenciar novas políticas ou reivindicar novas formas de prestação de serviços.

Novos espaços democráticos e contextos políticos na África do Sul: uma Campanha de Ação e Tratamento (Treatment Action Campaign – TAC)

Os desenvolvimentos recentes no setor da saúde e no ativismo contra a Aids destacam as dinâmicas complexas de inclusão, que resultam de tentativas de promover uma maior participação democrática dos pobres que vivem na área urbana em novos espaços democráticos. Assim como no setor rural, essas dinâmicas resultam da ineficácia do Estado em promover espaços para um maior comprometimento cidadão. Entretanto, contrastando com este último, um forte movimento social tem forjado novos espaços para um comprometimento cidadão sustentável na interseção entre sociedade civil e Estado.

A TAC é a tentativa de construir uma cidadania de nível médio por meio do seu próprio envolvimento nas instituições estatais intermediárias, bem como uma variedade de espaços mais informais. Em sua tentativa de conquistar apoio, ela tem lutado cada vez mais pela abertura e democratização de instituições estatais, locais e intermediárias, como escolas e clínicas. Por exemplo, o apoio da TAC ao Médecins Sans Frontières (MSF) [Médicos Sem Fronteiras] para o tratamento da Aids tem unidades em Khayelistsha e Lusikisiki, situadas em clínicas estatais. Nesse sentido, a TAC e o MSF estão comprometidos com a tentativa de disseminar uma política de direitos e uma cidadania voltada para a saúde numa estrutura institucional de nível médio da sociedade. O objetivo dessas iniciativas tem sido transformar as práticas dessas instituições, aproximando-as das pessoas e transformando-as em espaços que façam a mediação das relações entre Estado e sociedade. Os escritórios regionais e as seções locais também operam próximos às Organizações das Comunidades (CBOs), nas suas áreas, de modo que são capazes de criar vínculos com as clínicas locais estatais. A organização dá treinamento sobre a Aids aos conselheiros e aos Treatment Literacy Practitioners (TLPs) [Instrutores do Tratamento], assim como realiza auditoria em clínicas e hospitais que orientam na Prevention of Mother-to-Child Transmission (PMTCT) [Prevenção de Transmissão da Mãe para o Filho] e nos programas Antiretrovirais (ARV).[1] Assim como se compromete no terreno médio entre Estado e esfera pública, as TACs locais empenham-se com os esforços sociais dos movimentos de base em espaços bastante restritos. Em agosto de 2002, a TAC lançou uma campanha para que a clínica local situada em Nyanga, um dos distritos mais pobres da Cidade do Cabo, funcionasse durante cinco dias por semana, em vez de dois. Os ativistas da TAC reconhecem que esses espaços locais não são transitórios e que proporcionam campos importantes para o comprometimento com o Estado local.

A organização é um exemplo de um novo movimento social que construiu sua própria arena de ação em múltiplos espaços. A sua força como movimento social reside na sua capacidade de mobilizar aos pobres numa variedade de espaços, que vão desde as instituições que servem como uma interface entre o cidadão e as autoridades do governo a métodos mais transitórios, como campanhas isoladas que visam à abertura de deliberações em torno da política. Os desafios futuros para a organização repousam na consolidação de ganhos passados entre seus membros assim como na a sociedade sul-africana mais abrangente. Esses desafios estão se tornando particularmente evidentes à medida que os programas ARV são lançados em áreas rurais, caracterizadas por uma pobreza crônica e pela marginalização, e nos locais em que há pouco ativismo e mobilização social para tratamento da Aids. É nessas áreas

[1] Agradeço a Steve Robins pela informação sobre as colaborações da MSF-TAC.

vastas, remotas e de atendimento precário, muitas delas na antiga Bautustans, que os obstáculos socioculturais e políticos ao tratamento da Aids são mais pronunciados.

E é aqui que o tipo de ativismo e de mobilização social que são a marca registrada da TAC poderiam fazer a diferença entre a vida e a morte, mas onde pode ser mais difícil chegar e sustentar. É nessas áreas rurais que os métodos de mobilização política e de comprometimento testados pela TAC poderiam defrontar-se com seus maiores desafios. Assim como no setor rural, é aqui que a ausência de instituições e práticas intermediárias garante a presença permanente de dinâmicas de poder e exclusão. Nas áreas urbanas as intervenções e atividades diversas da TAC contribuíram para a criação de novos espaços políticos que fomentaram o engajamento em níveis local e nacional. As campanhas da TAC perpassam os espaços institucionais e não-institucionais de nível intermediário entre o Estado e os espaços públicos mais estruturados. Elas são capazes de gerar múltiplos tipos de relações com o Estado. Como resultado das contestações da TAC em múltiplos campos, transcendendo as fronteiras entre Estado e sociedade civil, os cidadãos comuns tornaram-se capazes de se engajar e construir suas capacidades políticas para um comprometimento democrático. Ao lado do uso efetivo que a TAC fez de tribunais, da mídia, internet, *e-mail* e redes de defesa transnacionais, um aspecto crucial do trabalho das TAC foi o recrutamento de uma grande número djovens, em sua maioria, negras e desempregadas, para o seus quadros. As intervenções da TAC nesses espaços múltiplos permitiram que seus membros deslocassem-se das margens para um efetivo comprometimento cidadão. O desafio para o futuro reside na tradução dessas formas de comprometimento em instituições de "espaço intermediário" que permaneçam no longo prazo, como mediadoras das relações entre o Estado e sua sociedade.

Os cidadãos marginalizados e o problema da participação

Ambos os casos que tratamos suscitam importantes desafios em relação ao problema do engajamento cidadão entre grupos marginalizados. Eles iluminam o modo como dinâmicas políticas e de poder afetam os processos de democratização, destacando ainda as múltiplas maneiras em que o poder é negociado na interface entre o Estado e a sociedade civil e nas fronteiras da esfera pública.

No setor rural, os movimentos sociais enfrentam a dificuldade de expandir a mobilização para além do pequeno núcleo de ativistas. A pobreza estrutural aguda é claramente uma barreira fundamental para a participação cidadã no setor rural. Entretanto, há também outros obstáculos para a democracia. Alguns deles têm a ver com a maneira pela qual o Estado recorre a definições de cidadania centradas na perspectiva estatal a respeito ou com as dinâmicas de mobilização, de organização das próprias pessoas que vivem na zona rural e as dificuldades do engajamento cidadão em um setor que é mais variado e fragmentado que o setor urbano. Quando o engajamento se estabelece, as dinâmicas tradicionais de poder, a capacidade local inadequada para orientar esse engajamento e a falta de um eleitorado organizado nas áreas rurais frequentemente limitam seu potencial democrático.

As políticas cidadãs pós-*apartheid* no setor rural produziram muitos conflitos em torno das definições dos direitos e das obrigações entre os que trabalham nos departamentos estatais, ONGs e agências doadoras, mas foram criadas poucas novas instituições democráticas para os cidadãos. A falta de movimentos sociais locais, organizados nas áreas rurais, e a ausência de uma camada de instituições intermediárias faz com que o comprometimento cidadão permaneça restrito a envolvimentos em "projetos". Estes são de curto prazo, controlados por especialistas e vinculados intermitentemente a mobilizações sociais muitos amplas. Os cidadãos da área rural têm poucas oportunidades para praticar a cidadania democrática e para representar a si mesmos. Somente após cruzarem o limiar da autorepresentação e da identificação, poderão os marginalizados fazer reivindicações efetivas para uma maior inclusão. Entretanto, a própria condição de marginalização dificulta o acesso às instituições e às práticas de participação e representação, especialmente quando há poucas instituições mediando a relação entre Estado e sociedade civil. No setor rural essas barreiras à inclusão cidadã estão também arraigadas em razão do papel que as autoridades potencialmente tradicionais desempenham na promoção de práticas locais antidemocráticas.

Isso suscita uma série de questões sobre as formas de participação cidadã entre grupos marginalizados em contextos em que há uma ausência de instituições para participação cidadã. Qualquer abordagem à participação cidadã entre grupos marginalizados deve se confrontar com problemas mais profundos relativos ao modo como as pessoas excluídas devem desenvolver um sentido para sua própria participação, como algo válido e efetivo num contexto marcado por dinâmicas complexas de poder e participação. As novas arenas democráticas são frequentemente transplantadas para realidades institucionais em que os padrões históricos de engajamento político podem potencialmente enfraquecer as novas formas de participação.

As disparidades entre os discursos democráticos oficiais sobre os direitos políticos e a cidadania, e as realidades políticas ligadas à terra, normalmente têm o efeito de alienar os grupos marginalizados da esfera política, forçado-os a escusas práticas sociais e econômicas de ordem informal, por causa da indisposição do Estado em reconhecer essas condições reais, e como resultado de sua inabilidade para enfrentá-las. Isso pode resultar numa política mais ampla de descomprometimento do Estado e numa situação em que as pessoas comuns tornam-se mais e mais alienadas das instituições públicas, visto que estas parecem progressivamente remotas, não respondendo, pois, às suas necessidades. Isso, por sua vez, aponta para a importância de esclarecer o modo como dinâmicas políticas e de poder afetam o processo de democratização, considerando ainda as múltiplas formas em que o poder é negociado na interface entre Estado/sociedade civil e nas fronteiras da esfera pública.

Nos contextos em que os grupos marginalizados abstêm-se de participarem espaços e iniciativas criados pelo Estado, existe um tipo diferente de potencial para o engajamento, algo que está enraizado em comprometimentos episódicos numa variedade de espaços não-institucionais, em espaços controlados pelo Estado e nas fronteiras da esfera da sociedade civil com o Estado. A TAC, por exemplo, fez uso de uma variedade de formas para mobilizar suas bases (Robins e Von Lieres, 2004). O caso da TAC mostra que em muitos contextos do Sul a vida e a identidade política do cidadão não são necessariamente formatadas pelo modelo bifurcado sociedade civil/Estado. No setor da saúde, essas organizações promovem um exemplo de práticas que ultrapassam os espaços institucionais e não-institucionais, sendo capazes de gerar relações múltiplas em relação ao Estado. Como resultado dessa contestação no interior de múltiplos campos, a TAC pode ser vista como algo que capacita os cidadãos comuns a construir suas capacidades políticas para um engajamento democrático. As intervenções das TACs nesses espaços múltiplos permitiram que seus membros saíssem da margem do sistema político.

O caso da TAC desafia aquelas perspectivas que fixam os conceitos de "sociedade civil" e de "esfera pública" como pedra de toque da teoria da participação e da cidadania. Num artigo recente, Acharya et al. (2004: 40-41) afirmam de maneira correta que na perspectiva da sociedade civil, partilhada pela literatura especializada sobre a mesma, a democracia deliberativa e a participação potencializadora, sustenta a suposição de que é relativamente não problemático que os indivíduos ou atores coletivos obtenham e usem planos institucionais para uma participação cidadã. O centro da perspectiva é uma leitura dicotômica das relações entre Estado (autoritário), que para alguns compreende os partidos políticos e a sociedade (democrática). A convicção é de que os atores autênticos da sociedade civil são uma força de democratização e racionalização da ação pública por causa de sua lógica deliberativa (*versus* interesses), de sua natureza descentralizada e do fato de estarem firmados na vida social das comunidades locais e da autonomia (para a maioria das pessoas, das esferas do Estado, partidos políticos e políticas de grupos de interesse). Acredita-se que esses aspectos dão à sociedade civil uma lógica particularmente democrática que contrasta, de modo favorável, com aquela lógica baseada em interesses de corpos representativos, a lógica tecnoburocrática das agências estatais e a lógica exclusivista do mercado. É uma questão de fé na perspectiva da sociedade civil que a participação cidadã aumente a oportunidade para influenciar as políticas voltadas para as camadas de baixa renda e outras populações excluídas, cujos interesses são marginalizados nas clássicas instituições representativas.

Os autores argumentam por uma perspectiva "política" em que "a participação é um resultado contingente, produzido conforme os atores coletivos (sociedade civil, Estado e outros) negociam relações em terrenos institucionais preexistentes, que constrangem e facilitam tipos particulares de ação" (Acharya et al. 2004: 42).

Os argumentos de Acharya et al. são extremamente úteis para entender alguns dos desafios específicos da democratização na África do Sul, onde novos espaços democráticos estão sendo criados sob a base de contextos onde vigem antigos padrões de instituições locais e tradicionais. Na África do Sul pós-*apartheid*, cresce a evidência de que há uma ampla lacuna entre garantias jurídicas para participação e inclusão efetiva de pessoas marginalizadas na vida democrática. O Estado mostra pouco interesse em investir recursos, energia ou tempo para apoiar uma representação efetiva dos cidadãos na concepção e no desenho de programas públicos ou de novas políticas, regras e regulamentações. Os próprios marginalizados são frequentemente incapazes de se organizar com intuito de participar dos debates políticos públicos e de outras formas amplas de comprometimento democrático. O surgimento de novas instituições e espaços democráticos não garante automaticamente a autorepresentação democrática dos grupos marginalizados.

Conclusão

Os novos espaços de participação para pessoas marginalizadas na África do Sul pós-*apartheid* podem ser espaços estáveis no longo prazo, espaços que as pessoas pobres formam para si e por meio dos quais elas se engajam com o Estado (no caso da TAC). Eles podem também ser espaços de embate em que se ganha um senso de legitimidade em relação aos seus próprios interesses (no caso do setor rural). Embora essas últimas formas de participação possam ter vida curta, e pareçam ter pouco efeito no longo prazo, elas podem, não obstante, proporcionar oportunidades para que seus membros se engajem simultaneamente numa variedade de espaços participativos que ultrapassem os espaços institucionais e não-institucionais, permitindo ainda a articulação de novas formas de cidadania para os setores marginalizados. Elas apontam também para o papel central das estruturas democráticas locais estatais na implantação de novos espaços para a participação dos marginalizados. O desafio real para a democracia na África do Sul reside na construção de políticas de criação de "espaços médios", onde os cidadãos da zona rural e urbana possam se engajar ativamente com o Estado na definição de uma novo cenário democrático. Eis o potencial real para formas mais profundas de inclusão democrática dos marginalizados na África do Sul.

Referências bibliográficas

ACHARYA, A.; GURZA LAVALLE, A.; HOUTZAGER, P. Civil society representation in the participatory budget and deliberative councils of São Paulo, Brazil. *IDS Bulletin*, v. 35, n. 2, abr. 2004.

ALIBER, M. Chronic poverty in South Africa: incidence, causes and policies. *World Development*, v. 31, n. 3, 2003.

COUSINS, B. Grounding democracy: the politics of land in post-apartheid South Africa. *Supplement to the Mail & Guardian*, 26 nov. 2004.

______. *Agrarian reform and the "two economies": transforming South Africa's countryside', Programme for Land and Agrarian Studies*. Programme for Land and Agrarian Studies, School of Government, University of the Western Cape – draft, 2005. Reimpresso em: HALL, R.; NTSEBEZA, L. (orgs.). *The land question in South Africa: the challenge of transformation and redistribution*. Cape Town: HSRC Press, 2006.

COUSINS, B.; CLAASENS, A. Communal land rights and democracy in post-apartheid South Africa. In: JONES, P.; STOKKE, K. (orgs.). *Democratizing development: the politics of socio-economic rights in South Africa*. Leiden and Boston: Martinus Nijhoff, 2005.

GREENBERG, D. *The landless people's movement and the failure of postapartheid land reform*. Case study for the UKZN project Globalization, Marginalization and New Social Movements in Post-Apartheid South Africa. University of Kwazulu–Natal, 2004.

KOELBLE, T. Democracy, traditional leadership and the international economy of South Africa. Centre for Social Science Research (CSSR). *Working Paper*, University of Cape Town, n. 114, 2005.

NTSEBEZA, L. Rural governance and citizenship in post-apartheid South Africa. In: DANIEL, J.; SOUTHALL, R.; LUTCHMAN, J. (orgs.). *State of the nation: South Africa 2004-2005*. Cape Town: HSRC Press, 2004.

ROBINS, S.; VON LIERES, B. AIDS activism and globalization from below: occupying new spaces of citizenship in post-apartheid South Africa. *IDS Bulletin*, v. 35, n. 2, 2004.

12
ESPAÇO DE QUEM? CONTESTAÇÕES E NEGOCIAÇÕES EM FÓRUNS DE SAÚDE E DE RECUPERAÇÃO DE COMUNIDADES URBANAS

Marian Barnes

A participação da população na discussão de políticas públicas no Reino Unido tornou-se mais intensa desde que o New Labour [Partido Trabalhista] assumiu o governo em 1997. Muitas das iniciativas práticas em nível local datam de antes de 1997, e as características dessas ações refletem tentativas anteriores do governo de mudar a natureza da relação entre governo, serviços públicos e "o público". Por exemplo, a caracterização do público como consumidores de serviços é ainda evidente em programas como o "Best Value", que realiza consultas de opinião pública a respeito do desempenho das autoridades locais. Mas, sob o governo do New Labour, o discurso da participação popular tornou-se um item central não apenas em relação à elaboração de políticas públicas e à prestação de serviços, mas também no que diz respeito às tentativas de criar cidadãos ativos e responsáveis, renovando a democracia.

Há muito otimismo em relação à participação popular. Uma análise de documentos oficiais do Departamento de Saúde (responsável pela prestação de serviços de saúde por meio de agências locais do National Health Service (NHS) [Serviço Nacional de Saúde], e serviços sociais prestados pelos governos locais), do Office of the Deputy Prime Minister [Escritório de Representação do Primeiro Ministro] (responsável pelos governos locais e pelos programas regeneração urbana) e, mais recentemente, do Home Office [Ministério do Interior] (responsável não apenas pelas políticas de segurança pública e pela justiça criminal, mas também pelo serviço de imigração e pela "renovação civil") revela um amplo leque de intenções e aspirações ligadas à participação pública. Entre elas estão (Barnes et al. 2004a):

- melhorar a qualidade e a prontidão dos serviços públicos;
- aumentar a legitimidade dos processos de tomada de decisão;
- viabilizar a participação de organizações comunitárias e da "população local" no planejamento e na prestação de serviços;
- revitalizar a democracia;
- criar cidadãos mais responsáveis;
- gerar "liberdade positiva", virtudes cívicas, reciprocidade e confiança;
- capacitar as comunidades;
- aprofundar a coesão social e melhor a ordem social;
- melhorar a saúde dos cidadãos;
- reduzir a exclusão social;
- desenvolver habilidades e capacidades individuais.

Assim, preocupações com a natureza dos serviços públicos, com o processo de elaboração de políticas públicas, com as relações sociais, a desigualdade e a injustiça estão conduzindo o governo a um maior envolvimento com a população. Mas o estudo em que este capítulo se baseia revela que as origens dessas atividades também deriva de:

- instituições e iniciativas supranacionais como o Fundo Social Europeu e a Cúpula de Meio Ambiente do Rio (Eco-92);
- iniciativas de governos locais para descentralização e devolução;
- iniciativas ligadas a serviços específicos como, por exemplo, serviços de maternidade e de saúde mental;
- iniciativas derivadas de ações autônomas de comunidades locais, comunidades identitárias e grupo de usuários.

Não se podem entender as características e o impacto da participação pública no Reino Unido olhando somente para as iniciativas oficiais e para os espaços franqueados por elas criados. Uma das características da atual situação é que, cada vez mais, é difícil fazer uma distinção clara entre a participação patrocinada pelas autoridades e a ação autônoma. Grupos que reivindicam o direito à voz nos processos de elaboração de políticas públicas têm tido oportunidades de contribuir com autoridades públicas e políticos, e é aqui que o conceito de "parceria" assumiu um significado particular – apesar de altamente contestado (Barnes et al., 1999).

Neste capítulo, discuto dois casos que ilustram as tensões que surgem quando grupos autônomos ingressam em espaços franqueados.[1] Analiso a maneira como as pessoas participam dessas iniciativas e o tipo de diálogo desenvolvido nessas situações. Relaciono isso às oportunidades e aos obstáculos que derivam dos contextos institucionais e políticos específicos nos quais esses espaços se desenvolvem, e sugiro que aqueles, somados às relações desiguais de poder, limitam o potencial de transformação desses espaços. Discuto esses exemplos a partir de teorias da democracia deliberativa e dos movimentos sociais. Escrevo da perspectiva de uma pesquisadora que se envolveu como aliada do desenvolvimento de iniciativas de participação. Em particular, estive envolvida em iniciativas que procuravam dar voz àqueles normalmente considerados incapazes de participar, em razão da idade ou de outras limitações (Barnes e Bowl, 2001; Barnes e Bennet, 1998).

Esses dois estudos de caso são parte de uma análise a respeito da participação pública realizada em duas cidades inglesas (Barnes et al., 2004b). O estudo envolveu o mapeamento das iniciativas de participação usando técnicas de bola de neve, começando com contatos com as autoridades locais, com as organizações de serviços de saúde locais e com grupos comunitários e voluntários. Estudos de caso detalhados foram realizados em 17 dessas iniciativas. Os dados coletados incluem observações, entrevistas tanto com os cidadãos quanto com as autoridades, com as quais mantinham diálogo, e com as autoridades locais responsáveis pelas estratégias oficiais de promoção da participação pública. Uma vez que negociamos o acesso às informações na condição de manter sigilo a respeito das fontes, os nomes dos entrevistados e suas localidades serão omitidos.

[1] Esses casos fazem parte de um estudo conduzido em conjunto com Andrew Knops, Janet Newman e Helen Sullivan para o ESRC Democracy and Participation Programme [Programa de Democracia e Participação do ESRC], ref. n. L215252001. Agradeço a Andrew Knops pelo estudo de caso a respeito da Conferência da Juventude, e à cooperação dos participantes do projeto para tornar possível esta pesquisa.

Mobilização, construção de identidade e deliberação

Teóricos dos movimentos sociais oferecem diferentes explicações para a participação das pessoas em ações coletivas. Tarrow (1994), por exemplo, ressalta a importância das "estruturas de oportunidades", que dão forma à maneira pela qual ativistas de movimentos sociais mobilizam os afiliados e elaboram estratégias para a ação. O contexto político formado pelos objetivos descritos acima oferece uma estrutura de oportunidade específica dentro da qual aqueles envolvidos em ações coletivas podem recrutar afiliados. Iniciativas específicas de políticas públicas (como reforma urbana ou a participação de pacientes e da população no NHS) e os diferentes discursos subjacentes (ver Barnes et al.) têm influenciado as formas de ação pelas quais ativistas de diversos movimentos sociais no Reino Unido têm se engajado, incluindo defensores dos portadores de necessidades especiais e ativistas envolvidos com movimentos urbanos, ambientais, de combate à pobreza e de saúde pública.

Essas oportunidades também impõem constrangimentos. Muitas práticas deliberativas, que têm encorajado a participação pública, têm como objetivo envolver grupos sociais diversos em processos de construção de consenso (Bobbio, 2003). Muitas vezes, as autoridades responsáveis pela elaboração dessas práticas procuram propositadamente envolver cidadãos não mobilizados enquanto questionam o direito de pessoas deficientes, moradores locais e de outros envolvidos em ações coletivas de representar "cidadãos comuns" – mesmo quando as organizações existentes oferecem estruturas que propiciam tal representação (Barnes et al., 1999). Práticas baseadas em teorias da democracia deliberativa também tendem a privilegiar formas de intercâmbio calcadas em argumentos racionais e ligadas a processos comunicativos mais característicos de burocratas e profissionais dos serviços públicos, distantes dos estilos discursivos adotados nos movimentos sociais. Como afirmou Young (2000), tais práticas podem ser excludentes ao tornarem ilegítimos os discursos baseados em estilos narrativos e retóricos e ao deixarem de reconhecer a importância das "saudações calorosas" como forma de mostrar reconhecimento e respeito. Fraser (1997: 81) defendeu a relevância de "arenas discursivas" alternativas nas quais públicos diferentes podem gerar discursos alternativos que desafiem a noção de um "bem comum" e que, segundo ela, "promovam de forma mais adequada o ideal de paridade participatória, o que um público único, amplo e abrangente não seria capaz de promover". Isso sugere que a existência de fóruns que *reúnem* cidadãos e autoridades não é garantia de transformações – um argumento que os estudos de caso discutidos neste capítulo reforçam.

Outros pesquisadores de movimentos sociais enfatizam a importância de redes sociais que afetam a decisão individual de participar (Diani e McAdam, 2003). Os estudos que partem de uma perspectiva sociocultural realçam a relevância de sistemas de valores, da forma como os atores interpretam sua própria situação e suas respostas a insatisfações com normas institucionais ou sociais. Para Melucci (1996: 66), as redes formam o contexto no qual interações entre indivíduos produzem os esquemas cognitivos e afetivos que podem ligar os indivíduos à ação coletiva. Motivações para a participação são elaboradas no interior de tipos específicos de redes e isto está ligado à identidade: "o que as pessoas desejam ser". Melucci descreve um processo ativo de conferir sentido a si e às suas relações com os outros, sugerindo que as pessoas se sentem motivadas a participar de ações coletivas quando acreditam que tais ações podem desencadear mudanças, e que elas fazem sentido do ponto de vista de sua autoimagem e de sua relação com o mundo.

Uma vez decididos a se envolver com tais movimentos, torna-se necessário um processo de construção da identidade coletiva desses indivíduos para sustentar suas ações. Esse processo é em parte cognitivo, ligado à definição do campo a ser transformado, aos meios a serem adotados e ao sentido das ações a serem realizadas, mas também requer envolvimento afetivo. Os rituais, as práticas e as normas que se desenrolam nos grupos contribuem com a delimitação do "nós" dos ativistas em relação aos outros membros da sociedade.

Mansbridge enfatizou a importância da "consciência oposicional" para a determinação da identidade coletiva de ativistas de movimentos sociais:

> Dizemos que os membros de um grupo que têm sido longamente tratados por outros como subordinado ou marginal possuem uma consciência oposicional quando afirmam essa mesma identidade na forma de uma identificação positiva, identificam injustiças de que têm sido vítimas, reivindicam transformações na vida política, econômica ou social a fim de corrigi-las, e consideram que os outros membros de seu grupo compartilham de um interesse em corrigi-las.

Os envolvidos com tais lutas buscam não apenas transformações materiais, mas também culturais: têm como objetivo convencer as pessoas a ver o mundo de uma maneira diferente.

Essa noção de identidade coletiva, que delimita a fronteira entre os envolvidos com movimentos sociais e com o resto da sociedade, é problemática da perspectiva das políticas oficiais que considera a participação pública um caminho para a coesão social. O mesmo acontece com a noção de "oposição".

É justamente isso que pode criar dificuldades quando ativistas de movimentos sociais são convidados a se envolver em iniciativas oficiais de participação. Entretanto, isso também pode causar problemas às autoridades públicas que se identificam com os grupos ou movimentos com os quais trabalham e dialogam no decorrer de seu trabalho (Barnes et al., no prelo). Exploro essas questões a partir dos dois exemplos de participação analisados abaixo.

Um Fórum Comunitário de Saúde

Esse fórum foi criado em uma área de uma cidade, que foi alvo de diversas iniciativas de recuperação. A cidade era herdeira de uma história política atribulada e a população via os políticos locais com certa desconfiança. No entanto, dentro do serviço de saúde havia autoridades comprometidas com o envolvimento da comunidade, tendo a cidade participado de diversas iniciativas de engajamento social em políticas de saúde pública. Existia também uma forte tradição de ativismo comunitário, grande parte dela bastante localizada. Esse fórum era inusitado pelo fato de cobrir duas áreas que eram, normalmente, focos de ações independentes.

Quando os moradores destas áreas descobriram que a Health Authority (HA) [Autoridade de Saúde] planejava fechar seu centro de saúde local, eles decidiram agir. A HA alegou que o centro era subutilizado; os moradores resolveram, então, realizar uma pesquisa para verificar essa alegação. Trabalharam com um pesquisador independente que os ensinou a conduzir entrevistas e a coordenar a pesquisa. Uma das mulheres que participou da pesquisa relatou o prazer que tiveram: "foi muito bom fazer essa pesquisa, eu gostei muito. Nós nos divertíamos o tempo todo. Aplicando os questionários a nós mesmos, ensinando um ao outro como conduzi-los, interpretando papéis".

Os sentimentos positivos foram estimulados pelo êxito da campanha: a HA consentiu em manter o centro de saúde em funcionamento e contratou um novo clínico geral. Os moradores resolveram dar continuidade ao seu trabalho de aperfeiçoar os serviços de saúde locais. Ainda que estivessem contentes por terem conseguido salvar o centro, este se encontrava em péssimas condições. Como afirmou um dos moradores, a área era muito afetada por problemas de saúde e era necessário agir não apenas para melhorar a qualidade dos serviços, mas também para tratar das causas da alta incidência de determinadas doenças: "o lugar onde moro tem os mais altos índices de câncer do país... A mortalidade infantil da área é absurda. Agora, deve haver alguma razão para isso... Então eu comecei a me meter e a ser mais ativo no grupo".

Nossa pesquisa foi realizada seis anos depois do êxito da campanha para salvar o centro de saúde. A essa altura, o grupo estava incerto em relação ao seu futuro e decepcionado com a falta de apoio das autoridades de saúde. No entanto, a criação do New Opportunities Fund (NOF) [Fundo de Novas Oportunidades], com recursos da loteria nacional, abriu um novo caminho possível. Esse fundo foi concebido para possibilitar que organizações comunitárias tivessem acesso a recursos financeiros para a criação de Healthy Living Centers (HLCs) [Centros para a Vida Saudável] – centros que não apenas prestariam serviços, mas também ofereceriam apoio para ações que promovessem a melhoria da saúde da população. Para requisitar recursos do fundo, os grupos tiveram que se reestruturar e se transformar em fóruns de saúde, com determinados membros assumindo o papel de procuradores responsáveis pela administração dos recursos financeiros.

À época de nossa pesquisa, os membros estavam se preparando para enviar sua requisição ao fundo. Estavam também buscando outras fontes de recursos e procurando negociar com os tipos de serviços que seriam prestados no centro. Uma vez criado o centro, ele seria administrado pelos procuradores do fórum.

O grupo era constituído por funcionários do NHS e de outras agências locais, assim como moradores. Entre os membros havia pessoas afetadas pela baixa renda, pelo desemprego, por problemas de saúde e invalidez. Coletivamente, os membros podiam se valer de uma gama variada de experiências de ativismo, incluindo sindicatos, organizações de usuários de serviços e de portadores de necessidades especiais, associações religiosas e ação voluntária ou direta. Os procuradores relatavam longas histórias de envolvimento ativo nas suas comunidades locais e alguns eram considerados por outros moradores locais uma fonte de informações e conselhos a respeito de assuntos como moradia, benefícios sociais, saúde e transporte. Eles exibiam grande preocupação e compromisso com sua região e seus moradores.

Os membros dos grupos referiram-se às motivações oriundas de compromissos religiosos, estimuladas por experiências pessoais diretas (por exemplo, por terem recebido tratamento inadequado nos serviços de saúde), ou pela consciência das desigualdades e deficiências dos serviços desenvolvidas graças às experiências de pessoas que trabalharam em agências oficiais do sistema na localidade. Os membros "cidadãos" do grupo demonstravam uma forte crença na importância da ação em causa própria dos moradores locais e, por vezes, um ceticismo saudável em relação às agências oficiais e aos conselheiros eleitos: "Meu único medo é que a equipe médica, os assim chamados 'profissionais', tome o conselho para si. Eles consideram o conselho uma ameaça".

Em alguns casos não estava muito claro como o envolvimento das pessoas nos fóruns de saúde havia começado, porque o envolvimento da comunidade era antigo e, no fim, uma coisa levou à outra. Por exemplo, um entrevistado contou a sua história de envolvimento a partir de seu ativismo em questões de moradia nos anos 1980. Ainda que os membros não "representassem" outros grupos locais, era evidente que esses indivíduos eram um meio importante de reunir diversos ativistas locais, trazendo para as discussões um conhecimento local significativo referente a questões e preocupações dos moradores.

Ainda que a constituição exigisse que os procuradores assumissem responsabilidades formais, o fórum estava aberto a qualquer morador da região. Mas havia poucos membros ativos, e encorajar as pessoas a participar das reuniões não era uma tarefa simples. Um entrevistado estimou que havia aproximadamente oito membros ativos. Havia doze na primeira reunião que observei, e dez na segunda. A terceira reunião que eu acompanharia não aconteceu por falta de quórum – apenas seis pessoas compareceram. As pessoas apresentavam as seguintes explicações para essa dificuldade em garantir níveis altos de participação:

- A competitividade histórica entre as regiões significava que era pouco comum, para os moradores dessa extensa área, envolverem-se conjuntamente em uma iniciativa comunitária;
- O transporte público insuficiente e as dificuldades de acesso em uma área montanhosa significavam que o local das reuniões acabava sendo decisivo para a presença das pessoas;
- A frustração gerada com a ausência dos membros oficiais do grupo parecia minar a ideia de que o fórum era de fato uma parceria;
- Havia a suposição de que as pessoas poderiam não voltar se houvessem feito intervenções que desafiassem a visão compartilhada pelo grupo ou poderiam elas mesmas decidirem não retornar em razão de divergências internas.

Observando as discussões sugeriram ainda outras razões para o pouco envolvimento. O grupo havia assumido uma tarefa complexa, que envolvia juntar um grande número de informações para preparar uma requisição de financiamento que devia seguir os critérios definidos pelas diferentes agências financiadoras. Ao mesmo tempo, estavam envolvidos em negociações com o Primary Care Group (PCG) [Grupo de Atenção Primária] sobre o espaço exigido para intervenções cirúrgicas básicas no centro, e os custos envolvidos. Além disso, estavam negociando com as autoridades locais os alvarás de funcionamento. Eles estavam cientes de que os proprietários do local designado para o centro poderiam vendê-lo, possivelmente a um preço mais alto, para fins comerciais. Havia debates constantes a respeito da natureza exata dos serviços e das instalações que comporiam o centro e das formas de prestar esses serviços.

Portanto, as discussões estavam fortemente focadas em tarefas específicas, sendo realizadas em uma linguagem bastante técnica. Ainda que um entrevistado tenha expressado certa frustração com a tendência de as discussões se desvirtuarem, observações sugeriram que o debate seguia uma agenda que era amplamente baseada na necessidade de atualizar as ações já tomadas e definir os próximos passos a serem dados, a fim de cumprir prazos impostos por terceiros.

O foco específico do grupo à época da pesquisa influenciou a maneira como tipos particulares de conhecimentos e perícia foram priorizados. Em particular, mostrou como regras que emanavam de dentro de esferas "oficiais" poderiam rebaixar o valor do conhecimento leigo baseado em experiências. Ambas as reuniões observadas contaram com a presença de um consultor (pago pelo PCG), cujo papel era aconselhar e oferecer suporte técnico aos membros do fórum na preparação do pedido de financiamento. O consultor desempenhou um papel de *expert* nas discussões e suas contribuições tinham o perfil de informações, propostas ou aconselhamento. Mas, uma discussão a respeito do valor do aluguel que o PCG estaria disposto a pagar para os consultórios e os escritórios mostrou que os membros do grupo eram bastante capazes de participar de discussões detalhadas relativas às regras financeiras e até mesmo questioná-las. Entrevistas indicaram que os membros centrais do fórum haviam desenvolvido habilidades e táticas necessárias para garantir a compreensão das questões em discussão, e que eles eram capazes de intervir sempre que considerassem necessário. Um desses membros descreveu como havia desenvolvido maior confiança durante reuniões anteriores, às quais conselheiros locais haviam comparecido: "Eu começava a dizer, se um dos conselheiros estava falando: 'eu não sei o que está acontecendo, não estou acompanhando. Se você quer falar com a comunidade, você tem de falar como se você estivesse no portão de casa ou ao pé da porta'".

Outras discussões revelaram o conhecimento e a perícia dos membros do grupo. Por exemplo, um debate a respeito do tipo de informação necessária para dar suporte à requisição de financiamento levou à identificação de uma variedade de fontes de dados estatísticos; não apenas dos serviços de saúde, mas também de agências de seguridade social, de apoio a vítimas e informações de crédito. Isso, por sua vez, levou a discussões concernentes à importância desses serviços de consultoria e como eles eram prestados, baseado na experiência concreta de quatro mulheres que haviam se envolvido com tais serviços em diferentes situações.

Um exemplo um pouco diferente vem de um relato de um membro do grupo a respeito de uma conferência sobre mercados de produtores rurais que ele havia comparecido. Disso decorreu uma conversa extensa sobre o potencial dessas abordagens na viabilização do acesso a alimentos saudáveis e sobre como o grupo poderia incorporar maneiras de garantir o acesso a eles pelo HLC. Nesse caso, a tentativa do consultor de intervir como *expert* na discussão foi rechaçada por membros que chamaram a atenção para a existência de *expertise* suficiente no grupo. No entanto, a necessidade de dar atenção às tarefas mais urgentes levou à suspensão dessa discussão, sugerindo que voltassem a ela em outra oportunidade.

Um membro do fórum trabalhava em um projeto local ligado ao programa Sure Start,[2] porém ela era membro desse fórum mais por compromisso com o projeto do que por obrigação profissional. Ela se referiu ao caráter ambíguo de sua participação no projeto:

> Tenho algum conhecimento a respeito do sistema de saúde e sou mestre em saúde pública, também conheço pessoas e tenho alguma experiência com questões a respeito de desenvolvimento comunitário, então eu estava lá como um recurso na verdade... Tentei deixar bem claro, dizendo: "não quero ser a última palavra, eu estou aqui para ajudar a comunidade a tomar decisões".

Ainda que seus conhecimentos de *insider* fossem extremamente úteis para o grupo em suas negociações com agências oficiais, essa mulher temia que a confiança excessiva nos conhecimentos oriundos de fontes oficiais minasse o objetivo dos membros da comunidade de "fazer as coisas por si mesmos". Era em parte uma questão emocional – o grau de comprometimento dos membros

[2] Uma iniciativa concentrou-se em crianças de 0-5 anos e suas famílias, com o objetivo de reduzir o risco de exclusão social.

da comunidade poderia ser prejudicado pela referência excessiva a fontes de informações a que a maioria dos membros não tinha acesso direto. A visibilidade dos membros ativos do fórum em suas comunidades significava que eles eram capazes de estar em contato com questões que diziam respeito diretamente à população local. Eles se valiam dessas experiências não apenas para desenvolver planos detalhados para o centro, mas também para manter seu compromisso com esse modelo de prestação de serviços de saúde e como um recurso que poderia promover a melhoria da saúde da população. Isso fica claro na seguinte resposta a uma questão sobre o porquê e como um certo membro havia se envolvido com o fórum: "eu sempre imagino pessoas sem rostos, sentadas nos escritórios em Londres, decidindo que muitas pessoas irão morrer [na nossa cidade] sem ao menos fazer ideia de onde ela fica".

Apesar de apenas um pequeno número de pessoas estar envolvido diretamente no fórum, muitas pessoas da área estavam interadas dos acontecimentos e procuravam se informar regularmente a respeito do andamento das atividades. Havia consenso de que o centro planejado deveria ser construído – os moradores não tolerariam um fracasso. A origem do fórum estava na oposição popular às propostas da HA. Uma consciência de oposição motivou o ativismo em uma área onde havia fortes redes de indivíduos engajados em ações comunitárias – tanto cidadãos quanto autoridades. Dentro do fórum havia evidências de um processo de construção de identidade coletiva no núcleo do grupo. Uma delas se revelava no cinismo compartilhado em relação a autoridades e políticos locais, resultando na definição de um "nós" comprometido com o desenvolvimento de um serviço alternativo. Além do núcleo do grupo, havia um sentimento mais amplo de um "nós" coletivo que compartilhava a aspiração a um centro de saúde administrado pela comunidade, apesar de não estarem diretamente envolvidos com seu desenvolvimento. Mas, à medida que essa ação de oposição foi se transformando em uma ação voltada à implementação de um serviço alternativo, a esfera oficial passou a exercer influência sobre o desenvolvimento do grupo. Isso constituiu a estrutura de oportunidade política, caracterizando a maneira pela qual a ação coletiva entre membros da comunidade se desenvolveu no contexto do espaço criado para o "trabalho em parceria" entre membros da comunidade e autoridades.

Em decorrência disso, surgiram alguns temas. Primeiro, a necessidade de conseguir financiamento definiu as atividades do grupo e o conteúdo de suas deliberações. Os membros tinham de aprender diversas regras de financiamento e desenvolver habilidades para preparar e encaminhar os pedidos. A tarefa central do grupo era bastante diferente de uma atividade de oposição ou de campanha, deixando, comparativamente, pouco espaço para a exploração de interesses ou preocupações pessoais. Isso pode ter limitado o número e a diversidade de pessoas dispostas a se envolver ativamente. Segundo, o grupo era um entre muitas organizações comunitárias e parcerias competindo por financiamento para projetos de reforma. Ainda que o fórum de saúde buscasse colaborar com outras iniciativas, processos de financiamento competitivos produziam sentimentos de incerteza e algum estresse. Terceiro, havia referência frequente às barreiras que pareciam ter sido deliberadamente levantadas a fim de frustrar o progresso do fórum, assim como receio de que autoridades públicas e membros eleitos tomassem para si o mérito pela construção do centro.

Não obstante o grupo ter se mantido sob o controle da comunidade, o apoio do PCG era considerado essencial para seu êxito. Membros oficiais sabiam que não tinham interesse em "se apropriar" do fórum, mas também reconheciam que tiveram acesso a conhecimentos que podiam tanto ser valiosos para o grupo quanto distorcer suas deliberações, e que a criação do novo centro de saúde poderia ser realizada mais rapidamente se isso fosse feito diretamente com o NHS. Ao mesmo tempo, havia frustrações com o nível de compromisso demonstrado pelos parceiros do governo e certa suspeita associada a isso. Segundo o PCG, não havia a intenção de controlar as regras de pertencimento ao fórum, nem de interferir em seu funcionamento. A decisão de pagar um consultor para ajudar na preparação dos pedidos de financiamento era, ainda segundo o PCG, um exemplo de sua política de "colaboração a distância". A decisão de apoiar o fórum no desenvolvimento de seu próprio HLC era considerada um passo além do compromisso tradicional do serviço de saúde local com a consulta pública. Essa decisão estava ligada ao reconhecimento de que um modelo que envolvesse as pessoas na condição de participantes ativas das decisões concernentes aos serviços de saúde teria mais chance de levar a melhorias reais. Entretanto, parecia ter havido pouco diálogo a respeito da natureza exata da relação entre o PCG e o fórum, causando as suspeitas acima referidas.

Envolvendo os jovens em iniciativas de regeneração

O segundo estudo de caso foi realizado em outra cidade, com uma população etnicamente diversificada, em uma área que era parte de um projeto de regeneração financiado pelo Single Regeneration Budget (SRB) [Orçamento Único para Recuperação]. Tratava-se de uma área bastante carente, na qual a maioria da população era sul-asiática. O conselho da cidade era controlado pelo New Labour, mas naquela parte da cidade as identidades étnicas fortes também influenciavam o cenário político. O conselho da cidade havia recentemente instituído conselhos locais, cuja tarefa era possibilitar o envolvimento dos moradores locais no planejamento, controlando um reduzido orçamento para financiar projetos locais de pequena escala.

Um fórum de jovens havia sido criado por um rapaz com oito anos de experiência em trabalhos com jovens carentes. O fórum era composto por jovens paquistaneses muçulmanos – o grupo étnico majoritário da área. Todos os oficiais e membros do fórum eram moradores antigos da área, e as entrevistas indicaram que eles eram motivados por uma preocupação comum em melhorar as condições de vida de sua família e de outros moradores. Um falava dos sérios problemas com drogas na região: "Quando eu tinha 16, 17 anos..., eu passava 22 horas por dia fora de casa, nas ruas e parques e a única droga de que se ouvia falar era maconha; agora tem tanta droga por aí..." O rapaz que criou o fórum o via tanto como um meio para envolver os jovens em atividades esportivas e de lazer, tirando-os "da rua", quanto como uma oportunidade para representar suas opiniões, ajudando-os a representar a si mesmos. Um membro definiu assim o propósito do grupo: "basicamente: ajudar, envolver os jovens e dar-lhes responsabilidades, não apenas organizando viagens mas... quando fazemos a *mela* [festival muçulmano] e as viagens, trabalhamos como assistentes".

O fórum, embora independente, era apoiado pelo organismo local responsável por questões ligadas aos jovens. Esse organismo também tocava um projeto paralelo voltado aos jovens locais. Quando o projeto do SRB foi instituído, o organismo assumiu a responsabilidade de garantir a participação dos jovens. Uma das formas de cumprir essa tarefa foi colocar as questões ligadas à juventude no centro dos debates da conferência anual local (evento ligado à estrutura de iniciativas de participação oficiais). Doze membros do fórum compareceram ao evento, assim como outros do projeto de juventude e de outros grupos locais de jovens. Foi decidido que uma conferência futura, dedicada às questões de juventude, aconteceria ainda aquele ano, e que os próprios jovens assumiriam a responsabilidade por sua organização, com auxílio do organismo oficial.

Todas as organizações de jovens da região foram convidadas a participar de um grupo de planejamento. Para tanto, convocaram-se algumas reuniões, que aconteceram em propriedade da administração local, coordenadas por funcionários envolvidos com questões de juventude. Por sugestão do administrador destas questões, a reunião foi dividida em duas partes: uma seção para os próprios jovens e outra para os funcionários que não coordenaram a primeira. Definiu-se uma agenda de ações na primeira reunião. A primeira parte desta, elaborada principalmente por jovens, sugeria diversas atividades para a conferência, além de questões práticas como datas e locais. Uma segunda parte dizia respeito a uma pesquisa sobre o uso de drogas, proposta pelo grupo formado pelos funcionários. A responsabilidade pela pesquisa seria dividida, como sugeriu o administrador: os funcionários supervisionariam a preparação e os jovens se responsabilizariam pela condução. Foi decidido que a apresentação dos resultados da pesquisa seria um item central na Conferência da Juventude. Outras reuniões do grupo focaram em outros aspectos dessa agenda, distribuindo-se responsabilidades de organização para diferentes subgrupos. Um questionário para a pesquisa sobre drogas foi esboçado pelos funcionários.

Um dos funcionários envolvidos nessas reuniões descreveu assim seus objetivos:

> Nós trabalhamos com jovens a fim de identificar as questões que mais os preocupam, e as destacamos, e definimos como iremos conduzir a conferência. Isso tudo fazia parte de um processo de construir laços de confiança. Essas reuniões eram sobre processos de construção de confiança voltados aos jovens, para procurar integrá-los de fato à comunidade, tornando-os ativos, mas também críticos – construtivamente críticos.

Durante as reuniões, tornaram-se evidentes os atritos entre o fórum e os funcionários do setor de juventude. Eles surgiram em razão das tensões envolvendo o reconhecimento das contribuições do fórum para o processo de planejamento. Do ponto de vista dos funcionários, isso levantava a questão do domínio do fórum sobre a organização da conferência em detrimento de outros grupos de jovens da área. Membros do fórum tinham receio de que "os funcionários do setor de juventude quisessem para si todo o crédito, mas os jovens disseram que, se não recebessem crédito por suas realizações, não haveria motivo para participar". Esse aspecto foi ressaltado pelos membros do fórum ao considerar que os funcionários estavam cumprindo nada mais do que suas obrigações profissionais: "No fim do dia eles recebem um bom pagamento pelo trabalho aqui, e, sabe, eles querem é mostrar serviço: eles estão fazendo a conferência acontecer e nós e o fórum somos meros coadjuvantes que apenas damos uma ajuda".

A discussão esquentou quando, durante uma reunião de planejamento, membros do fórum pediram explicações aos funcionários a respeito da exclusão de referências ao fórum no cabeçalho das atas das reuniões. Não foi possível chegar a uma solução desta e de outras insatisfações, e o fórum se retirou. Estava claro, para eles, que tinham esse direito, e que ainda assim assumiriam a conferência para si, e os funcionários auxiliariam se preciso fosse.

Ficou claro que a colaboração entre os membros do fórum e os funcionários da administração já não era possível. Isso foi simbolizado pela autorização que o fórum conseguiu para um novo local de reuniões. Também ficou evidente, depois do rompimento, um novo espírito de entusiasmo, solidariedade e disposição patente na reunião inicial dos membros do fórum voltada à organização da conferência.

Mas esse entusiasmo inicial desapareceu depois das primeiras reuniões, quando ficou claro que havia pouco recurso financeiro disponível. O fórum havia consultado diversos bancos e empresários locais, e, à época em que as reuniões foram interrompidas, eles haviam angariado apenas 50 libras para a conferência. A instituição educacional, que era proprietária das instalações onde as reuniões ocorriam, requisitou o local para servir como salas de aula, e o fórum não pôde mais dispor delas. Houve uma tentativa de continuar as reuniões no parque local, o que dependia do clima. A reunião que acabou acontecendo mostrou-se mais como uma forma de reafirmar simbolicamente a existência do grupo do que realmente de discutir temas relevantes ou definir estratégias de ação:

> Quer dizer, nós tínhamos algo realmente acontecendo, comparecíamos ao fórum, ou alguma coisa parecida, e éramos um grupo. O que você fez, ah, vamos resolver isso aqui, vamos telefonar. Era legal e nos reuníamos à noite também. E éramos uma família... Tipo o que você fez, e éramos todos levados a sério. E era assim, legal.

Os membros mantinham-se em contato por telefone e em reuniões informais. No entanto, a primeira vez que se encontraram depois de terem sido privados de suas instalações foi na segunda Conferência Local. Apesar de a conferência ter tratado de suas dificuldades, quando este estudo acabou ainda não havia sido definido se o fórum conseguiria novas instalações; que formato teria a Conferência da Juventude; e de que recursos o fórum disporia.

Podemos analisar o que aconteceu nesse estudo de caso à luz de questões de motivação, identidade e das oportunidades e impedimentos oferecidos pela estrutura de oportunidade disponível. O fórum havia começado como um grupo de jovens da comunidade paquistanesa. Muitos haviam crescido juntos, apesar de não terem sido amigos antes do envolvimento no fórum. Por exemplo:

> Eu sempre quis me envolver, mas não sabia aonde ir. Eu sentia que não havia ninguém ... Então conheci o Mohammed, mas não sabia que ele estava envolvido nisso. Ele distribuía e colocava panfletos nas janelas das lojas. Um dia ele me disse: "quer vir?"... Então eu fui... e pensei, é, quer saber, o Mohammed é alguém que pensa como eu, sabe. E depois disso o grupo foi criado.

Pertencimento e identidade eram questões cruciais no grupo criado para planejar a conferência, e isso se tornou algo altamente controverso. Havia muita pressão nos grupos locais para que se organizassem a fim de receber financiamento. O fórum se sentia diferente de outros grupos por ser administrado apenas por jovens locais. Havia um grande ressentimento por parte do grupo que administrava o fórum em relação aos funcionários do setor de juventude – que não compartilhavam dessas origens e recebiam bons salários, enquanto os funcionários do fórum eram todos voluntários.

Esses fatores pareciam estar por trás das tensões manifestadas nas primeiras reuniões de planejamento da conferência. Sem dúvida, a maioria dos jovens que comparecia a essas reuniões era constituída de membros do fórum, tendo empreendido muitos esforços. Um membro do fórum disse:

> Ele convidou a comunidade de Sikh por escrito, e eles não se envolveram; ele convidou os hindus, que não se envolveram. Nós tínhamos um grupo de teatro que compareceu a uma ou duas reuniões e só. Nós tínhamos um projeto de jovens independente; vieram dois jovens de lá e só.

No entanto, sua identidade forte pode ter feito os outros se sentirem incomodados ou ameaçados. O sentimento de não estarem sendo devidamente reconhecidos por seus esforços parecia apenas dar força a suas tentativas de afirmar sua presença, reforçando sua consciência de oposição.

Havia também problemas ligados ao que era considerado a forma legítima de diálogo entre os jovens e as autoridades com as quais a princípio tentaram trabalhar. Os adultos pareciam dispostos a defender as opiniões dos jovens. No entanto, os jovens eram reticentes – em parte por timidez e em parte porque tinham receio de se decepcionarem como em outras ocasiões. No fim, eles foram convencidos a fazer certa declaração a respeito de suas intenções – por exemplo, instalações para o parque local e uma pesquisa sobre o problema de drogas. Essas expressões iniciais foram então aproveitadas de forma entusiástica pelos adultos, que não deixaram espaço para os jovens fazerem outras sugestões ou definirem prioridades. Falando da maneira pela qual uma "lista de intenções" havia sido elaborada na primeira Conferência Local, um dos membros do fórum descreveu como isso foi usado posteriormente pelos funcionários do setor de juventude:

> Então [um funcionário] disse, "aqui está a lista", e eu reparei que ele nunca perguntava, "o que vocês querem?". Ele apenas dizia, "Ok", por exemplo, "vamos ver essa coisa das drogas", por exemplo, e "o que vocês querem fazer a respeito?". Então, ele tomava a dianteira do processo e deixava os jovens fazerem o resto, sabe o que eu quero dizer? Ele é como uma árvore, oferecendo galhos.

Comprometidos com o princípio de que os jovens deveriam ter voz nas políticas públicas a eles dirigidas, os adultos nesses fóruns acabavam, na prática, inibindo as opiniões deles. Um outro aspecto dizia respeito à tentativa deliberada da parte dos funcionários do setor de juventude de orientarem ou treinarem os jovens para que aprendessem a expor suas opiniões de forma "aceitável". Um membro do fórum descreveu como ele era visto: "Eu tento mostrar os fatos, mas eles não querem ver... eles acham que sou um estorvo, é assim que me veem". Sua percepção era confirmada por um dos funcionários, que afirmou em relação a ele:

> Quando ele faz suas contribuições, não as faz de forma construtiva. Ele tem muito a aprender. Como levar as pessoas a fazer as coisas, como fazer as pessoas responderem positivamente – ele não faz ideia dessas diferentes políticas... Eu dei duro para trazê-lo até aqui... Eu estou tentando fazê-lo entender que a melhor maneira de proceder é procurar contribuir para o trabalho em andamento.

O estilo combativo adotado em reuniões com funcionários do conselho contrastava com o estilo de discussão usual entre os membros do fórum, que passou a predominar após o rompimento com os funcionários do setor de juventude. Esse era mais positivo, com foco na cooperação e em contribuições práticas construtivas, temperado com uma boa dose de simpatia. Ocasionalmente, o tom bem-humorado tendia a fugir do controle, mas isso era administrado pelo coordenador ou vice-coordenador, ambos muito respeitados.

Dinâmicas e tensões

Em ambos os estudos de caso havia tensão entre a ação coletiva dos membros da comunidade, com forte compromisso com sua localidade (e dotados do desejo genuíno de atuar em favor da melhoria das condições de vida locais), e as iniciativas oficiais de abrir espaços para o envolvimento da população em ações voltadas à melhoria das condições de vida e saúde. Mas essas tensões manifestavam-se de maneiras muito distintas.

No contexto da Conferência da Juventude, as tensões estavam ligadas ao questionamento da presença no fórum de determinadas pessoas na condição de membros e à percepção das autoridades a respeito do que afinal constituía um fórum "representativo", e de como o processo de diálogo deveria ser conduzido. Duas fontes diferentes de pretensão de legitimidade eram claras: para os membros do fórum da juventude essas pretensões eram baseadas em histórias pessoais ligadas às áreas e no compromisso com ela, enquanto os funcionários assumiam uma noção mais formal de representatividade, entendendo que o grupo de planejamento da conferência deveria refletir o espectro sociocultural característico da população jovem da área (Barnes et al., 2003). Trabalhadores do setor da juventude estavam supostamente cumprindo suas responsabilidades profissionais de garantir a participação construtiva dos jovens, de uma maneira que eventualmente conquistaria para eles o apoio de autoridades e de membros eleitos influentes. Em contraste, membros do fórum da juventude consideravam a conferência como uma oportunidade de "dizer a verdade" como a viam – conquistar reconhecimento não apenas para si mesmos, mas também para outros jovens. Seu sentimento de justiça incorporava simultaneamente reconhecimento e redistribuição (Fraser, 1997).

Essas tensões eram exacerbadas pelas relações de poder pessoal entre jovens e adultos: os funcionários sentiam que era sua responsabilidade treinar os jovens e desenvolver suas capacidades, e que sem suas orientações os membros do fórum cometeriam erros tolos. Isso destoava da intenção dos jovens de realizar transformações reais em sua localidade e da percepção de si como indivíduos capazes de assumirem responsabilidades e realizarem transformações, contanto que recebessem a ajuda necessária. A experiência de trabalhar *com* as autoridades locais pode ter aprofundado a consciência de oposição dos membros do fórum. Ela ressalta o fato de que cidadãos e autoridades podem ter diferentes aspirações e prioridades, ligadas à participação, que são difíceis de conciliar. Nesse caso, havia uma tensão entre uma aspiração oficial a criar cidadãos responsáveis e a aspiração dos jovens à justiça social.

No caso do fórum comunitário de saúde, o grupo preservou sua capacidade de definir os mecanismos de associação, mas teve de lutar para manter o *compromisso* dos membros quando passou da ação de oposição para a tentativa de trabalhar em parceria com organizações de saúde, a fim de garantir o financiamento para o HLC. O sentimento forte de um "nós" baseado em uma consciência de oposição tornou-se mais discreto e difuso nessa situação. O diálogo tendia a se perder em detalhes burocráticos, o que comprometia o potencial criativo e enfraquecia o entusiasmo que havia sido gerado pelo envolvimento direto em pesquisas realizadas pelas próprias comunidades. Discussões no fórum indicaram a perícia considerável dos membros do grupo, mas isso não era priorizado quando comparado com o conhecimento estratégico que era necessário para organizar um pedido de financiamento. A necessidade de preservar a relação de trabalho com o PCG era reconhecida, mas havia certa ambivalência entre os cidadãos envolvidos, assim como hostilidade em relação ao papel das autoridades locais e dos membros. Para as autoridades envolvidas no grupo, havia graus variados de conflito a respeito da posição que deveriam assumir e receios quanto a como equilibrar a contribuição que podiam dar com seus conhecimentos técnicos, com o compromisso de garantir que o fórum fosse de fato liderado pela comunidade. Eles experimentavam tensão entre suas identidades de autoridades e de ativistas, ou pelo menos de aliados do movimento de saúde pública.

Conclusão

Essas experiências sugerem que é difícil gerar novos discursos de ação no interior de espaços franqueados caracterizados pela desigualdade de poder e nos quais regras e normas oficiais predominam. Também sugerem a importância de reconhecer os obstáculos para a realização das aspirações diversas e desafiadoras associadas à participação popular – principalmente quando estas são implícitas e não foram negociadas abertamente. Mas também demonstram tanto o compromisso real que existe entre os membros da comunidade de agir em nome da melhoria do bem-estar coletivo quanto a boa vontade de muitas autoridades públicas de viabilizar a participação popular nesses projetos. Assim, esse espaço contestado é dotado de um potencial real e incorpora tensões importantes.

A partir dessas e de outras experiências, é possível sugerir algumas condições necessárias para maximizar esse potencial. Em primeiro lugar, as autoridades precisam desenvolver habilidades para trabalhar com pessoas que partem de situações de oposição, procurando lidar de forma criativa com o conflito em vez de tentar negá-lo ou abafá-lo. Isso exige que as próprias autoridades recebam apoio e que essas habilidades sejam recompensadas (Sullivan et al., 2005). Em segundo lugar, é necessário que haja espaço para trocas tanto cognitivas quanto afetivas para que formas diversas de discursos sejam valorizadas. Isso pode ser conquistado pela facilitação competente (Barnes, 2005), mas pode ser "espremido" em circunstâncias nas quais o imperativo é responder a agendas ou critérios impostos por terceiros. Em terceiro lugar, as regras do jogo devem ser negociadas e assumidas para que se desenvolva a confiança mútua entre autoridades e cidadãos. Barnes e Prior (1998) sugeriram que isso é mais fácil de ser atingido quando usuários e cidadãos têm oportunidade de desenvolver um sentimento de coletividade do que em circunstâncias nas quais as pessoas são encorajadas a competir. E, finalmente, organizações autônomas ou "espaços livres" (Groch, 2001) são fundamentais para que se tentem novas formas de pensamento e ação, antes que os indivíduos envolvam-se em diálogos com autoridades. As autoridades precisam reconhecer o valor desses espaços, procurando apoiá-los ao invés de apenas autorizar e controlá-los.

Referências bibliográficas

BARNES, M. Same old process? Older people, participation and deliberation. *Ageing and Society*, v. 25, n. 2, p. 245-259, 2005.

BARNES, M.; BENNETT, G. Frail bodies, courageous voices: older people and community care. *Health and Social Care in the Community*, v. 6, n. 2, p. 102-111, 1998.

BARNES, M.; BOWL, R. *Taking over the asylum: empowerment and mental health*. Londres: Palgrave, 2001.

BARNES, M.; HARRISON, S.; MORT, M.; SHARDLOW, P. *Unequal partners: user groups and community care*. Bristol: Policy Press, 1999.

BARNES, M.; McCABE, A.; ROSS, E. Public participation in governance: the institutional context. *Researching civil renewal: a set of scoping papers prepared for the home office civil renewal unit*, Civil Renewal Research Centre, University of Birmingham, 2004a.

BARNES, M.; NEWMAN, J.; KNOPS, A.; SULLIVAN, H. Constituting the public for public participation. *Public Administration*, v. 81, n. 2, p. 379-399, 2003.

BARNES, M.; NEWMAN, J.; SULLIVAN, H. *Power, participation and political renewal: case studies in public participation*. Bristol: Policy Press, 2007.

BARNES, M.; PRIOR, D. Trust and the competence of the welfare consumer. In: COULSON, A. (org.). *Trust and contracts*. Bristol: Policy Press, 1998.

BARNES, M.; SULLIVAN, H.; KNOPS, A.; NEWMAN, J. Power, participation and political renewal: issues from a study of public participation in two English cities. In: CORNWALL, A.; COELHO, V. S. New Democratic Spaces. *IDS Bulletin*, v. 35, n. 2, p. 58-66, 2004b.

BOBBIO, L. Building social capital through democratic deliberation: the rise of deliberative arenas. *Social Epistemology*, v. 17, n. 4, p. 343-357, 2003.

DIANI, M.; McADAM, D. (orgs.). *Social movements and networks: relational approaches to collective action*. Oxford: Oxford University Press, 2003.

FRASER, N. Justice *Interruptus: critical reflections on the 'postsocialist' condition*. Nova York/ Londres: Routledge, 1997.

GROCH, S. Free spaces: creating oppositional consciousness in the disability rights movement. In: MANSBRIDGE, J.; MORRIS, A. (orgs.). *Oppositional consciousness: the subjective roots of social protest*. Chicago: University of Chicago Press, 2001.

MANSBRIDGE, J. The making of oppositional consciousness. In: MANSBRIDGE, J.; MORRIS, A. (orgs.). *Oppositional consciousness: the subjective roots of social protest*. Chicago: University of Chicago Press, 2001.

MELUCCI, A. *Challenging codes: collective action in the information age*. Cambridge: Cambridge University Press, 1996.

SULLIVAN, H.; BARNES, M.; MATKA, E. Building capacity for collaboration. In: BARNES, M.; BAULD, L.; BENZEVAL, M.; JUDGE, K.; McKENZIE, M.; SULLIVAN, H. *Building capacity for health equity*. Londres: Routledge, 2005.

TARROW, S. *Power in movement*. Cambridge: Cambridge University Press, 1994.

YOUNG, I. M. *Inclusion and democracy*. Oxford: Oxford University Press, 2000.

SOBRE OS AUTORES

Marian Barnes é professora de Políticas Sociais da Escola de Ciências Aplicadas da Universidade de Brighton. Tem realizado pesquisas a respeito de movimentos de usuários e de apoio a portadores de deficiências, de envolvimento de usuários e participação pública nos últimos quinze anos, publicando diversos trabalhos relativos ao tema. Também trabalhou em programas de capacitação para o desenvolvimento e realizou pesquisas participativas com grupos de usuários e de apoio a portadores de deficiências. Coordenou pesquisas nesta área como membro do programa Democracia e Participação do ESRC e foi coordenadora do programa de Participação e Cidadania da Universidade de Birmingham. Contato: mb129@brighton.ac.uk

Graziela Castello é mestranda em Ciência Política da Universidade Estadual de Campinas (Unicamp) e pesquisadora assistente do Centro Brasileiro de Análise e Planejamento (Cebrap) em São Paulo. Sua dissertação de mestrado é um estudo da construção política de organizações civis em São Paulo. Contato: grazielacastello@yahoo.com.br.

Vera Schattan P. Coelho é cientista social, pesquisadora e coordenadora do Núcleo de Cidadania e Desenvolvimento do Centro Brasileiro de Análise e Planejamento (Cebrap) em São Paulo. Seus interesses incluem novas formas de participação social em políticas públicas e mecanismos de coordenação política que facilitem a convergência entre democracia e desenvolvimento . É autora de artigos sobre políticas de saúde, reforma previdenciária e governança participativa. Publicou *Reforma previdenciária na América Latina* (FGV, 2003) e *Participação de deliberação no Brasil contemporâneo* (com Marcos Nobre, Editora 34, 2004). Contato: vera@cebrap.org.br.

Andrea Cornwall é antropóloga social. Associada do Instituto de Estudos de Desenvolvimento (IDS) da Universidade de Sussex, seus interesses de pesquisa compreendem as políticas de participação, sexualidade e direitos. Publicou vários títulos sobre participação e gênero. É autora de *Beneficiary, consumer, citizen: perspectives on participation for poverty reduction* (Sida, 2000) e co-editora de

Realizing rights: transforming approaches to sexual and reproductive wellbeing (com Alice Welbourn, Zed Books, 2002). Contato: a.cornwall@ids.ac.uk.

Peter P. Houtzager é associado do Instituto de Estudos de Desenvolvimento (IDS) da Universidade de Sussex. É autor de *Os últimos cidadãos: conflito e modernização no Brasil rural (1964-1995)* (Editora Globo, 2004) e co-editor de *Changing paths: international development and the new politics of inclusion* (com Mick Moore, University of Michigan Press, 2003). Contato: p.houtzager@ ids.ac.uk.

David Kahane é professor-assistente de Filosofia na Universidade de Alberta. Suas pesquisas estão voltadas para teoria deliberativa democrática, inclusão de grupos marginalizados e questões de identidade, privilégio e obrigação no contexto da injustiça global. Contato: david.kahane@ualberta.ca.

Adrián Gurza Lavalle é professor doutor do Departamento de Ciência Política da Faculdade de Filosofia, Letras e Ciências Humanas da Universidade de São Paulo (FFLCH-USP) e Diretor Científico e pesquisador do Centro Brasileiro de Análise e Planejamento – CEBRAP (SP). Tem experiência na área de Sociologia Política e atua principalmente nos seguintes temas: associativismo, sociedade civil, teoria democrática, espaço público. Publicou diversos trabalhos de filosofia política e estudos comparativos sobre sociedades civis. É autor de *Vida pública e identidade nacional: leituras brasileiras* (Editora Globo, 2004), *Estado, sociedad e médios: reinvindicación de lo público* (Plaza y Valdéz/UIA, 1998), e *La restructuración de lo público: el caso Conasupo* (UNAM/ENEP-A, 1994). Contato: layda@usp.br

Bettina von Lieres é professora do Departamento de Estudos Políticos na Universidade de Western Cape, na Cidade do Cabo, África do Sul. Defendeu seu doutorado no campo da teoria democrática na Universidade de Essex em 2002. Escreveu sobre cidadania e participação na África. Sua pesquisa atual trata da inclusão de grupos marginalizados em espaços deliberativos democráticos no Canadá e na África do Sul. Contato: bvonlieres@sympatico.ca.

Simeen Mahmud estudou Estatística na Universidade de Dhaka e demografia médica na London School of Hygiene and Tropical Medicine. Entrou para o Instituto de Estudos para o Desenvolvimento, em Bangladesh, após terminar seu mestrado. Atualmente é pesquisadora sênior na Population Studies Division. Suas pesquisas anteriores trataram de estimativas demográficas; a relação das mulheres no trabalho, *status* social e fertilidade; e transição demográfica sob regime de pobreza. Atualmente, trabalha com empoderamento e desenvolvimento, cidadania e ação coletiva, política social e exclusão. Contato: simeen@bids.sdnbd.org.

Ranjita Mohanty é socióloga política e diretora de pesquisa da Society for Participatory Research in Asia (PRIA), em Nova Déli, Índia, onde coordena o programa que vincula a pesquisa e a academia. Suas pesquisas cobrem diversas dimensões de ação coletiva ligadas à administração de recursos naturais, movimentos populares como forma de resistência, mobilização da participação em espaços institucionais estatais, interface e relação entre sociedade civil e Estado, questões de cidadania em comunidades marginalizadas, e as complexidades da participação e da democratização. Contato: ranjita@pria.org.

Dennis Rodgers é professor de Desenvolvimento Urbano no Departamento de Geografia e Meio Ambiente na London School of Economics. Como antropólogo social, já coordenou pesquisas na Nicarágua e na Argentina, tratando, respectivamente, de temas sobre violência e governança urbana. Na Argentina, voltou-se especificamente para as formas locais de inovações sociopolíticas pós-crise, e na Nicarágua submeteu-se ao ritual iniciático de uma gangue de jovens nicaraguenses, vivendo durante um ano numa favela. Suas pesquisas atuais tratam comparativamente das transformações urbanas na Paris no final do século XIX e em Manágua no final do século XX. Contato: d.w.rodgers@lse.ac.uk.

Sandra Roque trabalhou em Angola, Moçambique e em outros locais do Sul da África. É consultora sênior para Austral Consultoria e Projetos, uma empresa moçambicana envolvida com questões sociais e econômicas, e membro da ONG angolana Ação para o Desenvolvimento Rural e Ambiente (ADRA). Sua pesquisa inclui questões de participação, desenvolvimento de organizações locais e a relação entre Estado e sociedade, em particular em áreas urbanas. Atualmente, desenvolve sua pesquisa de Ph.D. em antropologia social na Universidade da Cidade do Cabo sobre a integração da população deslocada pela guerra em Benguela, Angola. Contato: smroque@sortmoz.com.

Alex Shankland é cientista político e trabalhou por todo o Brasil, Peru, Angola e Moçambique como pesquisador, membro de ONG e consultor para desenvolvimento social. Seus interesses de pesquisa envolvem questões de direito, participação e políticas, particularmente no setor de saúde. Ex-coordenador de pesquisas no Development Research Centre on Citizenship, Participation and Accountability, atualmente está envolvido com pesquisa de campo no tema de representação e políticas públicas de saúde na Amazônia brasileira para seu doutorado no Institute of Development Studies da Universidade de Sussex. Contato: a.shakland@ids.ac.uk.

John J. Williams é diretor de pesquisa na Faculdade de Economia e Ciências Administrativas da Universidade de Western Cape, onde leciona na School of Government. Publicou vários textos sobre desenvolvimento econômico, sistemas geográficos de informação, Banco Mundial, identidade, direitos humanos, cultura, cidadania, epistemologia, metodologia de pesquisa, participação comunitária e movimentos sociais. Seus atuais campos de pesquisa incluem transformação social, governança democrática, análises públicas e planejamento de desenvolvimento e governos locais. Contato: jjwilliams@uwc.ac.za.

ÍNDICE REMISSIVO

D

Este livro foi composto na fonte Minion,
corpo 11, e impresso em OffSet 75 g.